宁夏回族自治区行政区划

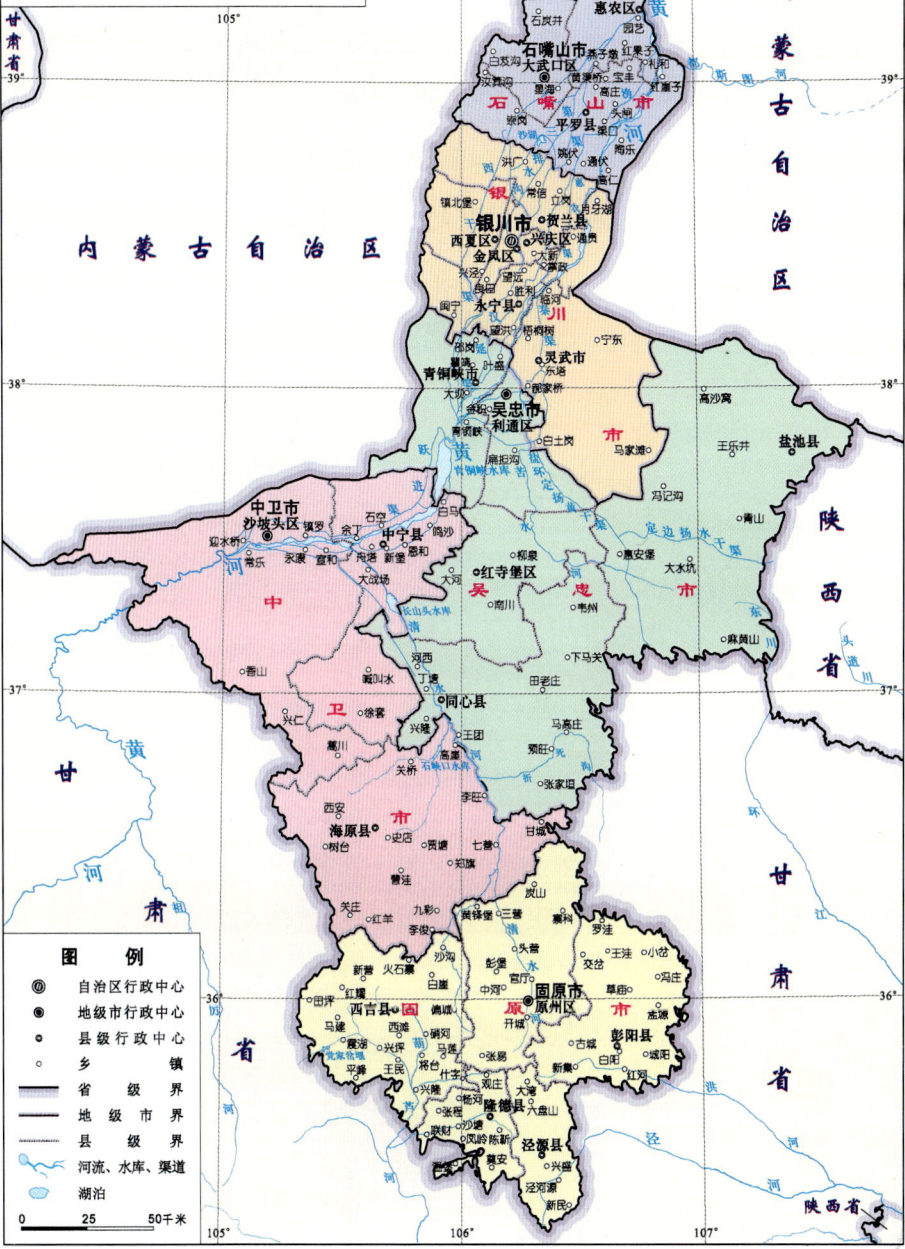

甘肃省

内蒙古自治区

内蒙古自治区

陕西省

甘肃省

陕西省

图例

◎	自治区行政中心
⊚	地级市行政中心
⊕	县级行政中心
○	乡　　　镇
——	省　级　界
——	地级市界
∙∙∙∙∙	县　级　界
〰	河流、水库、渠道
◠	湖　泊

0　　25　　50千米

▲　宁夏回族自治区行政区划图

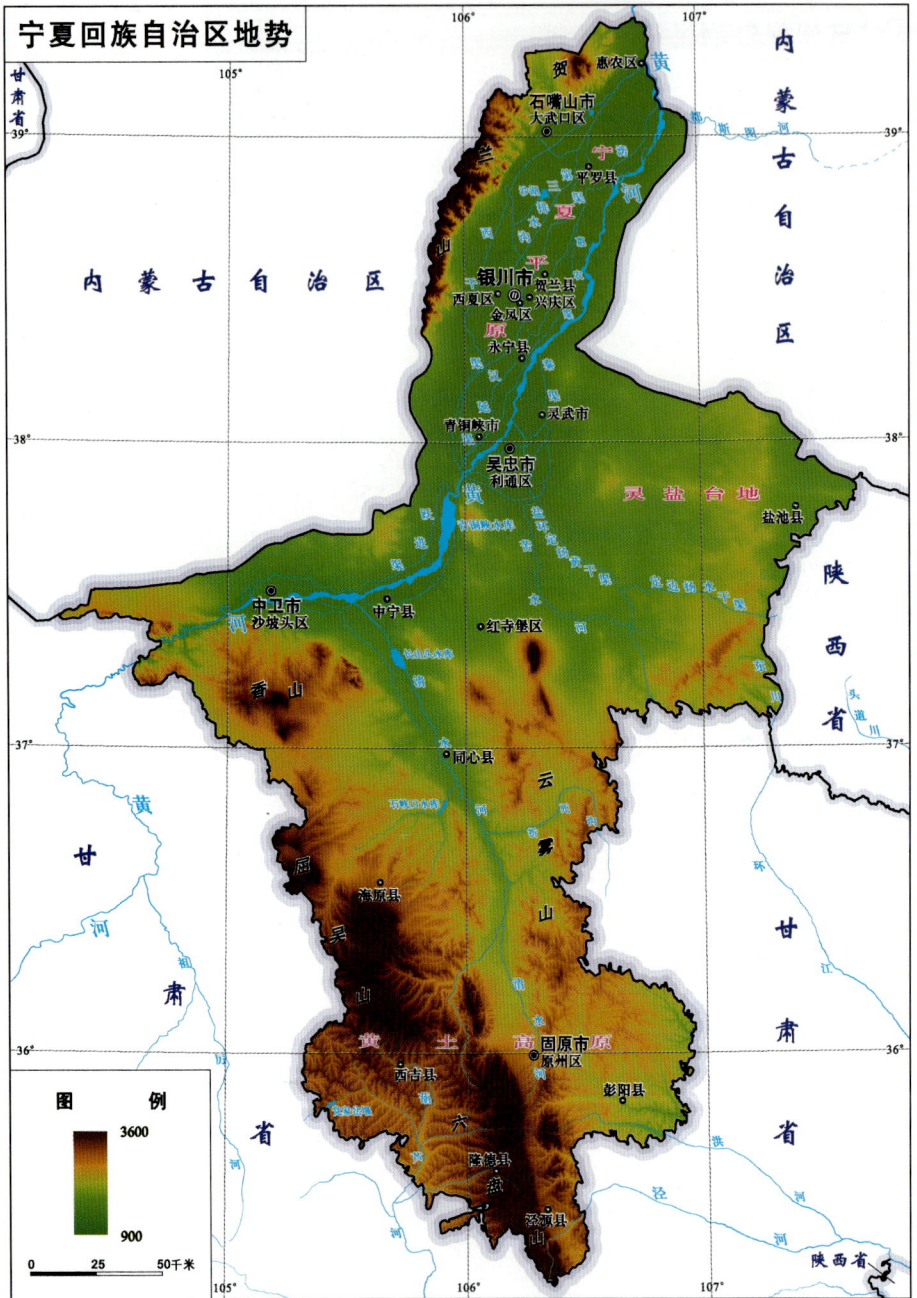

宁夏回族自治区地势

图例
3600
900

0 25 50千米

▲ 宁夏回族自治区地势图

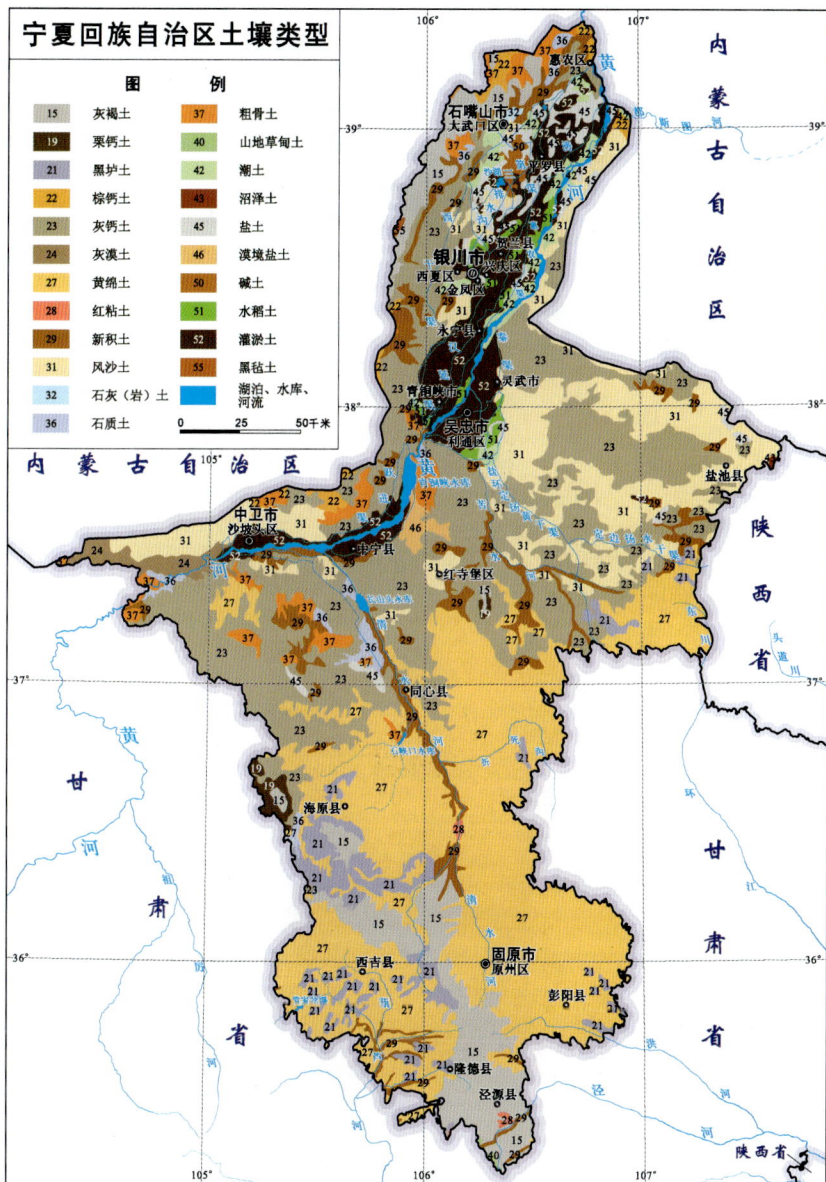

宁夏回族自治区土壤类型

图　例

15	灰褐土	37	粗骨土
19	栗钙土	40	山地草甸土
21	黑垆土	42	潮土
22	棕钙土	43	沼泽土
23	灰钙土	45	盐土
24	灰漠土	46	漠境盐土
27	黄绵土	50	碱土
28	红粘土	51	水稻土
29	新积土	52	灌淤土
31	风沙土	55	黑毡土
32	石灰（岩）土		湖泊、水库、河流
36	石质土		

0   25   50千米

▲　宁夏回族自治区土壤类型图①

————————————

① 史学正：全国1∶100万土壤数据库，1995。

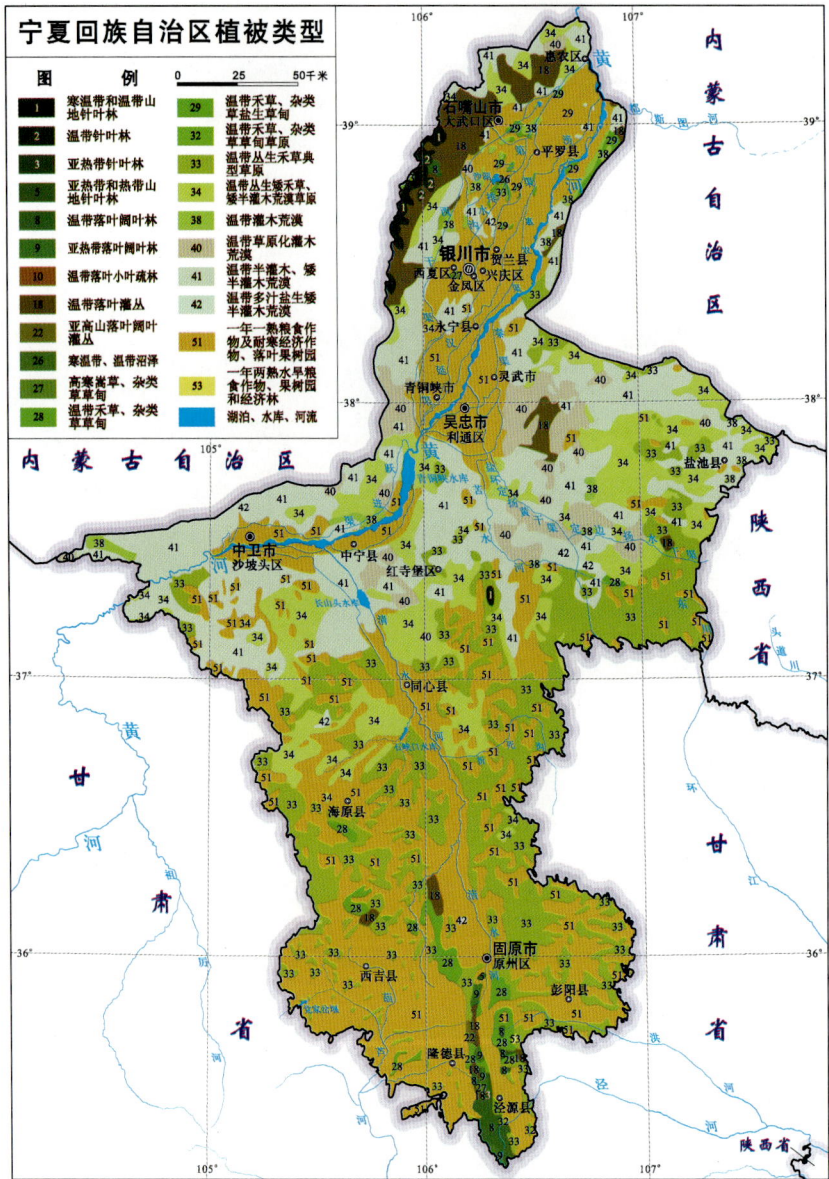

宁夏回族自治区植被类型

图 例	
1	寒温带和温带山地针叶林
2	温带针叶林
3	亚热带针叶林
5	亚热带和热带山地针叶林
8	温带落叶阔叶林
9	亚热带落叶阔叶林
10	温带落叶小叶疏林
18	温带落叶灌丛
22	亚高山落叶阔叶灌丛
26	寒温带、温带沼泽
27	高寒嵩草、杂类草草甸
28	温带禾草、杂类草草甸
29	温带禾草、杂类草盐生草甸
32	温带禾草、杂类草草甸草原
33	温带丛生禾草典型草原
34	温带丛生矮禾草、矮半灌木荒漠草原
38	温带灌木荒漠
40	温带草原化灌木荒漠
41	温带半灌木、矮半灌木荒漠
42	温带多汁盐生矮半灌木荒漠
51	一年一熟粮食作物及耐寒经济作物、落叶果树园
53	一年两熟水旱粮食作物、果树园和经济林
	湖泊、水库、河流

0　25　50千米

内 蒙 古 自 治 区

内 蒙 古 自 治 区

陕 西 省

甘 肃 省

甘 肃 省

陕西省

▲　宁夏回族自治区植被类型图①

———————————

① 中国科学院中国植被图编辑委员会：《中华人民共和国植被图》（1：1000000），北京：地质出版社，2007。

宁夏回族自治区河流水系

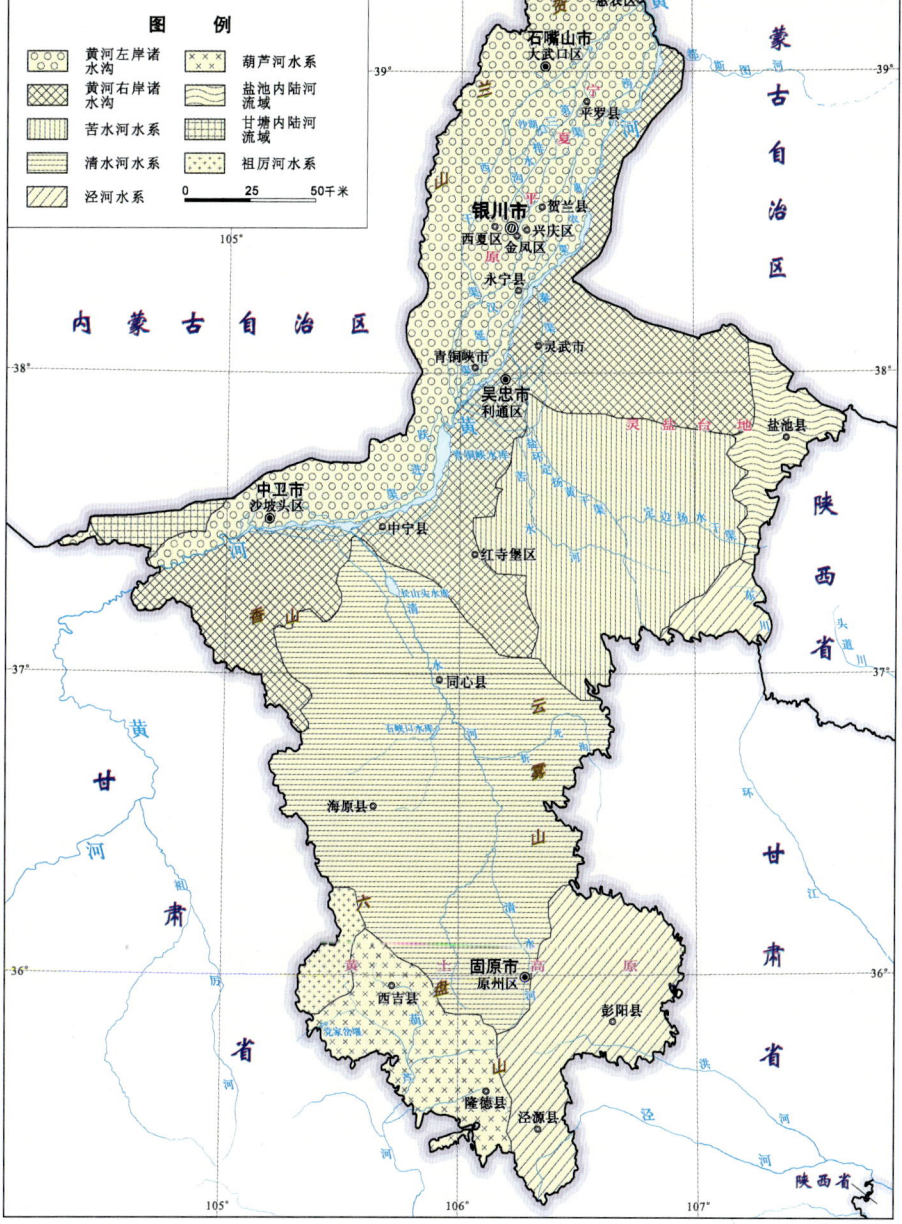

图例

黄河左岸诸水沟		葫芦河水系	
黄河右岸诸水沟		盐池内陆河流域	
苦水河水系		甘塘内陆河流域	
清水河水系		祖厉河水系	
泾河水系			

0　　25　　50千米

106°　107°

内　蒙　古　自　治　区

惠农区
石嘴山市
大武口区
平罗县

银川市
贺兰县
西夏区　金凤区
兴庆区
永宁县

青铜峡市
灵武市

吴忠市
利通区
灵盐台地　盐池县

内　蒙　古　自　治　区

中卫市
沙坡头区
中宁县
红寺堡区

陕　西　省

同心县

海原县

固原市
西吉县　原州区
彭阳县

隆德县　泾源县

甘　肃　省

甘　肃　省

陕西省

105°　106°　107°

▲　宁夏河流水系图

宁夏回族自治区交通现状

甘肃省

内蒙古自治区

石嘴山市
惠农区
大武口区
平罗县

银川市
兴庆区
西夏区
金凤区
贺兰县

永宁县
灵武市

青铜峡市
吴忠市
利通区

盐池县

中卫市
沙坡头区
中宁县
红寺堡区

陕西省

同心县

石峡口水库

海原县

固原市
原州区

西吉县
彭阳县

隆德县
泾源县

甘肃省

图例

————	铁　　路
G70	高速公路及编号
109	国道及编号
————	省　　道

0　　25　　50千米

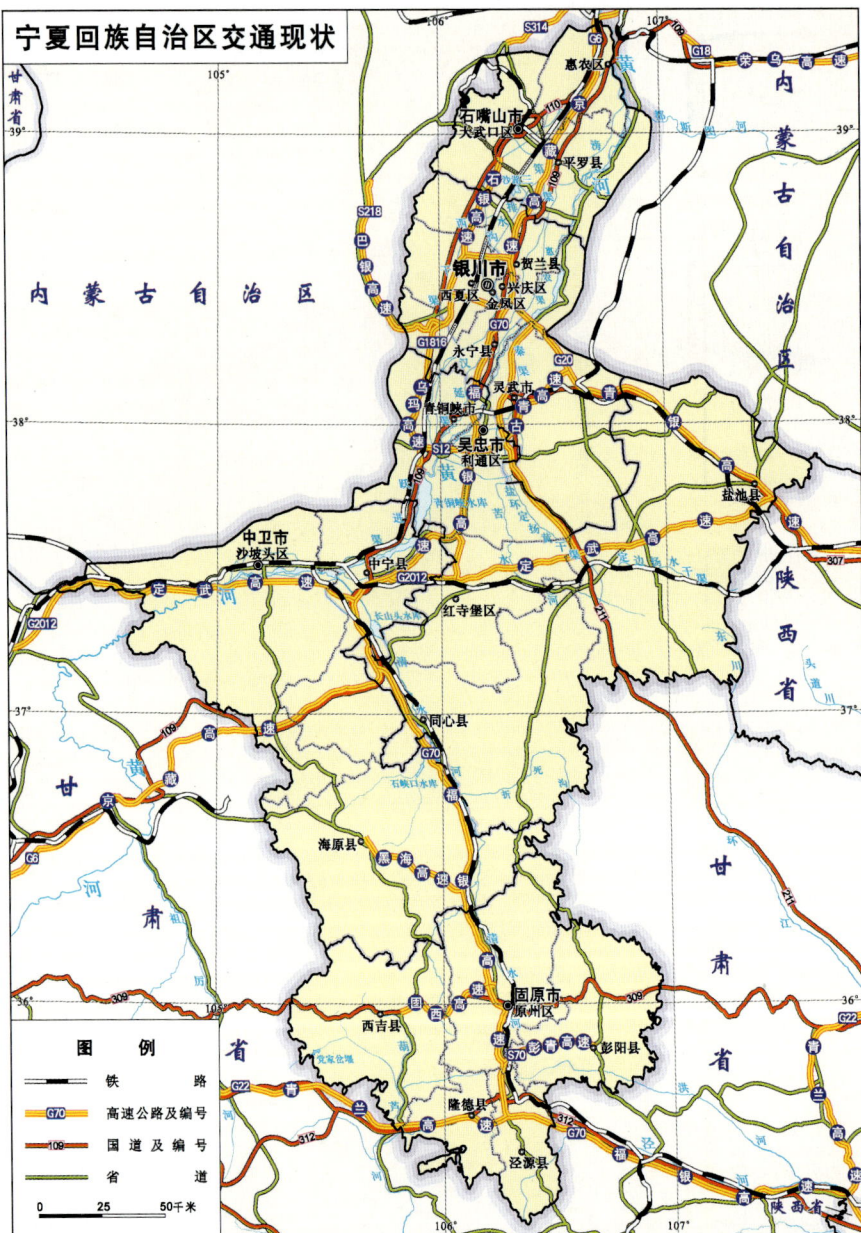

▲　宁夏交通现状图

"十二五"国家重点图书出版规划项目

中·国·省·市·区·地·理

丛书主编 ◎ 王静爱

宁夏地理

NINGXIA DILI

主　编 ◎ 张春来　米文宝

副主编 ◎ 龚继梅　马正亮

北京师范大学出版集团
BEIJING NORMAL UNIVERSITY PUBLISHING GROUP
北京师范大学出版社

图书在版编目(CIP)数据

宁夏地理/张春来等主编. —北京:北京师范大学出版社,2016.8
(2018.7重印)
(中国省市区地理丛书)
ISBN 978-7-303-18716-4

Ⅰ.①宁… Ⅱ.①张… Ⅲ.①地理-宁夏省 Ⅳ.①K924.3

中国版本图书馆 CIP 数据核字(2015)第 047072 号

营 销 中 心 电 话 010-58805072 58807651
北师大出版社高等教育与学术著作分社 http://xueda.bnup.com

NINGXIA DILI

出版发行:北京师范大学出版社 www.bnup.com
　　　　　北京市海淀区新街口外大街 19 号
　　　　　邮政编码:100875
印　　刷:天津中印联印务有限公司
经　　销:全国新华书店
开　　本:730 mm × 980 mm　1/16
印　　张:16.5
字　　数:295 千字
版　　次:2016 年 8 月第 1 版
印　　次:2018 年 7 月第 2 次印刷
定　　价:58.00 元
审 图 号:宁S[2016]第 11 号(正文地图由中国地图出版社提供)
　　　　　GS(2016)1022 号(封底图)

策划编辑:胡廷兰　关雪菁　责任编辑:王　强　范　林　周　锐
美术编辑:王齐云　　　　　　装帧设计:王齐云
责任校对:陈　民　　　　　　责任印制:马　洁

中国省市区地理丛书
编辑委员会

总　序

　　地理的区域性始终是地理学者关注和探讨的重要论题。编纂一套中国省市区的地理丛书，对认识中国地理的区域规律和区域发展战略有重要的学术价值，对加深理解中国国情也有着极为重要的现实意义。

　　中国地域辽阔，南北跨越约 5 500 km，东西跨越约 5 200 km，陆地面积约 960×10^4 km²，海域面积超过 470×10^4 km²。由于中国地域差异大，自然地理呈现出极为丰富的多样性特征；由于中国历史悠久，人文地理也呈现出一派绚丽多姿的景象。自然地理与人文地理在一个行政区内叠加，构成一部丰富多彩的省市区地理，即组成了环境、资源、人口与发展的区域格局。"中国省市区地理丛书"正是从综合集成的角度，系统地梳理了中国 23 个省、4 个直辖市、5 个少数民族自治区、2 个特别行政区的环境、资源、人口与发展特征，并从全国的角度，阐述了其区域时空变化规律。

　　中国国情特色鲜明，人口众多、地区发展不平衡、环境分布地带性明显、资源保障不平衡等因素较为突出。"中国省市区地理丛书"正是从历史透视的角度，分析了省、直辖市、少数民族自治区、特别行政区地理过程的形成与发展规律，特别是经济与社会的发展格局。在这个意义上说，丛书是对已完成的《中国地理》《中国自然地理》《中国经济地理》等重要著作的补充。

　　"中国省市区地理丛书"的主要功能：一是中国地理课程和乡土地理课程的教学用书和教学参考书，完善高校师生和中学教师的区域地理教学的教材支撑体系；二是降尺度认识区域地理的科学著作，为区域研究者提供参考；三是从地理视角对中国国情、省情、县情的系统总结，为国民尤其是各级管理人员提供地理信息和国情教育参考。

　　"中国省市区地理丛书"的编纂，对深化辖区主体功能区的规划，加快缩小区域差异，特别是城乡差异，探求可持续发展的区域模式，加强生态文明建设等有着极为重要的意义。科学发展模式的确立，需要客观把握国情、省情、县情，也需要认识辖区的地理规律。经过改革开放和经济发展，中国各省市区的地理格局也发生了重大变化，对于任何一个省市区来说，今天的发展都离不开与相邻的省市区甚至国家和地区的密切合作。了解邻接省市区的地理格局，对构建相互合作的区域模式和网络有着重要的实践价值。特别是处在同一个大江大河流域，或处在受风沙影响的同一个沙源区，或处在共同受益的一个高速交通线或空港枢纽区的省市区，更需要相互间的了解和理解、合作与协同，以追求共同发展，实现双赢或多赢的目标。

"中国省市区地理丛书"可以使读者更全面地认识中国的地理时空格局，加深对中国国情方方面面的理解；也能在省市区的尺度上，对中国地理进行系统而综合的深化研究，并能帮助决策者从省市区对比的角度，更客观地审视和厘定本辖区的发展模式。

"中国省市区地理丛书"由 35 本组成，包括 1 本中国地理纲要和 23 个省、5 个少数民族自治区、4 个直辖市和 2 个特别行政区的 34 本分册。每一本省级辖区地理图书都突出其辖区的地理区位，区域环境、资源、人口与发展的总体特征，区域地理的时空分异规律，区域生态文明建设与可持续发展的对策和建议等。此外，对省级区域地理，在突出辖区整体性特征的同时，更要重视辖区的区域差异，特别是城乡差异；对直辖市的区域地理，在突出其城市化的区域差异的基础上，高度关注城市可持续发展遇到的突出的地理问题；对少数民族自治区的区域地理，在高度关注其自然环境多样性的同时，突出其民族自治区域的特色，特别是语言、文化等文化遗产的区域特征；对特别行政区地理，更加关注其特殊发展历程及国际化进程的地理特色和人口高度密集区域的可持续发展模式等。

大部分分册具有统一的体例和结构框架，包括总论、分论和专论三个部分。

总论，是各分册的地理基础，是丛书分册之间可比较的部分，主要阐述各省市区的地理区位、地理特征和地理区划。地理区位是区域地理的出发点，强调从自然生态、文化和经济等多个视角，理解地理区位的特点和优势，结合行政区划与历史沿革，凸显各省市区的国内地位与区际联系。地理特征是区域地理的基础和重点内容，也是传统地理描述的精华，强调以自然地理和人文/经济地理要素为基础，以人口、资源、环境与发展（PRED）为综合的地理概括，结合专题地图和成因分析，凸显区域人地关系地域系统特征。地理区划是承上（总论）启下（分论）的重要部分，也是区域地理的理论体现，强调从自然生态、文化与经济的地域差异分析入手，梳理前人对区域划分的认识，凸显自然与人文的综合，最终提出地理分区的方案。

分论，是各分册辨识省市区内地域差异的主体，属乡土地理范畴，具有浓郁的乡土意蕴。依据地理分区方案，各地理区单独成章。每个地理区主要阐述：区域概况、资源与环境特征、产业发展与规划、人地关系与可持续发展、最突出或最重要的地理现象等。

专论，是各分册彰显区域综合分析和深入研究的部分，主要阐述省市区有特色的地理问题。这些特色问题大多是与区域发展联系密切的，在全国范围内具有重要地理意义或地位，有多地理要素相互作用、相互影响产生的区域综合问题，也有自然地理与人文地理相结合的综合命题。这部分内容具有特色性、综合性、研究性，同时展现了具有一定权威性的研究新进展。

组织编纂"中国省市区地理丛书"，需要多方面的合作和投入。北京师范大学"区域地理国家级教学团队"、全国高校中国地理教学研究会、北京师范大学区域地理研究实验室，承担了这项编撰任务的组织工作。2005年开始筹备，2006年由北京师范大学出版社立项资助，后组织包括全国30多所师范大学和综合性大学的地理相关专业院系的教师参编本丛书。共分四个组织层次：一是编辑委员会，由王静爱教授担任编委会主任，由各分册主编和北京师范大学"区域地理国家级教学团队"中的教师共同担任编委会成员；二是审稿专家群，丛书邀请各省市区的区域地理专家，全国高校中国地理教学研究会部分教授，北京师范大学"区域地理国家级教学团队"中的教授和民俗文化、历史方面的专家担任审稿人，分别审阅丛书部分书稿；三是编务工作组，由苏筠教授担任负责人，由北京师范大学区域地理实验室师生组成工作团队；四是出版编辑部，北京师范大学出版社高度重视本丛书，将其列为社内重大选题，先后指派王松浦、胡廷兰、关雪菁、尹卫霞负责协调全套书的编辑出版工作。全套丛书已被评为"'十二五'国家重点图书出版规划项目"。

"中国省市区地理丛书"在由北京师范大学出版社资助的基础上，得到了北京师范大学区域地理国家级教学团队、教育部"211 工程"和"985 工程"项目经费的支持，还得到了北京师范大学地理科学学部、地表过程与资源生态国家重点实验室、环境演变与自然灾害教育部重点实验室和国家自然科学基金委员会创新研究群体科学基金项目(41321001)在人力和物力方面的支持。当"中国省市区地理丛书"呈现在读者面前时，我要感谢全体编著者的辛勤工作与团结合作；感谢各分册的审稿人，他们是(以汉语拼音为序)：蔡运龙教授、崔海亭教授、董玉祥教授、樊杰教授、方修琦教授、葛岳静教授、江源教授、康慕谊教授、梁进社教授、刘宝元教授、刘连友教授、刘明光教授、刘学敏教授、马礼教授、史培军教授、宋金平教授、孙金铸教授、王恩涌教授、王卫教授、王玉海教授、王岳平教授、吴殿廷教授、武建军教授、伍永秋教授、许学工教授、杨胜天教授、袁书琪教授、曾刚教授、张科利教授、张兰生教授、张文新教授、张小雷教授、赵济教授、周涛教授、邹学勇教授等。他们认真、严谨的审稿工作是丛书科学性和知识性的保障。特别感谢赵济教授和史培军教授在丛书编纂、审稿和诸多区域地理科学认识方面的重要贡献和指导；特别感谢编务工作组的青年教师苏筠教授，她为丛书庞大而复杂的编纂工作得以有序进行付出了巨大的精力；特别感谢董晓萍教授和晁福林教授对丛书区域民俗文化和历史相关部分的审阅和提出的宝贵意见。在此我谨向上述各位专家、学者对"中国省市区地理丛书"的指导与支持表示深深的谢意；在全体编著者和审稿专家工作的基础上，"中国省市区地理丛书"还得到了各分册主编所在单位及其他许多单位和专家的大力支持和帮助，特此一并郑重致谢！

　　"中国省市区地理丛书"的编纂工作十分庞杂和艰巨，编著者虽然尽了最大的努力，但由于研究内容涉及面广，经济社会发展变化迅速，加上经验与水平不足，会存在诸多不足和遗憾，尚祈广大读者批评指正。

2017 年 5 月

前　言

　　宁夏区域面积很小，且深居内陆。但宁夏从来都不缺少地理元素。荒漠中崛起的贺兰山、黄土丘陵簇拥的"绿岛"六盘山、舒缓从容的母亲河、"塞上江南"宁夏平原、草原展布的灵盐台地和苍茫荒芜的腾格里沙漠，勾勒出棱角分明的宁夏自然地理景观；纵横交错的历代长城、阡陌交通的水利工程、西夏王朝的繁荣与没落，农耕民族与游牧民族的战争与和平、古老的农业文明和现代工农业文明、瑰丽的回族文化、脍炙人口的《满江红》和荡气回肠的《清平乐·六盘山》，造就了内涵极为丰富的宁夏人文地理生态。

　　正因为如此，宁夏区域地理的先驱们扎根这片土地，呕心沥血，从不同的角度，探寻宁夏的自然环境演变、人地关系的历史演化和其他地理要素的时空格局，为宁夏区域地理研究做出了巨大的贡献。首推的便是汪一鸣先生及其所著的《宁夏人地关系演化研究》。著名地理学家吴传钧院士评价这本著作是"对宁夏回族自治区地理环境和人地关系一个相当全面的动态介绍，的确是一项多学科交叉性研究和古为今用的科学含量高、应用价值大的高水平科研成果"（《宁夏人地关系演化研究》序一）；著名历史学家陈育宁教授这样评价汪一鸣先生及其著作："在宁夏乃至地理学界，汪一鸣同志可谓是资深专家，是权威""……这本论文集，汇集了汪一鸣同志几十年来对西北和宁夏地区历史、自然及人文地理研究的主要成果……是宁夏至今最为全面和系统的一部具有开创性的学术著作……在宁夏的学术领域有着重要的地位"（《宁夏人地关系演化研究》序二）。历史地理方面，陈育宁教授主编的《宁夏通史》曾在宁夏社会科学优秀成果评奖中获得著作一等奖，该著作不仅具有很高的学术水平，是了解和认识宁夏历史的重要读本，同时也是宁夏历史地理方面的重要文献。地貌方面，周特先先生等所著的《宁夏构造地貌》，图文并茂地系统阐述了宁夏地貌格局的基本特征、形成机制与发展过程、地貌类型和黄河阶地地貌。这些著作以翔实的历史资料、确凿的调查数据、严谨的知识体系、高屋建瓴的学术观点，成为宁夏区域历史、地理研究的经典之作。正所谓"前人栽树，后人乘凉"，本书多处直接引用了这些著作的相关论述，这里谨表达我们对宁夏区域地理研究前辈的崇高敬意！

区域地理是地理学发展的先驱，是认识地理环境多样性、区域地理格局、地理要素地域分布规律的重要途径，完美地体现了地理学的两个显著特征——区域性和综合性。相对于我国其他省市区，宁夏区域地理研究的历史较短，相关著述并不丰富。作为《中国地理丛书》地方卷的组成部分，由徐国相、陈忠祥、雍幼凯、米文宝编著出版的《宁夏回族自治区地理》（宁夏人民出版社，1991 年）较全面、系统、科学地介绍了宁夏的自然地理条件、经济发展状况和生产力布局特点，总结了宁夏各族人民长期奋斗、利用自然、改造自然的业绩及其面临的问题，是宁夏区域地理的集大成之作。经过 30 多年的改革开放和快速发展，宁夏已完全融入全国乃至世界的发展轨道，地理格局特别是人文地理格局发生了重大变化，90 年代出版的《宁夏回族自治区地理》因资料局限性而无法满足当前人们对宁夏区域地理的认知要求。由北京师范大学区域地理研究实验室和"区域地理国家级教学团队"、全国高校中国地理教学研究会承担，王静爱教授任编委会主任的"中国省市区地理丛书"编撰项目，为宁夏区域地理研究成果的整理和出版提供了新的机遇。受王静爱教授的委托，由北京师范大学地表过程与资源生态国家重点实验室张春来教授和宁夏大学资源环境学院米文宝教授负责组织编写《宁夏地理》分册。对于宁夏土生土长或执着奉献宁夏高等地理教育的地理学人，这的确是一项光荣的使命，但我们也深感压力很大，唯恐由于水平有限而不能全面、系统、深入地为读者展现宁夏区域地理的风貌和精髓。然而，哪怕本书仅仅能够为宁夏区域地理工作者提供较为全面的背景资料，为将来更高水平的宁夏区域地理系统论述提供借鉴，那也是本书出版价值的一个体现。

作为"中国省市区地理丛书"的分册，《宁夏地理》按照丛书的体例结构要求，分为"总论"、"分论"和"专论"三个部分。"总论"部分，主要表述宁夏的地理区位、地理过程和地理特征，包括自然地理特征和人文地理特征，是宁夏区域地理的基础内容。行政区划不是区域地理的重点，但考虑到宁夏行政区划历史沿革的特殊性，书中较详细地罗列了宁夏有行政设置以来的政区变化历史，以便读者从中了解宁夏发展的历史轨迹。"分论"部分，按照宁夏综合自然区划结果，分别论述了宁夏平原、宁夏中部干旱带、宁南黄土丘陵区、贺兰山、六盘山的区域特征。为了突出各区域自然环境或人文地理的显著特征，体现地理要素的规律性和区域差异性，重点阐述了宁夏平原的绿洲农业、中部干旱带的生态环境修复和区域开发、黄土丘陵区的人地关系、贺兰山和六盘山的生态功能及生物多样性。"专论"部分，主要内容是具有较强宁夏特色的人文地理专题，包括神秘的西夏王朝及其留下的地理印记，回族人民的特色地域文化以及在宁夏人地关系演化和区域可持续发展过程中具有重要地位的宁夏生态移民。

本书由张春来教授和米文宝教授任主编，北京市昌平区前锋中学高级教师龚继梅、宁夏大学资源环境学院马正亮任副主编，宁夏大学资源环境学院朱志玲、李建华、邹淑燕、赵小勇、杨美玲、姚晓艳、杨茂胜、张明鑫、陈晨、卜晓燕、全晓虎、李雯燕等老师和研究生做了大量前期工作。参编人员还有北京师范大学减灾与应急管理研究院硕士研究生沈亚萍同学(主笔完成人口地理特征、旅游地理特征、第八章"贺兰山"和第九章"六盘山")、博士研究生李庆同学(完成"宁夏回族自治区行政区划图"、"宁夏回族自治区地势图"、"宁夏回族自治区土壤类型图"、"宁夏回族自治区植被类型图"、"宁夏河流水系图"、"宁夏交通现状图"制图)。全书由张春来教授、米文宝教授负责统稿。

值此《宁夏地理》即将付梓之时，我们向所有为宁夏地理研究付出心血的前辈学者致以崇高的敬意！同时，借此机会，特别感谢"中国省市区地理丛书"主编——北京师范大学地理与遥感科学学院王静爱教授的信任和支持，感谢宁夏回族自治区发展和改革委员会、国土资源厅、林业局等单位为本书提供了相关最新资料，李鹏、马宏利提供了封面照片。

鉴于编写人员水平有限，书中疏漏和不足之处，敬请各位同仁和广大读者批评指正！

编著者
2014 年 6 月

目　录

第一篇　总　论

第一章　总　论

第一章　地理区位与行政区划

章前语

宁夏，以"西夏安宁"得名，位于我国西北部，黄河流域的中上游，地处中国地质地貌"南北中轴"的北段，黄土高原与沙漠的过渡地带，中国自然区划的三大自然区——东部季风区、西北干旱区和青藏高寒区的交界区附近。与陕西省、甘肃省、内蒙古自治区相邻，自古以来是多民族融和与发展的重要地区，古丝绸之路上的重要商埠。在世界版图上，宁夏地处新亚欧大陆桥国内段的中枢位置，是我国华北、东北等地区通往中东、中亚最便捷的陆空通道，具有承东启西、连南接北的区位优势。

从战国时期宁夏地区出现最初的行政设置到元至元三十一年(1294年)宁夏开始设省以来，宁夏行政区划经历了多次较大变动。现辖银川市、石嘴山市、吴忠市、固原市、中卫市5个地级市以及2个县级市、11个县、8个县级市辖区和红寺堡开发区。具有一千多年历史的塞上名城银川是宁夏回族自治区的首府。

关键词

地理位置；经济区位；行政区划；历史沿革

第一节　自然地理位置

宁夏回族自治区(以下简称宁夏)位于我国西北部，黄河流域的中上游，东邻陕西省，西部、北部接内蒙古自治区，南部与甘肃省相连。地理范围为北纬35°14′～39°23′，东经104°17′～107°39′。

全区南北狭长，北起石嘴山市头道坎北2 km处的黄河河心，南迄泾源县六盘山的中嘴梁，南北约456 km；西起中卫市营盘水车站西南的田涝坝，东至盐池县柳树梁北东2 km处，东西宽约250 km。全区面积为$6.64×10^4$ km²*，

---

* 在国家测绘总局测绘研究所、国家遥感中心资料部1983年11月份的《全国土地利用现状概查成果表》中，宁夏实有面积为$5.18×10^4$ km²。

占全国陆地总面积的 0.69%，居全国第 27 位。

宁夏地处中国地质地貌"南北中轴"（贺兰山—六盘山—龙门山—哀牢山一线）的北段，黄土高原与沙漠的过渡地带，中国自然区划的三大自然区——东部季风区、西北干旱区和青藏高寒区的交界区附近，接近中国版图几何中心。西、北、东三面分别被腾格里、乌兰布和、毛乌素三大沙漠所环绕；距海遥远，若以其中部同心县为准点，则西距大西洋约 8 000 km，北距北冰洋约 4 000 km，南距印度洋、东距太平洋均在 1 400 km 以上。

第二节　经济区位

自古以来，宁夏一直是多民族融和发展的重要地区，是古丝绸之路上的重要商埠。放眼当今的世界版图，宁夏地处新亚欧大陆桥国内段的中枢位置，是我国华北、东北等地区通往中东、中亚最便捷的陆空通道，具有承东启西、连南接北的区位优势。

一、深居内陆，地处边远，远离全国主要政治、经济、文化中心城市

宁夏远离海洋，地处全国东西居中、南北偏北的几何位置。与西北其他省区一样，宁夏地理位置具有显著的边远性。这种边远性是相对全国政治、经济和文化中心的距离而言的。古代宁夏一直是中国游牧民族活动的边远地区，秦汉以后开始出现戍边垦荒，但距当时的政治、经济和文化发达的中原地区甚远。新中国成立后，宁夏在很长一段时期仍为边疆，距离发达的东部沿海各主要政治、经济和文化中心城市，直线距离多在 1 000 km 以上，最短也达 870 km。

二、西部开发的前沿地带

按照经济发展水平和地理位置相结合的原则，将全国划分为东部、中部和西部三大经济带。东部地区包括沿海的辽宁、北京、天津、河北、山东、江苏、上海、浙江、福建、广东、广西和海南 12 个省、直辖市、自治区；中部地区包括黑龙江、吉林、内蒙古、山西、河南、湖北、湖南、安徽和江西 9 个省、自治区；西部地区包括宁夏、陕西、甘肃、青海、新疆、西藏、四川、重庆、云南和贵州 10 个省、自治区、直辖市。1997 年 3 月"两会"中，明确提出"西部大开发"概念与战略思想。宁夏东邻陕西省，西部、北部接内蒙古自治区，南部与甘肃省相连，是西部大开发的重要依托和前沿地区，承东启西的区位优势逐渐显现。

三、内陆开放的重要窗口

宁夏有回族人口 230×10^4 人，占全国回族人口的 1/5，是全国最大的回族聚居区、"中国穆斯林之乡"。作为中国唯一省级回族自治区，宁夏在与阿拉伯国家和穆斯林地区的交流合作中具有独特的人文优势。从 20 世纪 80 年代开始，宁夏与阿拉伯国家和穆斯林地区的友好往来和经贸文化交流就已全面展开。中国政府《关于深入实施西部大开发战略的若干意见》提出，积极推进宁夏、新疆、甘肃等省、自治区同中亚、中东国家的经贸合作。2010 年 9 月，经国务院批准，首届中阿经贸合作论坛在银川成功举办，为促进中阿经贸合作，打通向西开放通道搭建了新的平台。

2012 年 9 月 10 日，国家正式批准建立宁夏内陆开放型经济试验区。国家发展和改革委员会公布的《西部大开发"十二五"规划》提出："积极推动宁夏形成我国面向阿拉伯、穆斯林国家开放的重要窗口"；《西部大开发 2012 年工作进展情况和 2013 年工作安排》中提出，国家大力支持宁夏内陆开放型经济试验区建设。宁夏成为我国内陆地区首个也是唯一覆盖整个省级区域的试验区，也由此成为全面加强我国同阿拉伯国家及世界穆斯林地区经贸文化交流与合作的战略交会点，首次站在了中国向西开放战略的前沿。国家在宁夏设立内陆开放型经济试验区，赋予其"四大战略"定位，即打造国家向西开放的战略高地、国家重要的能源化工基地、重要的清真食品和穆斯林用品产业集聚区、承接产业转移的示范区。

四、黄河中上游能源、矿产开发区的重要组成部分

宁夏煤炭资源丰富，量大、质优、品种全，已探明储量 310×10^8 t，居全国第五位。仅灵武煤田探明储量就超过 270×10^8 t，相当于中国东北地区探明储量的总和。全国十大煤种中，宁夏有 9 种，世界著名的优质无烟煤——太西煤，年出口量曾达 100×10^4 t。地跨宁夏的陕甘宁盆地天然气田，已探明储量 $2\,000 \times 10^8$ m^3，是世界特级大气田。宁夏地处黄河上游峡谷地段，水利蕴藏量也超过 200×10^4 kW。

作为黄河上游水能开发区中距山西能源重化工基地最近的省区，宁夏有足够的煤炭支援甘、青两省，而建设中的规划远景规模为 $1\,000 \times 10^4$ kW 的宁夏贺兰山火电基地，可作为枯水期水电的补充和可靠供电的重要保证。作为黄河上游水能开发区的组成部分，宁夏又拥有大柳树、青铜峡等规划中的或已开发的梯级电站，其中黑山峡大柳树梯级电站如按一级开发方案，总库容可达 108×10^8 m^3，年发电量超过 80×10^8 kW·h。从黑山峡经宁夏、山西

到华北的输电距离也相对较近，可通过超高压线路，或通过呼包电网进行接力调峰，将大柳树及黄河上游水电直送华北，弥补山西能源基地水电和火电的不足，提高华北电网调峰、调频能力。宁夏大柳树水电站对黄河径流有较强的调节能力，在保证上游工农业和工矿建设用水的同时，还可使中下游引水量剧增 40×10^8 m³，这将显著提高山西能源基地的供水能力。总之，宁夏将发挥它适中的地理位置、煤水结合的能源优势，使山西能源基地与黄河上游水能开发区紧密相连，起到能源平衡、调剂基地的巨大作用。

五、西北重要通道和枢纽

宁夏地域虽小，但在西北地区综合交通网中的作用很大，其中铁路运输的纽带作用尤其明显。斜贯宁夏北部的包兰铁路，是沟通东部、中部与大西北的重要通道。宝中铁路是与横贯北方的陇海铁路兰州—宝鸡段相平行的一条铁路干线，它与甘武铁路连接起来，形成中部、西部间一条新的运输动脉，并为利用连云港等沿海口岸提供了方便。京包—包兰铁路与陇海—宝中—甘武铁路两大轴线在宁夏交会，大大增强了宁夏的战略地位。太中银铁路(太原至中卫、银川的铁路)是直接沟通西北地区与华北地区以及环渤海港口的又一条大通道，不仅大力缓解了京包—包兰线和陇海线的运输压力，还从根本上改善了西北铁路运输能力不足的局面，使宁夏成为名副其实的东西向铁路枢纽，显著提高了宁夏在西北地区的交通枢纽地位。

第三节　行政区划

宁夏现辖银川市、石嘴山市、吴忠市、固原市、中卫市 5 个地级市，青铜峡市、灵武市 2 个县级市，永宁县、贺兰县、平罗县、中宁县、盐池县、同心县、泾源县、隆德县、西吉县、海原县、彭阳县 11 个县；兴庆区、金凤区、西夏区、大武口区、惠农区、利通区、原州区、沙坡头区 8 个县级市辖区和红寺堡区(县级移民开发区)；设置街道办事处 44 个，建制镇 101 个，乡 91 个，下设居民委员会 462 个，村民委员会 2 289 个，见表 1.1。银川市是宁夏回族自治区的首府，是全区政治、经济、文化、科研和教育的中心，是有千年历史的塞上名城，位于宁夏平原中部，面积 8 874.36 km²，2012 年总人口 204.6×10⁴ 人，其中市区人口 132.7×10⁴ 人。

表 1.1　宁夏回族自治区行政建制(2012 年)①

	街道办事处/个	居民委员会/个	建制镇/个	乡/个	村民委员会/个	土地面积/km²
1. 银川市	23	201	21	6	267	8 874.36
兴庆区	11	72	2	2	32	828.37
西夏区	6	48	2		16	1 129.72
金凤区	5	42	2		19	345.46
永宁县		15	5	1	67	1 193.91
贺兰县		9	4	1	59	1 530.73
灵武市	1	15	6	2	74	3 846.16
2. 石嘴山市	16	121	11	9	192	5 207.98
大武口区	10	51	1		12	1 214.15
惠农区	6	42	3	3	38	1 361.01
平罗县		28	7	6	142	2 632.82
3. 吴忠市	1	58	29	14	514	21 419.55
利通区		21	8	4	105	1 414.54
红寺堡开发区		2	2	2	60	3 522.99
盐池县		11	4	4	96	8 377.06
同心县		4	7	4	171	5 666.70
青铜峡市	1	20	8		82	2 438.26
4. 固原市	4	54	19	43	868	13 450.23
原州区	3	40	7	4	179	3 501.01
西吉县		4	3	16	306	4 000.00
隆德县	1	4	3	10	118	1 268.24
泾源县		2	3	4	109	1 442.67
彭阳县		4	3	9	156	3 238.31
5. 中卫市		28	21	19	448	17 447.61
沙坡头区		12	10	2	160	6 877.25
中宁县		12	6	5	120	4 192.72
海原县		4	5	12	168	6 377.64

---

① 宁夏回族自治区统计局、国家统计局宁夏调查总队:《宁夏统计年鉴—2013》,北京,中国统计出版社,2013。

一、古代政区沿革①

西周出现朔方(今宁夏、陕北一带)、太原(今宁夏固原、甘肃平凉一带)等地名。春秋时期,今固原地区为乌氏戎所居,今银南地区以盐池为中心是朐衍戎的势力范围。战国时期,秦惠文王时置朐衍县(今盐池县境)、乌氏县(今固原市原州区境),为宁夏地区有行政设置之始。秦昭襄王三十五年(公元前272年),置北地郡,包括今宁夏部分地区,郡治在今甘肃宁县,下辖富平(今吴忠市利通区境)、朐衍、乌氏等县。西汉初,宁夏北部属朔方刺史部北地郡,辖朐衍、富平、灵洲、灵武、廉县等县;南部属凉州刺史部安定郡,辖高平、三水、参栾、朐卷、乌氏、朝那、泾阳等县。

东汉初,北地郡和安定郡均属凉州刺史部。三国和晋,鲜卑、匈奴、羌等部族入居宁夏北部,南部先后属魏国和西晋的雍州安定郡,前赵为朔州,后赵为雍州安定郡、陇东郡。407—431年,匈奴铁弗部赫连勃勃建大夏国,据今宁夏全境,南部置梁州安定郡、平凉郡及高平城,北部设饮汗城、薄骨律城。北魏太延二年(436年)北部置薄骨律镇,南部置高平镇。孝昌二年(526年)和正光五年(524年),分别改置灵州、原州。北周仍置灵州(今宁夏北部)、盐州(今盐池县一带)和原州(今宁夏南部)。

隋大业三年(607年),改灵州为灵武郡,改盐州为盐川郡,改原州为平凉郡。唐初改灵武郡为灵州,属关内道,后又改灵武郡。至德元年(756年),肃宗即位于此,改大都督府,后复为灵州,灵州大都督府还管辖安置突厥、回纥等少数民族的羁縻州。开元九年(721年),在灵州置朔方节度使,统辖经略军、丰安军、定远军等;改盐川郡为盐州,一度改五原郡;改平凉郡为原州,属关内道。五代时,原州大部、灵州一部为吐蕃、党项等族占据,余地分属灵州、盐州、威州(今盐池南境等地)、警州(今平罗县境)、雄州(今中卫市境)、武州(今固原市南境等地)。

北宋时期,宁夏地区属秦凤路。咸平五年(1002年),萧关(今海原县高崖乡)以北被党项族李继迁占领,北宋只控制宁夏南部,改属泾原路,辖镇戎军、德顺军、怀德军、原州、渭州、西安州。建炎四年(1130年)为金攻占,属熙秦路,辖德顺州、镇戎军(后改州)等,后改属凤翔路。1038年,李元昊定都兴庆府(今银川市)称帝,建立"东尽黄河,西界玉门,南接萧关,北控大漠"的大夏国,史称西夏,辖中兴府(今银川市)、灵武郡、鸣沙郡、五原郡,

① 汪一鸣:《宁夏人地关系演化研究》,银川,宁夏人民出版社,2005。

保静、临河、怀远、定远等县，东院、西寿、韦州等监军司。

中统二年(1261年)设西夏中兴等路行中书省，简称西夏行省。至元十八年(1281年)改甘州行中书省。至元二十五年(1288年)改中兴府路为宁夏府路，取"夏地安宁"之意，这是宁夏地名的最初来由。至元三十一年(1294年)置宁夏行中书省，这是宁夏设省的开始。次年撤销宁夏行省，宁夏府路重新归属甘肃行省。元末一度重新设置宁夏行省。南部的原州于至元十年(1273年)置开城府(路)，作为安西王行都，后改开成州，置隆德县，属静宁州；置广安州(县)、豫王城、海喇都堡，属开城府(路)。

公元1368年，明太祖朱元璋灭元，建立明朝，但到洪武五年(1372年)才完全占领宁夏。宁夏北部置宁夏镇，为明代九边重镇之一，属陕西都指挥使司，下辖宁夏卫；南部为固原州、静宁州(隆德县)，属陕西布政使司。军事建制为固原卫，属陕西都指挥使司，三边总制府和陕西镇提督府驻节固原镇。曾增设宁夏左屯卫、中屯卫和前卫、中卫、后卫。

清初在宁夏设巡抚，属陕西布政司，下置卫所，宁夏为准省级。清雍正二年(1724年)裁卫、所，置府、州、县，宁夏北部地区为宁夏府，属甘肃省宁夏道；南部地区为固原州，属甘肃省平庆泾固化道，后升固原直隶州。

二、近代政区沿革[①]

1912年1月1日，中华民国成立，1913年裁府存道，宁夏北部地区宁夏道改为朔方道，属甘肃省，当年年底复改宁夏道，下辖宁夏、宁朔、平罗、中卫、金积、灵武、盐池、平远8县，道府为宁夏城，军事上设宁夏护军使(后改镇守使)，除管8县外，还节制阿拉善、额济纳、鄂托克、乌审召等蒙旗军务。南部为固原、化平、海城、隆德4县，属甘肃省泾原道。1914年，平远县更名为镇戎县，海城县更名为海原县。

1926年，平罗县以北的磴口一带划出，置磴口县，属朔方道。同年废宁夏镇守使。1927年，朔方道改宁夏行政区，属甘肃省；南部4县改属甘肃省陇东行政区。1928年10月17日，民国中央政府第159次会议决议设置宁夏省。当年镇戎县更名为豫旺县。1929年1月，宁夏省成立，辖宁夏、宁朔、平罗、中卫、金积、灵武、盐池、豫旺、磴口9县，阿拉善、额济纳2旗，面积约27.49×10^4 km²，人口五十余万。1930年置陶乐设治局，1933年划中卫县东部设置中宁县。1938年，豫旺县治迁同心城(今豫海镇)，更名同心县。1941年，陶乐设治局升为陶乐县，划平罗县北部置惠农县，将宁夏县改名为

---

① 汪一鸣：《宁夏人地关系演化研究》，银川，宁夏人民出版社，2005。

贺兰县，划宁夏、宁朔两县部分地置永宁县。南部地区，甘肃省将固原、海原、隆德、静宁、会宁 5 县边界地区划为特区，设平凉专员行署。1942 年，该特区改置西吉县，并将西吉、海原、固原 3 县划为特区。

1936 年红军西征时，曾建立陕甘宁苏区盐池县苏维埃政府(政府所在地为花马池城，今花马池镇)；固北县苏维埃政府(政府所在地为毛居井区董家庄)；豫海县回民自治政府(政府所在地为王家团庄)，后者为我国第一个县级回民自治政权。后不久，固北县、豫海县政府撤销，盐池县苏维埃政府改为抗日民主政府，属陕甘宁边区三边分区。宁夏省政府则在惠安堡建盐池县政府，1938 年又将同心县所属下马关、韦州及金积县所属红寺堡等地划归盐池县。由此两个盐池县并存。直至 1949 年 8 月陕甘宁边区收复整个盐池县，两个盐池县并存的局面才告结束。

1944 年 4 月，宁夏省政府报民国政府批准设置银川市。1947 年 4 月成立银川市，为宁夏省会。新中国成立前，宁夏省划分为银南、银北两个专区，银南专区辖中卫、中宁、同心、盐池、灵武、金积、宁朔、永宁 8 县及香山设治局，专员公署驻中宁县城宁安堡；银北专区辖贺兰、平罗、惠农、磴口、陶乐 5 县，专员公署驻惠农县黄渠桥。1945 年，灵武县属吴忠镇，改灵武县吴忠市。

三、当代政区沿革

1949 年 9 月 3 日，宁夏解放。同年 10 月 25 日成立宁夏省人民政府。自此以后，宁夏行政区划经过多次调整，变动情况见表 1.2。

表 1.2　宁夏回族自治区当代政区变化

年　份	变　动	辖　区
1949 年	10 月 25 日，成立宁夏省人民政府，宁夏省辖 1 市、2 旗、13 县。南部固原、隆德、化平 3 县属甘肃省平凉专区，西吉、海原 2 县属甘肃省定西专区。固原县设县辖城关市(1953 年更名城关区)	银川市；阿拉善旗、额济纳旗；磴口县、贺兰县、宁朔县、灵武县、平罗县、中卫县、中宁县、金积县、同心县、陶乐县、永宁县、惠农县、盐池县
1950 年	1 月，成立吴忠市(县级)，5 月又改为吴忠镇，10 月恢复为吴忠市。5 月，定西专区的西吉县、海原县划归平凉专区；9 月，改化平县为泾源县，均属甘肃省	银川市、吴忠市；阿拉善旗、额济纳旗；磴口县、贺兰县、宁朔县、灵武县、平罗县、中卫县、中宁县、金积县、同心县、陶乐县、永宁县、惠农县、盐池县
1952 年	5 月，永宁县第四、第六两区及贺兰县第四区各一部划归银川市。10 月，阿拉善旗首府定远营更名为"巴音浩特"	同上

续表

年份	变动	辖区
1953年	4月，宁夏省成立两个专区级自治区：河东回族自治区（辖同心县、金积县、灵武县、吴忠市），蒙古自治区（辖阿拉善旗、额济纳旗、磴口县）。5月，中宁县耍义山乡（原四区六乡）划归同心县管辖。同月，泾源县改名泾源回族自治区；10月29日，西海固回族自治区正式成立，辖西吉、海原、固原三县，均属甘肃省	同上
1954年	9月，宁夏省建制撤销，并入甘肃省，新设银川专区。11月，惠农县人民政府由宝丰城迁驻黄渠桥	宁夏省建制撤销，并入甘肃省。银川专区辖贺兰县、平罗县、惠农县、陶乐县、永宁县、宁朔县、中卫县、中宁县
1955年	4月，甘肃省河东回族自治区更名为吴忠回族自治州，辖金积县、灵武县、同心县、吴忠市，并代管盐池县；蒙古自治区更名为巴音浩特蒙古自治州。5月，泾源回族自治区更名为泾源回族自治县。12月，西海固回族自治区更名为固原回族自治州。12月，盐池县正式划归吴忠回族自治州管辖	同上
1957年	6月，国务院第51次会议提出建立宁夏回族自治区议案；7月，第一届全国人民代表大会第四次会议通过成立宁夏回族自治区的决议	同上
1958年	6月，成立宁夏回族自治区筹备委员会；10月，召开宁夏回族自治区第一届人民代表大会第一次会议，宣告宁夏回族自治区成立，下辖2市、1专区、17县（含专区所辖5县），年底人口1 935 163人，面积66 400 km²。当年9月，中卫县成立甘塘镇，是自治区最早的城镇之一	银川市、吴忠市；固原专区（辖固原县、海原县、西吉县、隆德县、泾源县）；贺兰县、永宁县、平罗县、惠农县、陶乐县、灵武县、盐池县、同心县、中卫县、中宁县、金积县、宁朔县
1960年	1月，设立石嘴山市（县级），撤销惠农县。8月，裁撤宁朔县和金积县，设立青铜峡市。自治区辖4市、1专区、14县	银川市、吴忠市、石嘴山市、青铜峡市；固原专区（辖固原县、海原县、西吉县、隆德县、泾源县）；贺兰县、永宁县、平罗县、陶乐县、灵武县、盐池县、同心县、中卫县、中宁县

年　份	变　动	辖　区
1961 年	设立银川市城区（县级）	增银川市城区。其他同上
1963 年	撤销吴忠市、青铜峡市，改设吴忠县、青铜峡县。自治区辖 2 市、1 专区、16 县，市辖县级区 1 个	银川市、石嘴山市；固原专区（辖固原县、海原县、西吉县、隆德县、泾源县）；吴忠县、青铜峡县、贺兰县、永宁县、平罗县、陶乐县、灵武县、盐池县、同心县、中卫县、中宁县；银川市城区
1968 年	设立银川市新城区	增银川市新城区，其他同上
1969 年	内蒙古自治区所辖阿拉善左旗划归宁夏回族自治区。自治区辖 2 市、1 专区、1 旗、16 县，市辖县级区 2 个。自治区面积由原 6.64×10^4 km^2 增至 17.04×10^4 km^2	银川市（辖城区、新城区）、石嘴山市；固原专区（辖固原县、海原县、西吉县、隆德县、泾源县）；阿拉善左旗；吴忠县、青铜峡县、贺兰县、永宁县、平罗县、陶乐县、灵武县、盐池县、同心县、中卫县、中宁县
1970 年	固原专区改为固原地区。10 月，永宁县的掌政公社和贺兰县通贵公社划归银川市管辖	固原专区改为固原地区，其他同上
1972 年	永宁县划归银川市；设立银川市郊区；设立银北地区和银南地区	银川市（辖城区、新城区、市郊区、永宁县）；银北地区（辖石嘴山市、贺兰县、平罗县、陶乐县）；银南地区（辖吴忠县、青铜峡县、灵武县、盐池县、同心县、中卫县、中宁县）；固原地区（辖固原县、海原县、西吉县、隆德县、泾源县）；阿拉善左旗
1975 年	撤销银北地区和石嘴山市（县级）；设立石嘴山市（地级市），辖一区、二区、三区、平罗县、陶乐县；贺兰县划归银川市	银川市（辖城区、新城区、市郊区、永宁县、贺兰县）；石嘴山市（辖一区、二区、三区、平罗县、陶乐县）；银南地区（辖吴忠县、青铜峡县、灵武县、盐池县、同心县、中卫县、中宁县）；固原地区（辖固原县、海原县、西吉县、隆德县、泾源县）；阿拉善左旗

续表

年　份	变　动	辖　区
1976 年	12 月，设立石嘴山市郊区（县级）。石嘴山市辖 4 个县级区	增石嘴山市郊区，其他同上
1979 年	5 月 30 日，将阿拉善左旗划归内蒙古自治区管辖（7 月 1 日起正式划回）。宁夏回族自治区辖 2 地级市（银川、石嘴山）、2 地区（银南、固原），16 县，市辖县级区 7 个	银川市（辖城区、新城区、市郊区、永宁县、贺兰县）；石嘴山市（辖一区、二区、三区、市郊区、平罗县、陶乐县）；银南地区（辖吴忠县、青铜峡县、灵武县、盐池县、同心县、中卫县、中宁县）；固原地区（辖固原县、海原县、西吉县、隆德县、泾源县）
1980 年	1 月 1 日，取消"革命委员会"，建立各级人民政府和人民代表大会常务委员会，并以"乡"名称逐步取代"人民公社"名称	同上
1981 年	3 月，石嘴山市一、二、三区分别更名为大武口区、石嘴山区和石炭井区	石嘴山市一、二、三区分别更名为大武口区、石嘴山区和石炭井区，其他同上
1983 年	7 月，设立彭阳县，将固原县东南部地区的 15 个乡划归彭阳县管辖。11 月，撤销吴忠县，恢复吴忠市。自治区辖 3 市（其中 1 县级市）、2 地区、16 县	银川市（辖城区、新城区、市郊区、永宁县、贺兰县）；石嘴山市（辖大武口区、石嘴山区、石炭井区、市郊区、平罗县、陶乐县）；吴忠市；银南地区（辖青铜峡县、灵武县、盐池县、同心县、中卫县、中宁县）；固原地区（辖固原县、彭阳县、海原县、西吉县、隆德县、泾源县）
1984 年	12 月，撤销青铜峡县，恢复青铜峡市（县级市）。自治区辖 4 市（其中 2 县级市）、2 地区、15 县	银川市（辖城区、新城区、市郊区、永宁县、贺兰县）；石嘴山市（辖大武口区、石嘴山区、石炭井区、市郊区、平罗县、陶乐县）；吴忠市；青铜峡市；银南地区（辖灵武县、盐池县、同心县、中卫县、中宁县）；固原地区（辖固原县、彭阳县、海原县、西吉县、隆德县、泾源县）

年 份	变 动	辖 区
1987年	1月，撤销石嘴山市郊区，恢复惠农县。自治区辖4市(其中2县级市)，2地区，16县，市辖县级区6个	银川市(辖城区、新城区、市郊区、永宁县、贺兰县)；石嘴山市(辖大武口区、石嘴山区、石炭井区、惠农县、平罗县、陶乐县)；吴忠市；青铜峡市；银南地区(辖灵武县、盐池县、同心县、中卫县、中宁县)；固原地区(辖固原县、彭阳、海原县、西吉县、隆德县、泾源县)
1996年	5月，撤销灵武县，设立灵武市。自治区辖5市(其中3县级市)，2地区，15县，市辖县级区6个	灵武县变动为灵武市(县级)，其他同上
1998年	5月，撤销银南地区和县级吴忠市，设立地级吴忠市，吴忠市新设利通区。9月，设立红寺堡开发区，属自治区人民政府的派出机构	银川市(辖城区、新城区、市郊区、永宁县、贺兰县)；石嘴山市(辖大武口区、石嘴山区、石炭井区、惠农县、平罗县、陶乐县)；吴忠市(辖利通区、盐池县、同心县、中卫县、中宁县，代管青铜峡市、灵武市)；固原地区(辖固原县、彭阳县、海原县、西吉县、隆德县、泾源县)；红寺堡开发区
2001年	7月，撤销固原地区和固原县，设立地级固原市和原州区	银川市(辖城区、新城区、市郊区、永宁县、贺兰县)；石嘴山市(辖大武口区、石嘴山区、石炭井区、惠农县、平罗县、陶乐县)；吴忠市(辖利通区、盐池县、同心县、中卫县、中宁县，代管青铜峡市、灵武市)；固原市(辖原州区、彭阳县、海原县、西吉县、隆德县、泾源县)；红寺堡开发区
2002年	10月，撤销银川市城区、新城区和郊区，将银川城区分别设立银川市兴庆区、西夏区和金凤区；撤销石嘴山市石炭井区；灵武市改由银川市代管；红寺堡开发区划归吴忠市	银川市(辖兴庆区、西夏区、金凤区、永宁县、贺兰县，代管灵武市)；石嘴山市(辖大武口区、石嘴山区、惠农县、平罗县、陶乐县)；吴忠市(辖利通区、红寺堡开发区、盐池县、同心县、中卫县、中宁县，代管青铜峡市)；固原市(辖原州区、彭阳县、海原县、西吉县、隆德县、泾源县)

年　份	变　动	辖　区
2003 年	2 月，固原市原州区的大湾乡、蒿店乡、什字路镇整建制划归泾源县管辖。2 月至 9 月全区乡镇行政区划全面调整，314 个乡镇（76 镇、238 乡）撤并为 188 个乡镇（92 镇、96 乡）	同上
2004 年	撤销中卫县，设立中卫市（地级）、中卫市沙坡头区，中宁县、海原县划归中卫市；撤销石嘴山市惠农县和石嘴山区，设立惠农区；撤销陶乐县，其南部划归银川市兴庆区，大部划归平罗县。自治区辖 5 个地级市，2 个县级市，11 个县，8 个县级市辖区，1 个移民开发区（红寺堡开发区）	银川市（辖兴庆区、西夏区、金凤区、永宁县、贺兰县，代管灵武市）；石嘴山市（辖大武口区、惠农区、平罗县）；吴忠市（辖利通区、红寺堡开发区、盐池县、同心县，代管青铜峡市）；中卫市（辖沙坡头区、中宁县、海原县）；固原市（辖原州区、彭阳县、西吉县、隆德县、泾源县）

第二章　自然地理特征

章前语

宁夏北、东侧属中朝准地台，南、西侧属昆仑秦岭地槽褶皱区，地貌格局以北西走向的牛首山—青龙山断裂为界，呈现明显的南北差异。南部的黄土丘陵区和六盘山区气候为温带半干旱和温带半湿润气候。北部属温带干旱气候，分布着以干草原和荒漠草原为主的地带性植被。土壤类型则由南部的黑垆土向中、北部的灰钙土和灰漠土过渡。水资源十分贫乏，区内主要河流有黄河干流及其支流，包括祖厉河、清水河、红柳沟、苦水河、葫芦河、泾河等。能源矿藏和非金属矿产较丰富，金属矿产资源贫乏，煤炭、石膏、石灰岩、石英砂岩和石英岩等为宁夏的优势矿产。宁夏是我国地震多发地区之一，历史上曾多次遭受严重的地震灾害，对当地社会和经济造成重大破坏。1920年海原大地震是我国乃至世界的特大地震之一。气象灾害频繁，其中旱灾发生次数多，影响面积广，危害最严重。

关键词

新构造；地貌；气候；土壤；植被；水文；自然资源；自然灾害

第一节　地质地貌

一、大地构造基本轮廓

由龙首山南麓向东延伸，经牛首山北麓、罗山东麓和六盘山东麓的深大断裂是一条重要的大地构造线。以此为界，将宁夏及邻区分为两部分，北、东侧为中朝准地台，南、西侧为昆仑秦岭地槽褶皱区[①]。昆仑秦岭地槽褶皱区系古生代祁连地槽的一部分。寒武系、奥陶系和志留系为巨厚的海相复理石建造、碎屑岩—碳酸盐建造，局部夹火山岩建造。加里东运动中晚期，北祁

---

① 霍福臣、潘行适等：《宁夏地质概论》，北京，科学出版社，1989。

连地槽褶皱回返。华力西运动中，香山、烟筒山、卫宁北山、牛首山等地区成为山前拗陷，接受了晚古生代沉积。泥盆系为河湖相碎屑岩建造和山麓磨拉石建造。石炭系为海相和海陆交互的碎屑岩含盐建造、碎屑岩—碳酸盐岩建造和含煤建造。二叠系为杂色陆相碎屑岩建造。印支运动使山前拗陷褶皱隆起。晚期燕山运动中，六盘山地区急剧沉降，断陷盆地中堆积了巨厚的山麓相、河流相与湖相杂色和红色碎屑岩建造。中朝准地台基底为太古界变质岩系，盖层为中—上元古界碎屑岩—碳酸盐岩建造及冰水—冰碛建造。寒武系和奥陶系海相碎屑岩—碳酸盐岩建造和碳酸盐岩建造，石炭系海陆交互相含煤建造，二叠系陆相含煤建造和碎屑岩建造，三叠系陆相碎屑岩建造，侏罗系陆相含煤建造和碎屑岩建造，白垩系陆相碎屑岩建造，古近系—新近系陆相红色碎屑岩建造和含盐建造。上、下古生界之间为一区域性假整合面，除局部地区有晚奥陶世沉积外，广大地区缺失上奥陶统、志留系、泥盆系和下石炭统地层。

从中元古代开始，地台发生分化。沿石嘴山—银川—固原—平凉一带逐渐形成一个北南向的条带状裂陷，即鄂尔多斯西缘拗陷带，其东、西两侧构造边界分别为车道—阿色浪断裂与贺兰山西麓断裂。寒武纪、奥陶纪时，拗陷带发展到高峰，贺兰山南段寒武—奥陶系厚达 5 700 m，并具槽、台过渡型特征。晚奥陶世至早石炭世，拗陷带受东西向挤压，隆升为陆。中、晚石炭世再度沉降，一些地区遭受海侵，形成海陆交互相含煤建造。二叠纪海水退出，转为内陆断陷盆地并延续到侏罗纪。晚期燕山运动使该拗陷带褶皱隆起，形成纵贯北南的造山带，成为鄂尔多斯盆地与吉兰泰盆地、六盘山盆地的分水岭，控制着东、西两侧的早白垩世沉积。

拗陷带西侧为阿拉善断块，是地台上长期处于剥蚀状态的坚硬而稳定的地块，缺失早古生代和大部分晚古生代地层，晚石炭世至二叠纪仅局部地区发育陆相碎屑岩和火山岩。拗陷带东侧的鄂尔多斯断块，也是地台上长期稳定而坚硬的地块，古生代沉积很薄，缺失晚奥陶世至早石炭世地层，中生代大幅沉降，早白垩世成为巨大的内陆盆地。

经历了多期构造运动以后，至晚期燕山运动，宁夏及其毗邻地区形成了北南向、东西向、北北东向及北西或北北西—北西西向四组区域性断裂。这些断裂为新生代构造演化和活动构造的形成奠定了基础和边界条件。

二、新构造分区及其特征[①]

始新世以来，在青藏块体向北东推挤作用的影响下，鄂尔多斯西缘拗陷

---

① 杨明芝、马禾青、廖玉华：《宁夏地震活动与研究》，北京，地震出版社，2007。

带开始了新一轮的裂陷作用。燕山运动形成的古贺兰山隆起解体，其一部分陷落成为银川地堑，而鄂尔多斯西缘拗陷带银川地堑以东的部分则与鄂尔多斯台拗拼接，组成了新的鄂尔多斯块体，贺兰山隆起和银川地堑、吉兰泰盆地组成的盆岭构造，成为环绕鄂尔多斯块体断陷盆地带的一部分。而在区域的南部，以鄂尔多斯块体西缘的北南向构造和阿拉善断块南缘的近东西向构造为边界，先存的北西西、北西和北北西向断裂在新的构造活动进程中逐渐形成了一系列向北西撒开，向东南收敛，弧顶指向北东的弧形构造（图 2-1）。

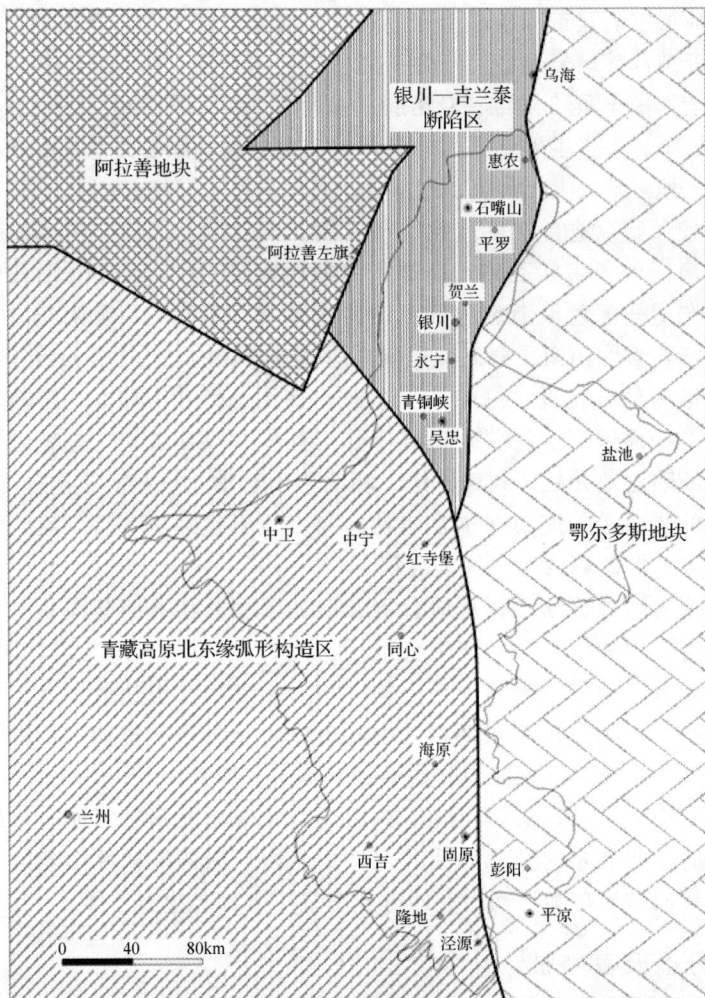

图 2-1　新构造分区图①

---

① 杨明芝、马禾青、廖玉华：《宁夏地震活动与研究》，北京，地震出版社，2007。

根据新构造运动特征，本区可划分为华北和青藏两大块体，前者由阿拉善和鄂尔多斯两个次级稳定地块以及夹在其间的银川—吉兰泰拉张断陷区组成。牛首山以南的弧形挤压—走滑构造区则为青藏块体北东缘的一部分。

(一)银川—吉兰泰拉张构造区

银川—吉兰泰拉张构造区由北东、北北东走向的两堑夹一垒平行排列组合而成，地貌上分别为山地和盆地。其形成和发展受同向正断层所控制，显示有右旋水平位移的分量。

贺兰山高耸于银川地堑和吉兰泰盆地之间，为一典型的拉张型地垒式断块山，两侧均由断裂控制，总体走向北东 30°，海拔一般为 2 000～3 000 m，最高峰 3 556 m，分水岭偏于山体的东侧，顶面较平坦。两坡不对称，西坡长而缓，沟谷比降小；东坡短而陡，沟谷比降大，与东侧盆地之间高差 2 000 余米。

银川地堑的基底为古生界地层，自始新世出现雏形以来持续下沉，堆积了巨厚的新生代地层，新生界厚度 7 000 m，其中第四系可达 2 400 m。其古近纪湖盆和第四纪盆地的东、西边界均为北北东走向的正断层控制。

吉兰泰盆地的基底主要由太古界变质岩构成，盆地底面西陡东缓，新生界之下有下白垩统地层，新生界厚度 2 000～3 000 m，其中第四系厚度约 400 m。盆地内部构造简单，地壳厚度变化不大。地壳深部构造简单。

(二)青藏块体北东缘弧形构造区

牛首山及其以南、罗山以西是弧形构造展布区。每一列弧形构造都由断块山和压陷型盆地组成，地貌上山脉、盆地相间排列呈弧形延伸，山地高程由南向北逐渐降低。活动断裂分割山地和盆地，走向自西向东，由北西西或近东西逐渐过渡为北西、北北西，甚至近北南，平面上呈现为向北东突出，向北西撒开，向南东收敛于六盘山地区的弧形。弧形断裂早期表现为逆冲活动，从早更新世中晚期开始，北西西、近东西走向段开始左旋走滑活动，断裂带东段则以褶皱和断层逆冲方式吸收西段的走滑量[1]，弧形构造带的平面形态显示了所在块体向北东推进的态势，断裂活动强度有向北东减弱的趋势。

(三)鄂尔多斯地块

鄂尔多斯地块是中国大陆中最为完整和稳定的地块之一，于中生代末结束了大型内陆拗陷的历史。渐新世末—中新世初，该块体整体抬升成为台地，

---

① 国家地震局地质研究所、宁夏回族自治区地震局：《海原活动断裂带》，北京，地震出版社，1990。

台地高出银川盆地 200～300 m，台地面由东向西和缓倾斜，以平岗和宽谷相间排列为特征。由于长期处于剥蚀状态，台地上第四纪松散沉积物很薄。块体内活动断裂不发育。整体性缓慢抬升是该块体新构造活动的表现方式。

（四）阿拉善地块

阿拉善地块是一个长期隆起且构造性质相当稳定的构造单位。其基底为太古代阿拉善群。在其边缘和内部的部分地区，存在中—晚元古代长城系—青白口系地层，为海相碳酸盐岩和碎屑岩。整个古生代和三叠纪以隆起为主，中生代形成一些断陷盆地，堆积了早、中侏罗世的河湖相含煤地层，白垩纪发展为拗陷盆地，到新生代，其东部在北西—南东向的拉张作用下断陷为北东向的吉兰泰盆地，其余部分稳定抬升。

上述新构造特征不同的区域中，鄂尔多斯和阿拉善地块均为新构造活动微弱的稳定区域。银川—吉兰泰地区和牛首山以南为新构造活动强烈的区域，但其新构造特征截然不同。前者主要活动断层和盆地为北北东走向，活动方式为正断层兼有右旋，显示拉张环境；后者显示为弧形构造，活动断裂的北西西走向段以左旋走滑为主，为青藏断块区北东缘的重要组成部分。

三、活动断裂[①]

宁夏及邻区活动断裂十分发育，且类型多样。按走向和性质可划分为北北东、北南向断裂、北西西—北北西向弧形断裂和东西向断裂。

北北东、北南向断裂包括：第一，巴音乌拉山东麓断裂和狼山山前断裂。巴音乌拉山东麓断裂北起乌兰敖包北东，向西南经艾来陶勒盖、毛盖图西、准嘎顺、达来呼都格，止于和屯盐池一带，长 150 km，总体走向 NE20°～40°，倾向南东或北西，倾角 60°以上，由活动特征不同的东、西两支组成。狼山山前断裂沿狼山南东麓展布，由狼山口向南延伸至敖龙布鲁格附近，长约160 km，走向 NE55°，向南东倾斜，倾角 60°～70°，构成临河断陷盆地的北西构造边界。第二，桌子山断裂带。该断裂带北起内蒙古磴口南乌兰布拉格附近，向南沿千里山西麓经哈让贵乌拉和千里山钢厂东，过千里沟后经凤凰岭和岗德尔山西麓延伸到三道坎东，总体呈北北东走向，长约 70 km。第三，阿拉善左旗断裂。该断裂南起滴水，向北经白石头、阿拉善左旗城区，过苏木图镇后隐伏于腾格里沙漠，长约 83 km。第四，贺兰山东麓断裂带。该断裂带北起正谊关，沿贺兰山东麓向南西曲折延伸，止于头关，长约 125 km，为银川地堑的西侧构造边界。断裂西侧是高耸的贺兰山，东侧为盆地，断裂

---

① 杨明芝、马禾青、廖玉华：《宁夏地震活动与研究》，北京，地震出版社，2007。

两侧地貌对照强烈。第五，黄河断裂带。该断裂带北起石嘴山市惠农区南东，沿南偏西方向过红崖子、陶乐、月牙湖、临河堡而后折南，经灵武东山西麓止于大泉附近，长160 km，构成银川地堑的东侧构造边界。断裂以东为台地、低山，以西为银川平原，第四纪以来断层两侧垂直差异运动显著。第六，银川—平罗断裂。该断裂隐伏于银川平原中部，北起黄渠桥附近，向南经平罗、姚伏进入银川市兴庆区东部，再向南穿过永宁县城，总体走向北北东，倾向北西，倾角70°左右，为银川古近纪沉积盆地的东侧构造边界。第七，芦花台断裂。该断层北起石嘴山市东，向南偏西经暖泉东、芦花台西进入银川市西夏区，延伸到东大滩附近，长约80 km，是古近纪断陷湖盆的西界。西夏区以北断层走向北北东—南南西，以南转为近北南走向。

北西西—北北西向弧形断裂包括：第一，牛首山—罗山—固原断裂带。该断裂带为中朝准地台与祁连地槽褶皱系的分界，也是新构造分区的边界。分为三关口、牛首山北东麓和罗山东麓三段。三关口段断裂呈北西走向斜截贺兰山南段山体，长约20 km，其北侧的贺兰山体较高，南侧显著降低。牛首山北东麓断层段由南、北两支断层组成，南支分布于山地与台地之间，称牛首山北东麓断层；北支处于台地与平原的分界位置，称关马湖断层。罗山东麓断裂走向近北南，长约50 km，在西泉以北插入红寺堡新生代盆地。第二，烟筒山断裂带。该断裂分布于烟筒山东麓和窑山西麓，向南东延伸至云雾山一带，长约150 km。第三，中卫—同心断裂带。该断裂带横贯宁夏中部，西起甘肃景泰白墩子以西的小红山，东止于同心以南，长约220 km，呈弧形展布，弧顶位于红谷梁附近。断裂南西侧为山地，北东侧以黄河为界西段为山前拗陷，东段为断陷盆地。第四，窑洞水—五佛寺断裂带。该断裂带东起宁夏中卫石岘子，西至景泰娃娃水，全长110 km，总体东西走向。断裂东段为窑洞水断层，长约40 km，断层南盘为寒武系构成的香山主峰区，海拔2 400 m，北盘第四系广布，局部出露泥盆系，为海拔2 000 m左右的夷平面。西段为五佛寺断层，长50～70 km。第五，海原断裂带。海原地区的北西西向褶皱和断裂形成于加里东中晚期的构造运动，在后续的海西—印支期以及燕山期构造形变中，逐渐形成了一条宽大的逆冲断裂系，其总体走向北西西。新近纪末的喜马拉雅运动以来，该断裂系中的一些断裂重新活动，发展成为海原活动断裂带。海原活动断裂带西起甘肃兴泉堡，东到宁夏固原哨口，全长约237 km，早更新世末至中更新世初以来以左旋走滑为特征。在海原断裂带的东端，为近北南走向的六盘山，上新世以来，其构造变形以顺山体走向分布的逆冲断裂活动及其伴随的褶皱为主要特征，是海原走滑断裂带东端发育的一个挤压变形区。

东西向断裂主要为正谊关断裂带。该断裂带横贯贺兰山北段，西起贺兰山西麓本坑附近，向东经宗别立山间盆地北侧，至正谊关南干沟口，长约 60 km。该断裂带经历了多期构造变动，早期以挤压逆冲为主，并右旋错断了北南向、北北东向的断裂和褶皱。第四纪以来表现为左旋走滑活动。断层北盘为太古界变粒岩、片麻岩和混合岩，南盘为太古界、中—晚元古界和古生界。

四、断陷盆地[①]

断陷盆地是地震活动的重要场所。区内的断陷盆地主要有两种类型：一种是拉张型；另一种是压陷型。前者主要分布于银川—吉兰泰拉张构造区；后者出现于弧形构造区。

(一)拉张型断陷盆地

1. 银川地堑

银川地堑北起石嘴山，南至青铜峡，长 160 km，最宽处 55 km，以永宁为界，北部走向北北东，南部走向北南。其东、西两侧和北部边界均为正断层控制，西南边界为逆断层。盆地内部两条隐伏的北北东向正断层控制了古近纪盆地的发育。自始新世出现断陷盆地雏形后，地堑持续下沉，堆积的新生界厚度超过 7 000 m，其中古近系 3 600 m，新近系 2 500 m，钻孔揭示的第四系最厚大于 1 609 m，石油地震勘探推断的第四系最大厚度为 2 400 m。

2. 吉兰泰盆地

吉兰泰盆地位于贺兰山以西，巴彦乌拉山以东，走向北东—南西，长 140 km，宽 70 km，磴口—本井隐伏断裂和巴彦乌拉山东麓断裂分别控制其东、西两侧边界。吉兰泰盆地向北与临河盆地连为一体，界线不甚清楚；南界位于和屯盐池东西向一线，该线以南，古近系和新近系有较为广泛的出露。

(二)压陷型盆地

1. 中宁—红寺堡盆地

中宁盆地西起山河桥、胜金关一线，东到白马，南以恩和、鸣沙一线以南的波状台地为界，北为中宁北山山前丘陵。盆地中心大体位于中宁—鸣沙之间，盆地长轴呈北东方向展布，长 32 km，宽 12 km。第四系最厚部位沿黄河南岸分布，断陷最深部位，第四系厚度为 388.6 m。红寺堡盆地位于烟筒山与罗山之间，长轴呈北东向展布，盆地内新近系和古近系产状平缓，第四系沉积厚度不大。

---

① 杨明芝、马禾青、廖玉华：《宁夏地震活动与研究》，北京，地震出版社，2007。

2. 中卫—清水河盆地

中卫盆地展布于卫宁北山和香山山地之间。西起沙坡头—上河沿一线，东止于余丁—泉眼山一线，东西长约 48 km，南北宽 20 km。盆地北部为黄河冲积平原，南部为香山北麓冲洪积台地。盆地内第四系厚度超过 300 m，岩性较粗。清水河盆地在李旺以南走向近北南，以北走向北北西，长约 180 km，宽 5～13 km，第四系厚度变化较大，大约 10～400 m。

3. 兴仁堡—海原盆地

兴仁堡盆地镶嵌于香山和黄家洼山之间，走向北西，长 57 km，系第四纪封闭盆地。盆地北东侧边界为断裂控制，沉积中心位于兴仁堡西，第四系厚约 439 m。海原第四纪盆地展布于南、西华山北麓，走向北西西，长约 65 km，宽 12 km，南界为海原断裂带，北侧可能亦为断裂控制，沉降中心位于山前地带。

五、地貌特征

(一)地貌格局

受地质构造和区域应力场的控制，宁夏地貌格局以北西走向的牛首山—青龙山断裂为界，呈现明显的南北差异[①]。

牛首山—青龙山断裂以北，贺兰山地、银川平原、陶灵盐台地自西而东依次排列，平行展布，组成带状地貌格局，山地、平原、台地之间以拉张型或张扭型断裂为界(图 2-2)。

断裂以南，北面是东西走向的卫宁北山，东面是由罗山、青龙山、窑山、云雾山组成的南北向山地，在它们所围限的宁夏南部广大地区，展布着三列弧形断块山地和两列断陷平原。由北东向南西，第一列弧形山地包括窑山、烟筒山、泉眼山和卫宁北山南缘山地，第二列弧形山地包括清水河西侧山地和香山山地，第三列弧形山地包括月亮山、南华山、西华山；一、二列弧形山地之间挟持中卫平原(卫宁平原西部)和清水河平原，二、三列弧形山地之间镶嵌着兴仁平原和西安州平原。弧形山地两麓边界为挤压型或压扭型断裂。由北东向南西，弧形山地的曲率逐渐减小，长度依次增大，高度逐渐升高。三列弧形山地在东南汇聚于六盘山，向北西撒开。弧形山地与其间的平原组成弧形地貌格局。弧形山地与外围界山(卫宁北山、牛首山、罗山、青龙山等)之间分布着中宁平原(卫宁平原东部)、红寺堡平原、韦州平原。因而，在宁夏南部呈现出山地与平原相间分布的地貌景观(图 2-3)。

---

① 周特先、姚茂文等：《宁夏构造地貌》，银川，宁夏人民出版社，1994。

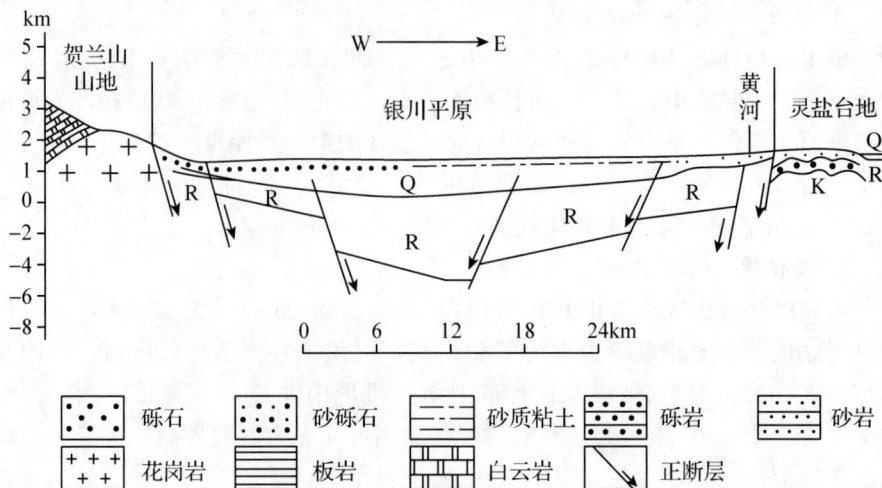

图 2-2　宁夏北部地貌剖面图①

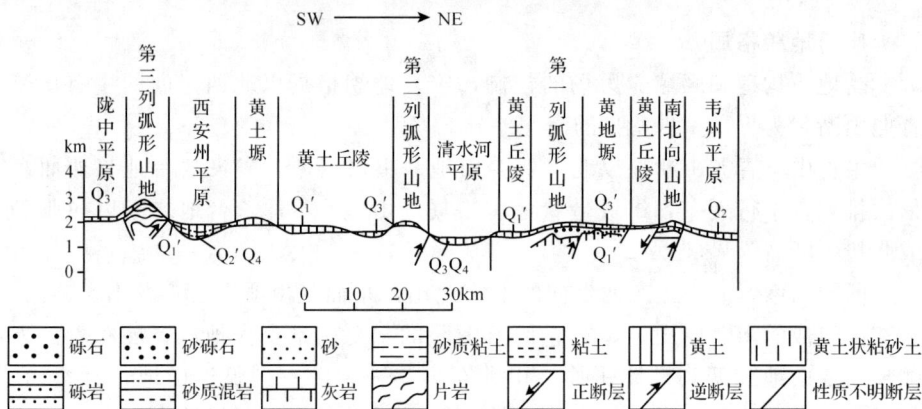

图 2-3　宁夏南部地貌剖面图②

(二)地貌类型

根据宁夏山川地貌的展布特征,将宁夏地貌划分为山地、丘陵、台地、平原、沙漠五种类型,即五种基本地貌单元,其地貌级别相当于中国地貌类型序列中的第三级及以下。地貌单元以地名加形态和成因命名,但有些地貌单元的命名沿用了宁夏习惯用法(见表2.1和图2-4)。

---

①　周特先、姚茂文等:《宁夏构造地貌》,银川,宁夏人民出版社,1994。
②　周特先、姚茂文等:《宁夏构造地貌》,银川,宁夏人民出版社,1994。

表 2.1　宁夏地貌单元划分及面积[①]

地貌单元	面积/ km²	比例/%
丘陵	17 654.73	34.08
黄土丘陵	16 080.98	
海原黄土丘陵	3 398.51	
西吉黄土丘陵	4 002.30	
清水河东黄土丘陵	8 680.17	
红岩丘陵	1 573.75	
牛首山山前丘陵	1 039.96	
卫宁北山山前丘陵	533.79	
台地	9 284.85	17.93
陶乐台地	442.60	
灵盐台地	8 842.25	
平原	13 328.97	25.73
银川平原	7 614.68	
黄河冲积平原	4 901.54	
贺兰山山前洪积平原	2 200.51	
花布山—庙山湖台地	512.63	
卫宁平原	1 730.47	
黄河冲积平原	976.46	
香山北麓台地(南山台子)	754.01	
清水河谷平原	1 593.98	
红寺堡洪积冲积平原	768.43	
韦州洪积冲积平原	1 103.19	
兴仁洪积平原	431.27	
西安州洪积冲积平原	86.97	
沙漠	695.45	1.34
山地	10 836.00	20.92
贺兰山	1 855.06	
牛首山	286.09	
卫宁北山	720.55	
香山	2 724.43	

---

① 周特先、姚茂文等:《宁夏构造地貌》,银川,宁夏人民出版社,1994。

地貌单元	面积/ km²	比例/%
烟筒山	208.66	
罗山	106.17	
青龙山	54.72	
清水河西侧山地	1 153.65	
西华山	148.65	
南华山	159.80	
六盘山—月亮山	3 418.23	

注：各地貌类型面积均为实有面积，所占比例为占全区实有面积（5.18×10^4 km²）的比例。

宁夏山地面积共 10 836 km²，占全区总面积的 20.92%。山地海拔 1 500～3 500 m，属中低山。贺兰山、罗山、六盘山分别为北、中、南部的最高山。贺兰山主峰敖包疙瘩是宁夏最高峰，海拔 3 556 m。

宁夏黄土丘陵属中国黄土高原的一部分，分布于麻黄山北缘—青龙山、罗山、烟筒山、香山等山地南缘一线以南的广大地区，面积 16 081 km²，海拔 1 700～2 100 m。该区沟壑纵横，切割剧烈，水土流失严重，生态环境脆弱，生产力水平很低，是中国极贫困地区之一。葫芦河流域属陇中山地与黄土丘陵区，黄土堆积于古近系或新近系红岩丘陵之上，滑坡极为发育，滑坡体阻塞河道而形成的堰塞湖较多。葫芦河西以梁、峁、丘陵为主，河东以梁状丘陵为主。清水河流域与泾河流域属陇东黄土高原与丘陵的西缘，黄土堆积始于中更新世，黄土含钙质结核，红色古土壤条带不明显。黄土堆积之前古地形比较复杂，清水河以西地区为丘陵，以东地区为山地，彭阳县境的泾河流域为台地或准平原。现今黄土地貌继承了古地形的基本特征。

除黄土丘陵外，宁夏还分布红岩丘陵，主要分布于牛首山西麓及中宁县鸣沙、白马一线以东地区和石空以北的卫宁北山山前地带，总面积约 1 574 km²，为由古近纪和新近纪红层组成的丘陵，上覆薄层中、上更新统及近代黄土和风成沙，海拔 1 300 m 左右。

陶乐、灵盐台地位于鄂尔多斯高原西南边缘宁夏中东部地区，呈低缓丘陵状，面积 9 285 km²。陶乐台地在中生代时是鄂尔多斯盆地的一部分，新生代隆起，台地基座为古近纪渐新世红层，上覆较薄的第四纪沉积物，地表广为风沙覆盖，流沙以新月形沙丘和链状沙丘为主。

宁夏有大小平原 7 个，面积共 13 329 km²。最大的银川平原面积为 7 615 km²，最小的西安州平原仅 87 km²。主要分布在中北部地区，是在新生

宁夏回族自治区地貌略图

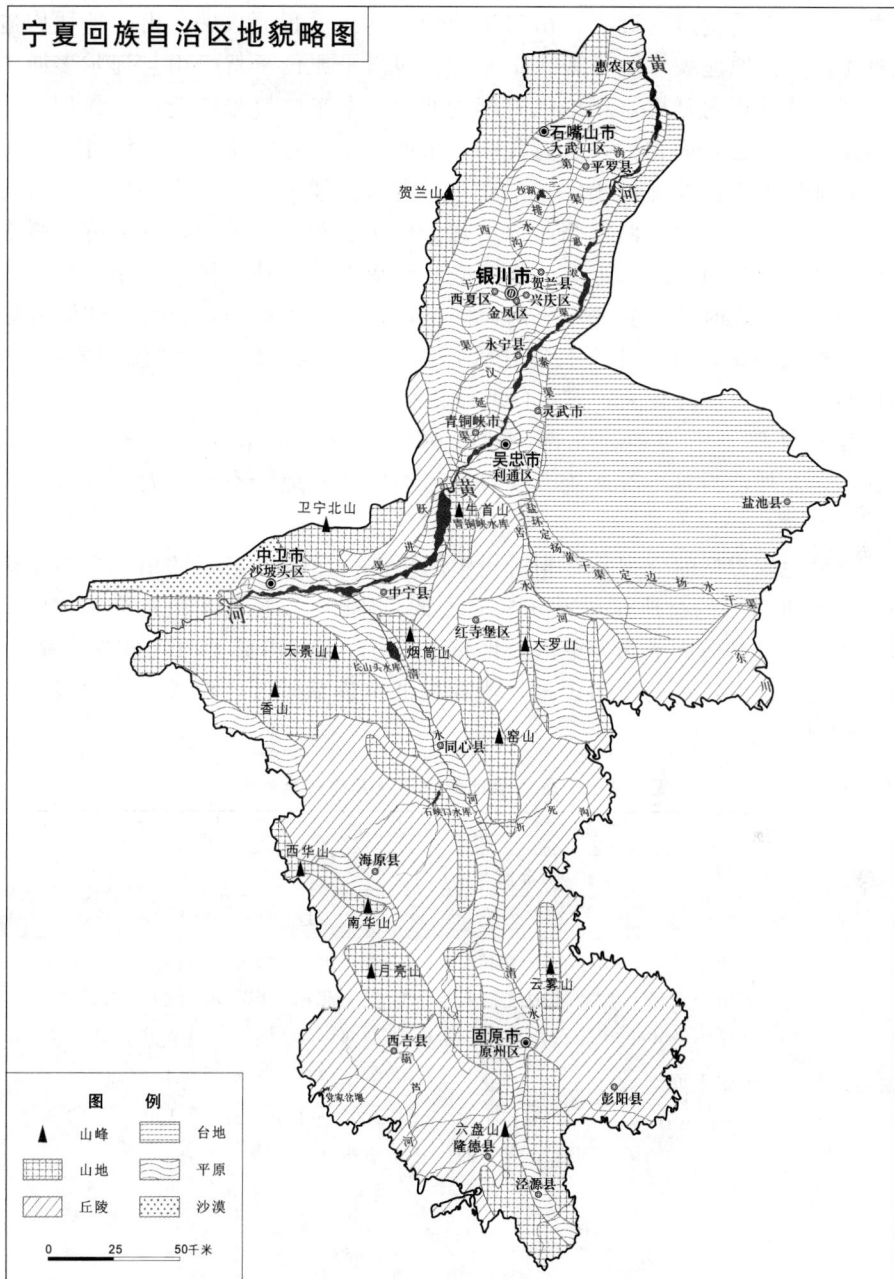

惠农区

黄

石嘴山市
大武口区
平罗县

贺兰山

银川市
西夏区 兴庆区
金凤区
永宁县
灵武市

青铜峡市

吴忠市
利通区

卫宁北山

牛首山

盐池县

中卫市
沙坡头区

中宁县

红寺堡区

大罗山

天景山

烟筒山

香山

窑山

同心县

石崎口水库

西华山
海原县

南华山

月亮山

云雾山

西吉县

固原市
原州区

彭阳县

六盘山
隆德县

泾源县

图 例

▲ 山峰   台地

山地   平原

丘陵   沙漠

0   25   50千米

图 2-4　宁夏地貌略图①

———————

① 周特先、姚茂文等:《宁夏构造地貌》,银川,宁夏人民出版社,1994。

代断陷盆地地质构造基础上，由河流冲积与山麓洪积而成的。由于地质构造条件不同，平原地貌特征呈现一定差异。银川平原位于贺兰山与鄂尔多斯高原之间，北北东向延展，新生代时期受北西—南东向拉张构造应力作用，处于持续沉降状态，面积大，长宽比小，第四纪沉积物厚千余米，河流阶地不发育，地势平坦，坡降极小，湖沼众多，潜水位埋藏浅。卫宁平原、清水河河谷平原、兴仁平原、西安州平原、红寺堡平原和韦州平原，或夹持在弧形山地之间，作北西—南东走向，或镶嵌于弧形地貌的外围界山之中，呈近北南走向，新生代时期，受北东—南西向挤压构造应力作用，成为总体隆升区中的相对沉降带，面积小，长宽比大，第四纪沉积物较薄，河流切割较深，阶地明显，地面坡降较大，潜水位埋藏较深。

沙漠仅见于中卫西、北部，地处腾格里沙漠东南缘，占全区面积的1.34%。此外，尚具丹霞地貌、峡谷和河曲等特殊地貌类型，大多具有地学旅游价值。

宁夏地貌类型的分布具有相对集中的特点，丘陵和83%的山地分布于南部，台地和57%的盆地或平原分布于北部。因此，以丘陵和山地为主体的南部地区，与以盆地或平原为主体的北部地区构成了区内最大的两级地貌阶梯。南部地貌阶梯内，三列弧形山地由南西向北东逐渐降低，形成三个次级地貌阶梯(表2.2)。

表 2.2　宁夏各级地貌阶梯及其海拔高度[①]

地貌单元	地貌阶梯			
	南部阶梯（Ⅰ）			北部阶梯（Ⅱ）
	Ⅰ₁	Ⅰ₂	Ⅰ₃	
山地、台地	西华山 2 704 m 南华山 2 955 m 月亮山 2 633 m	香山 2 362 m 庙山 1 844 m 马东山 2 369 m	牛首山 1 782 m 卫宁北山 1 687 m 烟筒山 1 715 m	贺兰山 3 556 m 灵盐台地、陶乐台地 1 300～1 600 m
盆地、平原	陇中平原 2 000 m 左右	兴仁平原 1 613～1 800 m 西安州平原 1 709～1 800 m	卫宁平原 1 153～1 600 m 清水河平原 1 270～1 760 m 红寺堡平原 1 300～1 500 m	银川平原 1 100～1 500 m

---

① 周特先、姚茂文等:《宁夏构造地貌》，银川，宁夏人民出版社，1994。

第二节 气候与气候资源

一、气 候

(一)气候特征

宁夏深居中国西北内陆,远离海洋,处于东部季风区域和西北干旱区域的过渡地带,以麻黄山北缘—青龙山、罗山南麓—李旺—关桥—干盐池一线为界,南部黄土丘陵和六盘山区为温带半干旱区和温带半湿润区,北部属温带干旱区。

宁夏冬季受蒙古高压控制,正当冷空气南下之要冲,夏季处在东南季风西行末梢,形成典型的大陆性气候。主要气候特点为:四季分明,冬寒长、夏热短、春暖快、秋凉早;干旱少雨,日照充足,蒸发强烈,风大沙多;地域差异明显,南凉北暖,南湿北干。

1. 气 温

宁夏各地年平均气温介于5℃~9℃,呈北高南低分布(图2-5)。兴仁、麻黄山及固原在7℃以下,其他地区在7℃以上,中宁、大武口分别是9.5℃和9.9℃,为全区最高。冬季严寒、夏季炎热,各地气温7月最高,平均为16.9℃~24.7℃,1月最低,平均为−9.3℃~−6.5℃,气温年较差大,达22℃~34℃,日较差为9℃~16℃。贺兰山与六盘山是宁夏的两个低温中心,年平均气温分别为−0.8℃和1℃。

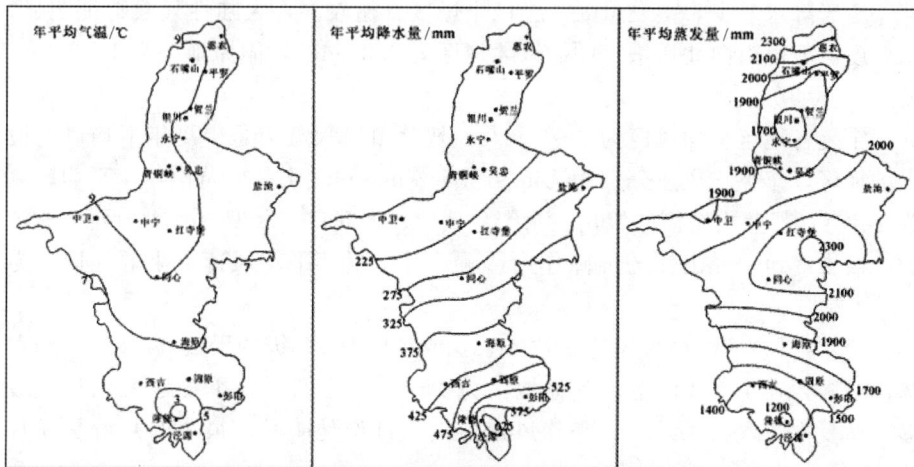

图2-5 宁夏年平均气温/℃、年平均降水量/mm、年平均蒸发量/mm 分布图

2. 降　水

宁夏各地年平均降水量介于 167～677 mm，北少南多，差异明显。北部
银川平原和卫宁平原 200 mm 左右，中部盐池、同心一带 200～300 mm，南
部黄土丘陵区 300～600 mm，六盘山地区 600 mm 以上。六盘山和贺兰山年
降水量分别为 677 mm 和 430 mm，是宁夏南、北多雨中心。

降水季节分配很不均匀，夏秋多，冬春少，降水相对集中。春季降水仅
占年降水量的 12%～21%；夏季是一年中降水次数最多、降水量最大、局部
洪涝发生最频繁的季节，降水占年降水量的 51%～65%；秋季降水量略多于
春季，约占年降水量的 16%～23%；冬季最少，大多数地区不超过年降水量
的 3%。

各地的降水曲线都呈单峰形，进入 6 月，降水量迅速增大，9 月以后，降
水量急剧减少。降水量最大值一般出现于 7 月下旬至 8 月上旬，中、北部地
区这一时段内的降水量占年降水量的 30% 左右，南部地区占年降水量的 25%
左右。月平均降水量最小值一般出现在 12 月，占全年降水量的 0.5% 以下。
降水的年际变化也很大，多雨年降水量是少雨年降水量的 2～6 倍，降水变差
系数 0.2～0.46，由南向北增大。

3. 蒸　发

宁夏各地年平均蒸发量 1 312～2 204 mm，同心、韦州、石炭井最大，超
过 2 200 mm；西吉、隆德、泾源较小，为 1 336.4～1 432.3 mm。蒸发量夏
季最大，占年蒸发量的 44%～50%；冬季蒸发量最小，只占年蒸发量的
4%～8%。

由于降水量少，蒸发量大，全区干燥度普遍较高，大陆性气候特征明显。
干燥度一般由南向北递增，同心以北地区为 3.3～4.7，固原地区为 1～2。

4. 风

宁夏各地年平均风速为 2～7 m/s，贺兰山、六盘山是宁夏年平均风速最
大的地区，年平均风速分别为 7 m/s 和 5.8 m/s；其次是麻黄山，年平均风速
为 4 m/s；贺兰山东侧的银川、永宁、贺兰、大武口、平罗，六盘山西侧的隆
德、西吉等地，受山体的屏障作用影响，是宁夏年平均风速最小的地区，为
2 m/s 左右。

全年大风日数(极大风速≥17 m/s，或者风力≥8 级的天数)以贺兰山和六
盘山最多，在 100 d 以上，其他地区为 4～46 d 之间。春季各地大风日数最
多，冬夏次之，秋季最少。平均风速最大的月份是 4 月，最小的月份是 9 月
或 10 月。

同心以北地区全年主导风向以偏北风为主，以南地区东南风居多。冬季

大部分地区以偏北风为主，同心、隆德以东以南风为主，泾源以西风为主。春季，同心以北地区仍以西北风或偏北风居多，但偏南风开始增多，同心以南地区以东南风为主，六盘山则多西南风。夏季，各地均以东南风为主。秋季，各地风向类似于冬季。

（二）历史时期气候变化

宁夏历史时期气候变化的研究成果，主要集中在对北部贺兰山和银川平原地区的研究中。汪一鸣将一万年以来该区气候变化划分为以下七个阶段[①]。

1. 公元前 8000 年至公元前 6100 年

一万年以来，属于第四纪时期最新的一段时期，即全新世，也是人类文明出现和大发展的时期。随着末次盛冰期的结束，气温开始升高，降水增加。但以公元前 8000 年为界，银川平原一度由温凉半干旱气候渐变为偏冷干气候。距今 8500 年时，西北地区大部，气温快速上升，植被生长转盛。贺兰山区气温上升，冰川消退。

2. 公元前 6100 年至公元前 4200 年

银川平原全新世气候适宜期为公元前 6100 年至公元前 1000 年，其中又以公元前 6100 年至公元前 4200 年为最适期。从公元前 6100 年开始进入升温期，降水量变化不大，干旱程度逐步加大。气温回升有利于人类活动，新石器时代文化遗址遍布广大地区。贺兰山区进入相对高温期，年平均气温比现代约高 3.5℃～4℃，降水减少，出现偏温干气候，公元前 5000 年至公元前 4000 年期间山火（森林火灾）频发。南部于公元前 5000 年后气温迅速上升，进入有利于原始农业发展的温暖期。

3. 公元前 4200 年至公元前 1000 年

气候和环境变化幅度大，频率高。银川平原于公元前 3900 年前后出现极端干旱期，年平均气温与今日相同或略高，降水量不足 100 mm，导致水体收缩，荒漠化范围扩大，流沙扩展，为全新世最干旱时期；公元前 2500 年以后，转向温润，年平均气温低于现代，为全新世最湿润期；公元前 1200 年时趋于凉干，年降水量降至 100 多毫米，气温逐渐下降，低温值分别出现于公元前 2000 年和公元前 1100 年。贺兰山区以公元前 4000 年为转折点，降水增加；公元前 2200 年左右，气温急降，出现全新世最寒冷期，为典型冷湿期；由贺兰山现存冰缘地貌可知，公元前 1500 年前后为寒冷期，当时海拔 2 750～3 050 m 高度范围，年平均气温为 −1.5℃左右；公元前 2000 年以后出现约 300 年冷干期，导致黄土丘陵区齐家文化衰退解体，农业文化界线南移。其后

---

① 汪一鸣：《宁夏人地关系演化研究》，银川，宁夏人民出版社，2005。

气温又持续上升，经历较长温暖期，南部年平均气温高于当代 2℃~3℃。

4. 公元前 1000 年至公元初

自公元前 1000 年以后，气候变化幅度减小，波动性增强，气温变化在现今温度水平±2℃~±3℃范围内，降水变幅在现今降水水平±25~±50 mm范围内。公元前 1200 年至公元前 900 年，气温急降，自然环境发生重大变化，称为新冰期前期。但寒冷期持续时间不长，春秋时开始变暖，秦汉时农业环境更为适宜，温暖湿润。贺兰山区于公元前 500 年以后，气温呈波动性回升，水分呈波动性下降，即趋向于现代温带半湿润山地气候，其间公元前100 年前后山火严重，一度气候暖干。

5. 公元初至 12 世纪

东汉、魏晋南北朝时期，今宁夏地区和整个西北都处于温暖期向寒冷期的重大转折阶段，自然灾害频发。公元 155 年之后，年平均气温大致低于当今水平 1℃，直到公元 589 年为止，是为新冰期后期。隋唐时气温上升，年平均气温较今高 0.5℃~1℃，称小温暖期。10 世纪后期~12 世纪，气候较为凉干，旱灾频发，贺兰山地则冷湿。这次寒冷期为公元初以来气温最低时期，今宁夏北部地区公元 1101—1200 年寒冷期年平均气温比现代低 1.5℃~2℃或更多。

6. 13 世纪至 19 世纪

元代冷暖变化频率大。明初转向显著的凉干气候，开始了现代小冰期，直到 19 世纪为止。明清两代，旱灾频繁且严重。就温度变化看，现代小冰期一般分为 3 个冷期和 3 个暖期，第一冷期 1420—1520 年，第一暖期 1521—1570 年；第二冷期 1571—1680 年(最冷期)，银川平原均为干旱期，第二暖期1681—1770 年，暖干、暖湿与正常气候交替，18 世纪中叶一度暖湿；第三冷期 1771—1890 年，冷湿，第三暖期 1891—1980 年为趋向干旱的暖干与暖湿交替气候。由贺兰山现存冰缘地貌可知，1620—1720 年为晚全新世冰缘早期，海拔 2 750 m 以上年平均气温低于−1.5℃。1840—1890 年为晚全新世冰缘晚期，海拔 2 750 m 处平均气温在 0℃左右。据历史文献记载的银川地区旱涝资料，可分 11 个干湿期，18 世纪以后涝年和偏涝年增多，但干旱年份并未减少，旱涝年份交替出现，正常年份显著减少。又据贺兰山树木年轮资料，贺兰山区干湿交替出现，存在 3 年、9 年、22 年周期，与宁夏 500 年旱涝史料的周期相同。清末，贺兰山曾发生 11 次以上山火，都与 1873—1895 年、1896—1913 年气候暖干有关。

7. 20 世纪

进入近代变暖期，气温总趋势转暖，降水变化总趋势不明显，干旱程度加大。据近 40 年银川气象记录，从气温看，20 世纪 50 至 60 年代为低温期，70 年代为正常期，80 年代为高温期。从降水看，1951—1957 年为少雨期，1958—1964 年为多雨期，1965—1975 年为少雨期，1976—1979 年为多雨期，1980 年以后为少雨期。统计分析表明，旱涝年份均有逐渐增加的趋势，这是气候干湿变化日益加剧引起的。

二、气候资源

(一)光热资源

宁夏海拔较高，阴雨天气少，大气透明度好，辐射强度高，日照时间长。年平均太阳总辐射量为 $5\,000\times10^6\sim6\,100\times10^6\ J/m^2$，年日照时数 $2\,200\sim3\,100\ h$，日照百分率 $50\%\sim70\%$，是我国日照时间长，日照百分率较高，云量较少的地区之一。

宁夏中部、北部地区，光能资源丰富。年太阳辐射总量 $5\,700\times10^6\sim6\,100\times10^6\ J/m^2$，年日照时数 $3\,000\ h$ 左右，年平均气温 $8\text{℃}\sim9\text{℃}$，$\geqslant0\text{℃}$ 积温 $3\,700\text{℃}$ 左右，$\geqslant5\text{℃}$ 积温 $3\,500\text{℃}$ 左右，$\geqslant10\text{℃}$ 积温 $3\,200\text{℃}\sim3\,300\text{℃}$，平均无霜期 $150\sim195\ d$。

宁夏南部地区年太阳辐射总量一般为 $5\,000\times10^6\sim5\,700\times10^6\ J/m^2$，年日照时数 $2\,200\sim2\,700\ h$，年平均气温 $5\text{℃}\sim8\text{℃}$，$\geqslant0\text{℃}$ 积温 $2\,550\text{℃}\sim3\,100\text{℃}$，$\geqslant5\text{℃}$ 积温 $2\,540\text{℃}\sim2\,900\text{℃}$，$\geqslant10\text{℃}$ 积温 $1\,900\text{℃}\sim2\,400\text{℃}$，平均无霜期 $127\sim155\ d$。

(二)降水资源

宁夏降水资源稀少，且年际、季节分配不均，雨热同季，降水量的 70% 集中在 $6\sim9$ 月，此时正值农作物生长旺季，降水能够充分被植物吸收利用。由于降水强度较大，年降水日少，连续无降水日多，极容易造成山洪和干旱灾害。宁夏的年降水量为 $167\sim647\ mm$，由南向北递减，贺兰山、六盘山地区因海拔高形成两个多雨中心，其中六盘山地区在 $600\ mm$ 以上，黄土丘陵地区为 $300\sim600\ mm$，中部同心、盐池为 $200\sim300\ mm$，北部平原区为 $200\ mm$ 左右。

(三)风能资源

宁夏属于风能资源较丰富的地区。除个别山地、山峰、谷口等少数地区外，大部分地区年平均风速小于 $3m/s$，有效风速($3\sim20\ m/s$)累积时数 $3\,000\sim4\,000\ h$，有效风能密度在 $60\ W/m^2$ 以下，一般不超过 $40\ W/m^2$，年平均有效风能在 $200\ kW\cdot h/m^2$ 以下，部分地区不足 $100\ kW\cdot h/m^2$。

按照年平均有效风能密度大于 $60\ W/m^2$，有效风速年累积时数大于 $5\,000\ h$

为风能资源丰富区的标准；年平均有效风能密度 40～60 W/m²，有效风速年累积时数 4 000～5 000 h 为风能资源较丰富区的标准；年平均有效风能密度 20～40 W/m²，有效风速年累积时数 3 000～4 000 h 为风能资源可利用区的标准；年平均有效风能密度小于 20 W/m²，有效风速年累积时数小于 3 000 h 为风能资源贫乏区的标准，贺兰山、六盘山、麻黄山、韦州地区属风能资源丰富区，海原、原州、彭阳、泾源 4 县、区及石嘴山市东北部属风能资源较丰富区，银川市各区县和西吉、隆德 2 县属风能资源贫乏区，其余地区属风能资源可利用区。

第三节　水文与水资源

一、河流水系

宁夏主要河流分属黄河干流及其支流。区内黄河及其各级支流中，流域面积在 10 000 km² 以上者仅黄河和清水河 2 条，10 000 km² 以下、1 000 km² 以上的有 15 条。祖厉河、清水河、红柳河、苦水河及黄河两岸诸沟位于黄河上游下段，葫芦河、泾河位于黄河中游中段，另外有黄河流域内流区（盐池）、内陆河区（属内蒙古石羊河的中卫市甘塘镇），见图 2-6。

黄河干流自中卫市沙坡头区南长滩入境，流经卫宁灌区到青铜峡水库，出库入青铜峡灌区，至石嘴山头道坎以下麻黄沟出境，区内河流长度 397 km，占黄河全长的 7%。多年平均过境流量 325×10⁸ m³，是宁夏主要的供水来源。

祖厉河位于西吉、海原两县内，区内集水面积 597 km²，由甘肃省靖远县汇入黄河。

清水河是宁夏汇入黄河的最大支流，发源于固原市原州区开城乡黑刺沟脑，集水面积 14 481 km²（宁夏境内 13 511 km²；甘肃省境内 970 km²）；河长 320 km，左岸支流有东至河、中河、苋麻河、西河、金鸡儿沟、长沙河 6 条；右岸有双井子沟、折死沟 2 条。流经固原市原州区和西吉县、吴忠市同心县、中卫市海原县和中宁县，由中宁县泉眼山汇入黄河。

红柳沟为直接入黄支流，集水面积 1 064 km²，长 107 km，流经同心、中宁两县，自中宁县鸣沙洲汇入黄河。

苦水河是直接入黄的另一支流，集水面积 5 218 km²（区内 4 942 km²）。由甘肃环县进入宁夏，经盐池、同心、灵武、利通区 4 县（市），由灵武市新华桥汇入黄河。

黄河右岸诸沟主要有中卫市的高崖沟、灵武市的大河子沟及平罗县的都

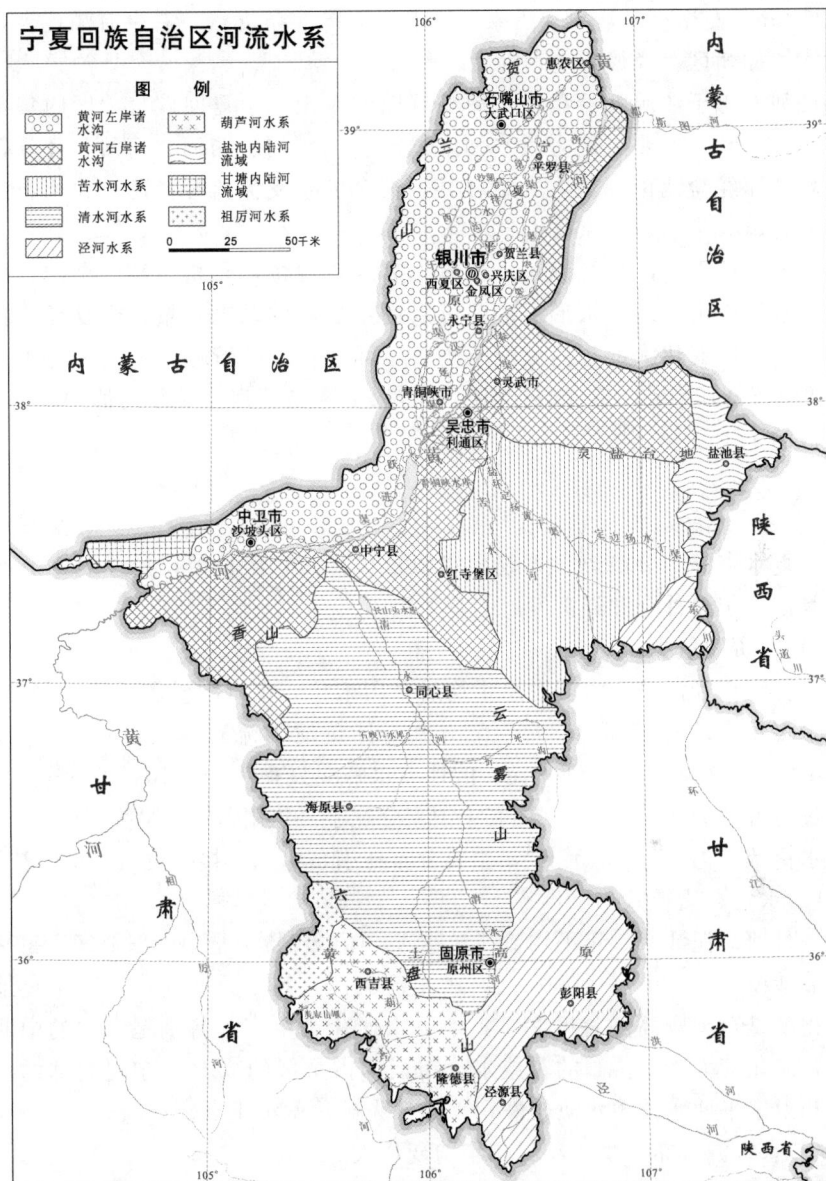

宁夏回族自治区河流水系

图　例

- 黄河左岸诸水沟
- 黄河右岸诸水沟
- 苦水河水系
- 清水河水系
- 泾河水系
- 葫芦河水系
- 盐池内陆河流域
- 甘塘内陆河流域
- 祖厉河水系

图 2-6　宁夏河流水系图

斯图河，区内集水面积 9 532 km²。黄河左岸诸沟包括卫宁北山南麓与贺兰山东麓各沟，主要有贺兰山东麓的花石沟、苏峪口沟、大水沟、汝箕沟、大武口沟、红果子沟等，区内面积 5 177 km²。

葫芦河发源于西吉县月亮山，在宁夏内集水面积 3 281 km²，干流在区内长 120 km。左岸有马连川、唐家河、水洛河等 8 条支流，右岸有滥泥河，流经西吉、原州区、隆德后进入甘肃。

泾河发源于泾源县六盘山东麓马尾巴梁东南，宁夏回族自治区内集水总面积 4 955 km²，主要支流有暖水河、颉河、洪川河、茹河、蒲河、环江，其中，环江流经盐池南部进入甘肃环县，其余五条支流流经泾源、原州、彭阳后进入甘肃省华亭、平凉及镇原。

径流量即天然河川径流量，也称地表水资源量，是指河流、湖泊、冰川等地表水体中由当地降水形成的、可以逐年更新的动态水量。宁夏径流具有总量少、地区变化大、年内分配不均、年际变化大的特点。全区平均年径流总量 9.493×10^8 m³，折合径流深度 18.3 mm，是黄河流域平均值的 1/5，全国均值的 1/15。

二、水资源

宁夏水资源十分匮乏，不仅水资源量少，而且质量差，加之时空分布不均，是制约宁夏社会和经济发展的重要因素。

(1)水资源量少

宁夏河川径流量、水资源总量均居全国末位，水资源供需矛盾十分突出。地表水多年平均径流量 8.89×10^8 m³(不计黄河干流)，年平均径流深度为 17.2 mm，年径流深度大于 5 mm 的地表水资源只有 8.45×10^8 m³。黄河多年平均过境流量为 525×10^8 m³，其中国家分配宁夏年用黄河水量为 40×10^8 m³。地下水资源量为 25.3×10^8 m³，主要分布在引黄灌区，接受黄河水量的补给。

(2)水资源质量差

一是河流泥沙大，年平均输沙量达 1×10^8 t，特别是中南部地区，每平方千米输沙模数 3 000～10 000 t/a，水土流失严重。二是矿化度高，宁夏地表水矿化度是全国较高的省区之一，地下水矿化度更高，特别是广大的中北部地区，矿化度大于 2 g/L 的苦咸水分布面积占全区的 62%，宁夏北部的银川平原和卫宁平原水资源水质较好，大部分为矿化度小于 2 g/L 的淡水。

(3)水资源分布不均，年际、年内变化大

宁夏河川径流主要分布在泾河、清水河、葫芦河流域，多年平均径流量分别为 3.49×10^8 m³、2.02×10^8 m³、1.69×10^8 m³，合计占全区径流总量的 81%。地下水资源量为 25.3×10^8 m³，区域分布很不均衡，占国土总面积 13% 的平原区地下水量占全区地下水水资源总量的 63.8%，而占国土面积 69% 的黄土丘陵、盐灵低缓丘陵地区，地下水资源仅占全区地下水资源的 16.2%。

按流域划分，2012 年全区水资源总量中，引黄灌区最多，为 3.180×10^8 m³；泾河次之，为 2.524×10^8 m³；清水河、葫芦河、黄河左岸区间分别为 1.774×10^8 m³、1.206×10^8 m³ 和 1.487×10^8 m³（表 2.3）。按行政分区，固原市水资源总量最多，为 4.281×10^8 m³，占全区水资源总量的 39.6%；银川市次之，水资源总量为 2.041×10^8 m³。

表 2.3　2012 年宁夏水资源状况[①]

分　区		计算面积/km²	水资源量/10^8 m³				
			年降水总量	地表水资源量	地下水资源量	重复计算量	水资源总量
流域分区	引黄灌区	6 573	17.393	2.204	17.556	16.580	3.180
	祖厉河	597	2.567	0.086	0.033	0.026	0.093
	清水河	13 511	50.730	1.377	0.921	0.524	1.774
	红柳河	1 064	3.439	0.066	0.019	0.008	0.077
	苦水河	4 942	15.254	0.144	0.067	0.045	0.166
	黄河右岸区间	6 067	16.475	0.134	0.037	0.019	0.152
	黄河左岸区间	5 778	16.584	0.738	1.200	0.451	1.487
	葫芦河	3 281	15.559	1.107	0.421	0.322	1.206
	泾河	4 955	22.611	2.445	1.288	1.209	2.524
	盐池内流区	5 032	14.945	0.146	0		0.146
行政分区	银川市	7 542	21.567	1.227	7.390	6.576	2.041
	石嘴山市	4 092	10.484	1.004	3.977	3.374	1.607
	吴忠市	15 999	49.998	1.099	4.319	4.090	1.328
	固原市	10 583	50.257	4.005	3.716	3.440	4.281
	中卫市	13 584	43.251	1.112	2.140	1.704	1.548

水资源年际、年内变化大，70%～80% 的地表径流集中在 6～9 月，形成汛期，11 月至翌年 3 月为枯水期，许多小河断流。从年际变化来看，年径流最大值为最小值的 4 倍。水资源分布不均，变率大。

(4) 宝贵的黄河过境水资源

黄河流经卫宁平原和银川平原 12 个县（市），黄河过境水资源分配给宁夏可用量 40×10^8 m³，在引黄灌区下渗形成地下水，可采用量 13.2×10^8 m³，合计 53.2×10^8 m³，占宁夏可利用水资源量的 90.5%，是宁夏最主要的水资

[①]　宁夏回族自治区水利厅：《宁夏回族自治区水资源公报（2012）》，2013。

源和优势资源。黄河流经的宁夏平原是宁夏工矿企业和主要城镇分布地区。随着工业的快速发展和城市化水平的提高，工业废水、生活污水排放量日益增加，对地下水和黄河水资源污染日趋严重，特别是石嘴山地区，主要排水沟五项毒物的污染已达Ⅲ级，属较重污染。因此，为了适应社会和经济发展对水资源需求的不断增长，必须科学用水，合理用水，节约用水，加强管理，提高污水的处理率，减少对黄河水资源的污染，提高水资源的利用率和经济效益。

(5)水能资源

宁夏水能理论蕴藏量为 195.5×10^4 kW，其中黄河干流为 192.97×10^4 kW，约占总量的 98.7%，各支流为 2.53×10^4 kW，仅占总量的 1.3%。水能资源集中分布于黄河干流地区，其次为六盘山东侧。宁夏可能开发的水力资源站点共 12 处，总装机容量可达 197.4×10^4 kW。装机容量大于 1×10^4 kW 的三处，均分布在黄河干流上，即大柳树、沙坡头和青铜峡，其中大柳树装机容量160×10^4 kW，年发电量 72×10^8 kW·h。装机容量 $0.5 \times 10^4 \sim 1 \times 10^4$ kW 的共 9 处，其中 8 处分布在泾河水系，1 处位于中宁县七星渠。

第四节　土壤与植被

一、土　壤

宁夏自然条件复杂，人类活动地域差异明显，形成了多种多样的土壤类型。随着干旱程度的增加，土壤淋溶作用的减弱和植被中小灌木、小半灌木成分的增加，土壤类型由本区南部的黑垆土向中北部的灰钙土和灰漠土过渡。

黑垆土分布在黄土丘陵地区，土层中无易溶性盐分及中溶性石膏积累，质地以中壤为主。灰钙土分布在本区中北部，土层中有明显钙积层，质地偏沙壤。灰漠土分布于宁夏北端，面积较小。黑垆土和灰钙土两大土壤水平带，分别与宁夏干草原和荒漠草原植被带相对应。山地区域分布着亚高山草甸土、灰褐土等垂直地带性土壤。在大面积水平土壤带内，受地形因素制约和人类活动影响，广泛分布黄绵土、潮土、沼泽土、盐土、碱土、新积土、粗骨土、灌淤土等非地带性土壤。在无明显成土过程的沙丘或沙地，则分布着不同固定程度的风沙土。

根据全国 1:100 万土壤数据库，宁夏土壤共划分为 10 个土纲，22 个土类，43 个亚类，66 个土属(表 2.4)。

表 2.4　宁夏土壤分类系统①

土纲	土类	面积/$10^4 hm^2$	亚类	土属	代码
高山土	黑毡土	0.11	黑毡土	黑毡土	55100
人为土	灌淤土	32.43	灌淤土	灰壤质灌淤土 s	52119
				灰粘质灌淤土 y	52125
			潮灌淤土	潮灌淤土	52200
			表锈灌淤土	表锈灌淤土	52300
			盐化灌淤土	盐化灌淤土	52400
	水稻土	2.98	潴育水稻土	湖泥潴育水稻土 q	51117
				潴育水稻土	51100
盐碱土	碱土	1.42	龟裂碱土	龟裂碱土	50300
	漠境盐土	1.89	残余盐土	残余盐土	46300
	盐土	9.93	沼泽盐土	沼泽盐土	45300
			结壳盐土	结壳盐土	45200
			草甸盐土	硫酸盐氯化物草甸盐土 h	45108
				草甸盐土	45100
			盐土	盐土	45000
水成土	沼泽土	0.09	沼泽土	沼泽土	43100
半水成土	潮土	7.02	灌淤潮土	灰粘质灌淤潮土 w	42723
			盐化潮土	盐化潮土	42500
			湿潮土	湿潮土	42400
			潮土	潮土	42100
	山地草甸土	0.23	山地草甸土	山地草甸土	40100
初育土	粗骨土	12.82	钙质粗骨土	钙质粗骨土	37300
	石质土	4.74	钙质石质土	钙质石质土	36300
	石灰(岩)土	0.35	棕色石灰土	棕色石灰土	32300
	风沙土	57.79	草原风沙土	固定草原风沙土 a	31201
				半固定草原风沙土 b	31202
				流动草原风沙土 c	31203

---

① 史学正：全国 1∶100 万土壤数据库，1995。

续表

土纲	土类	面积/ $10^4 hm^2$	亚类	土属	代码
			荒漠风沙土	固定荒漠风沙土 a	31101
				半固定荒漠风沙土 b	31102
				流动荒漠风沙土 c	31103
	新积土	31.81	冲积土	冲积土	29200
			新积土	新积土	29100
	红粘土	0.53	红粘土	红粘土	28100
	黄绵土	149.08	黄绵土	砂质黄绵土 a	27101
				砂质坡黄绵土 b	27102
				砂质川黄绵土 c	27103
				壤质黄绵土 d	27104
				壤质坡黄绵土 e	27105
				壤质川黄绵土 f	27106
漠土	灰漠土	4.86	灰漠土	灰漠土	24100
			钙质灰漠土	钙质灰漠土	24200
干旱土	灰钙土	136.60	草甸灰钙土	草甸灰钙土	23300
			淡灰钙土	红土质淡灰钙土 l	23212
				灌耕淡灰钙土 w	23223
				沙化淡灰钙土 x	23224
				淡灰钙土	23200
			灰钙土	红土质灰钙土 i	23109
				洪冲积壤质灰钙土 p	23116
				灌耕灰钙土 w	23123
				沙化灰钙土 x	23124
				灰钙土	23100
	棕钙土	4.62	盐化棕钙土	盐化棕钙土	22400
			淡棕钙土	沙化淡棕钙土 x	22224
				风积淡棕钙土 v	22222
				淡棕钙土	22200
钙层土	黑垆土	16.75	黑麻土	坡黑麻土 a	21401
				塬麻土 b	21402
				黑麻土	21400
			黑垆土	黑垆土	21100
	栗钙土	2.22	淡栗钙土	淡栗钙土	19300
			栗钙土	栗钙土	19200

续表

土纲	土类	面积/10^4 hm²	亚类	土属	代码
半淋溶土	灰褐土	35.25	石灰性灰褐土	石灰性灰褐土	15400
			灰褐土性土	灰褐土性土	15500
			淋溶灰褐土	淋溶灰褐土	15300
			暗灰褐土	泥质暗灰褐土 d	15204
			灰褐土	灰褐土	15100

(一)黑垆土

黑垆土是宁夏黄土丘陵地区的主要土壤,分布于固原市除山地以外的塬地、缓坡地和大部分地区以及同心、盐池两县的南部,面积 16.75×10^4 hm²,占宁夏国土总面积的 3.2%。黑垆土分布于温带半湿润区和半干旱气候区,年平均气温5℃~8℃,年平均降水量 300~650 mm,植被为森林草原和干草原,覆盖度60%以上。

黑垆土剖面的主要特点是具有深厚、暗色、疏松的腐殖质层,厚度为50~100 cm,有些地方达150 cm,有机质含量平均值为1.63%,质地多为中壤土,黏粒含量超过10%,块状或棱块状结构,结构面上有明显的胶膜和较多的假菌丝体。剖面表土层(天然草地为生草层,耕地为耕作层)厚20 cm左右;心土层呈暗灰棕色或棕带褐色,块状结构,胶膜明显,有较多的网膜状石灰新生体及蚯蚓孔洞与排泄物。底土为棕色或浅棕色黄土母质。

黑垆土层中大于0.25 mm的水稳性团聚体占15%~19%,pH值7.6~8.5,全盐量0.04%~0.08%。表土层养分含量为:有机质0.7%~1.8%,全氮0.04%~0.12%,全磷0.061%~0.083%,全钾1.5%~1.95%,速效磷5~11 mg/kg,速效钾100~200 mg/kg,阳离子交换量每百克土10~18mEq。

(二)灰钙土

灰钙土分布于宁夏中北部的台地、洪积平原及河流高阶地上,面积为 136.60×10^4 hm²,占宁夏国土总面积的26.4%。灰钙土分布区属温带半干旱、干旱区,年平均气温7.5℃~9℃,年平均降水量200~300 mm,植被为荒漠草原,覆盖度10%~50%。灰钙土剖面发育较完整,腐殖层厚约30 cm,淡色,心土层灰白色,有斑块状或成层状石灰淀积,石灰含量10%~25%,高者可超过30%。全剖面一般无易溶盐淀积,石膏有积累的趋势。质地多为沙壤,部分为轻壤。

灰钙土土壤容重为1.3~1.8 g/cm³,自然含水量表土小于6%,pH值7.8~8.7,全盐量0.03%~0.10%。表土层养分含量:有机质0.7%~1.5%

（荒地可达 2.5%），全氮 0.03%～0.10%，全磷 0.025%～0.08%，全钾 1.2%～1.6%，速效磷 4.0～15.0 mg/kg，速效钾 80～170 mg/kg，水解氮 40～100 mg/kg。灰钙土沙性大，水稳性团聚体少，持水保肥性能差。

宁夏灰钙土又分为普通灰钙土、淡灰钙土、草甸灰钙土 3 个亚类。普通灰钙土分布于宁夏中部偏南，与黑垆土相接，有机质含量较高，钙积层部位较深。淡灰钙土分布于普通灰钙土分布区以北。草甸灰钙土分布于地势低平处，其剖面下部有锈纹锈斑。

（三）灰漠土

灰漠土分布于宁夏北端，仅见于石嘴山落石滩，面积 4.86×10⁴ hm²，占宁夏国土总面积的 0.9%。灰漠土分布区属于干旱气候区，年平均气温约 7℃，年平均降水量 100 mm 左右，植被为荒漠，覆盖度 5%。

灰漠土的全剖面多砾石，含量为 17%～27%。地表砾石表面有漆皮。表土层厚度约 10 cm 左右。钙积层接近地表，厚约 30 cm，石灰含量 10%～18%。土壤 pH 值 8.4～9.4，全盐 0.1% 左右，有机质含量 0.54%～0.69%。

（四）黄绵土

黄绵土分布于黄土丘陵地区受强烈侵蚀的坡地，面积 149.08×10⁴ hm²，占宁夏国土总面积的 28.8%。黄绵土的成土母质为第四纪风积黄土，川地、涧地为次生黄土，土体松软深厚，有的有不明显的有机质层，层厚度一般小于 30 cm。黄绵土剖面发育不明显，黄土母质出露。土层棕黄色，呈强石灰反应，但无明显钙积层，有的具少量石灰淀积物。黄绵土的机械组成以粉粒为主，粘粒含量占 10% 左右。自北向南，细沙含量减少，粘粒含量增加。质地主要为轻壤土或中壤土，北部边缘地区沙粒含量较高，主要为沙壤土或轻壤土。

黄绵土表土养分含量：有机质 0.45%～1.7%，全氮 0.02%～0.07%，全磷 0.52%～0.65%，全钾 1.5%～1.9%，水解氮 36～70 mg/kg，速效磷 5.4～8.2 mg/kg，速效钾 105～302 mg/kg，阳离子交换量每百克土 4.8～10 mEq。

（五）新积土

新积土是在水力与重力迁移堆积或人为扰动的物质上形成的土壤，主要分布在丘陵间低地、山前洪积扇和河流两侧。宁夏新积土面积 31.81×10⁴ hm²，占宁夏国土总面积的 6.1%，包括新近堆积的冲积物、洪积物、坡积物或人工堆垫物。新积土是没有或很少经过生物作用的土类，没有发育层次，没有或仅有雏形腐殖质，质地、盐分、养分含量受母质影响，变化很大。

(六)风沙土

风沙土分布在风沙堆积的地区,以风成沙为母质。宁夏风沙土的面积大致为 57.79×10^4 hm²,占宁夏国土总面积的 11.2%。根据沙粒固定的情况,风沙土可分为流动风沙土、半固定风沙土和固定风沙土三种类型。风沙土没有明显的成土过程,一般表土具有 30 cm 的比较松散的沙土层,无结构或初具不稳定的块状结构。

(七)粗骨土

粗骨土和石质土都是岩性土,与母岩比较,其化学性质无显著变化。宁夏粗骨土分布面积为 12.82×10^4 hm²,占宁夏国土总面积的 2.5%,厚度一般为 10 cm 以上,无明显发育特征,或仅有初步形成的腐殖质层,厚5～10 cm,再下为10～20 cm 左右的半风化状态的岩石碎屑与细土混合物。粗骨土主要分布在石质山地的阳坡及近山丘陵的陡坡,以贺兰山、罗山、六盘山、月亮山、香山和牛首山等山地分布面积较大。

(八)潮　土

潮土过去称为浅色草甸土,在宁夏主要分布在黄灌区的河滩地,低洼湖滩地边缘也有零星分布,面积 7.02×10^4 hm²,占宁夏国土总面积的 1.4%。

潮土的母质主要为河流冲积物,小面积为风积物及坡积物。潮土分布区地势低,地下水位高,多在1～1.5 m 左右,主要生长中湿生草甸植被。潮土全剖面分为表土层、锈土层和母质层三个层段。表土层为植物根系密集的浅色有机质层,疏松多孔,碎块状、块状或屑粒状,厚20～30 cm。锈土层由于受地下水位升降影响,土壤氧化还原作用频繁交替,形成明显的锈纹锈斑,这是潮土的重要特征土层。母质层为原沉积的土层,基本没有扰动和发育。

潮土的土壤 pH 值为 8.0～8.5,全盐 0.05%～0.15%,石灰含量6%～15%,无钙积层。表土养分含量:有机质 0.9%～1.2%,全氮 0.06%～0.12%,全磷 0.52%～0.96%。表土水稳性团聚体 25%～50%。

潮土又分为普通潮土、湿潮土、盐化潮土、灌淤潮土 4 个亚类。普通潮土具有土类的典型性状。湿潮土地面季节性积水,表层有潜育化现象。盐化潮土的地表有盐霜或盐结皮,生长的植被除草甸植被外,还有少量盐生植被。灌淤潮土是经人为耕作后的潮土,土层厚度小于 30 cm,一般不种水稻。

(九)沼泽土

沼泽土分布于宁夏平原区的低洼地,常年积水或季节性积水,经常处于淹水还原状态,形成了较多的亚铁化合物,土壤生物活动受到强烈抑制,有机质难以分解而积累于表层。沼泽土面积为 0.09×10^4 hm²,占宁夏国土总面积的 0.02%。

沼泽土分布地区生长沼泽植被。完整的沼泽土剖面自上而下具有草炭层、黑色腐泥层(缁泥层)、潜育层(青土)。草炭层为未分解和半分解的粗有机质,棕色,有机质含量大于 20%,全氮大于 0.5%,全磷0.024%～0.349%,全钾 1.08%～1.42%。腐泥层为糊状黑色腐殖质层,有机质含量 4%～7%,全氮含量 0.25%左右,全磷 0.066%～0.07%,全钾 1.0%～1.5%。潜育层为蓝灰色土层,有机质含量 1%～5%,全氮 0.1%～0.3%,全磷 0.035%～0.07%,全钾 1.25%～1.33%。沼泽土 pH 值 7.2～8.6,全盐 0.3%～0.9%,以钾、钠、硫酸盐为主。

(十)盐土和碱土

盐土分布于宁夏中北部地势低洼,地下水位高,矿化度大,生长盐生或耐盐植被的地段,面积 9.93×10^4 hm²,占宁夏国土总面积的 1.9%。碱土又称白僵土,分布于银川平原北部洪积扇前缘,集中于平罗县西大滩古湖泊边缘,面积 1.42×10^4 hm²,占宁夏国土总面积的 0.3%。

盐土剖面中有积盐层,含盐量大于 1%。可溶盐在地表形成盐结皮,盐分由表层向下逐渐减少,底土常见锈纹锈斑;沼泽盐土地下水位高,并有季节性积水,在积盐过程中还有沼泽化过程参与,盐结皮下有青土或缁泥土层;干盐土区地形较高,地下水位较深,土体中下部分有大量残余盐分,但表层少,心土层含盐量高。

碱土无高等植物生长。地表白色,呈多边形龟裂,局部低洼处可见浅红棕色黏土汇集。表层为龟裂结壳层,有大量蜂窝状小孔隙,厚 1～3 cm。其下为鳞片状土层,常见残存盐结晶,厚 1～2 cm。再下为柱状、棱柱状或棱块状土层,极坚硬,结构面有胶膜,厚约 40 cm。底土沉积层明显,有时为埋藏的沼泽土。碱土的土壤容重 1.42～1.74 g/cm³,孔隙率平均为 37.6%,水稳性团聚体小于 6%,渗透系数 0.0041～0.0159 mm/min。pH 值大于 9,含盐量小于 0.2%,以氯化物和硫酸盐为主。交换性钠占阳离子总量的 45% 以上,有机质含量小于 1%。

(十一)灌淤土

灌淤土层是在引用富含泥沙的黄河水灌溉过程中,经泥沙沉淀(落淤)与耕作、施肥交替作用而形成的熟化土层。灌淤土的剖面分异不明显,均为现代耕作层或古老耕作层,疏松、养分含量高,具有较好的土壤结构和较多的孔隙,灌溉对土壤可溶性盐分具有一定的淋洗作用,土层含盐量一般较低。土壤颗粒组成以粉砂为主,占 50% 以上。耕作层全氮 0.07%～0.09%,全磷 0.05%～0.10%,全钾 1.0%～1.87%,水解氮 24～75 mg/kg,速效磷 5～19 mg/kg,速效钾 124～224 mg/kg。

灌淤土主要分布于宁夏引黄灌区，面积 $32.43 \times 10^4 \ hm^2$，占宁夏国土总面积的 6.3%。灌淤土分为普通灌淤土、潮灌淤土、表锈灌淤土、盐化灌淤土 4 个亚类。

(十二)灰褐土

灰褐土分布于贺兰山、六盘山、罗山、月亮山、南华山、西华山等海拔较高的山地，是宁夏主要的山地土壤，面积 $35.25 \times 10^4 \ hm^2$，占宁夏国土总面积的 6.8%。灰褐土分布区年平均气温约 1℃～5℃，年平均降水量 350～680 mm，植被为森林、灌丛和草被。森林以油松、华山松、云杉、山杨、山柳、辽东栎和椴、桦等针阔叶林为主；灌丛有榛子、枸子、忍冬、绣线菊和箭竹等；草被为中旱生草甸草原植被和旱生干草原植被。

灰褐土一般厚 60～100 cm，地表有枯枝落叶层。其下为棕黑色腐殖质层，厚 30 cm 左右，粒状结构，疏松多孔。再下为棕色或棕带褐色心土层，为块状、菱块状结构，有胶膜。不同类型的灰褐土，或全剖面无石灰反应(淋溶灰褐土)，或石灰反应较强(石灰性灰褐土)。土壤 pH 值 7.0～8.3，全盐 0.015%～0.06%，有机质含量 3%～13%，全氮 0.3%～0.5%，全磷 0.051%～0.157%，全钾 1.5%～2.2%，水解氮 135～710 mg/kg，速效磷 2～4 mg/kg，阳离子交换量每百克土 20～40 mEq。

宁夏的灰褐土分为普通灰褐土、淋溶灰褐土、灰褐土性土、石灰性灰褐土和暗灰褐土 5 个亚类。普通灰褐土含少量石灰，剖面下部可见少量石灰斑纹，土壤呈中性。淋溶灰褐土全剖面无石灰反应，无石灰新生体，土壤中性或微酸性。石灰性灰褐土全剖面强石灰反应，可见石灰新生体。暗灰褐土表层有 50 cm 左右或更厚的腐殖质层。

(十三)亚高山草甸土

亚高山草甸土仅分布于贺兰山海拔 3 000 m 及六盘山海拔 2 600 m 以上坡度较缓的阴坡和山顶，面积 $0.23 \times 10^4 \ hm^2$，占宁夏国土总面积的 0.04%。由于分布区海拔较高，气温偏低，降水较多，生长着中湿生亚高山草甸，覆盖度在 90% 以上。

亚高山草甸土的有效土层一般厚 30～70 cm，最厚 100 cm。表层为 15～26 cm 的生草层，其下为暗色腐殖质层，再下为较潮湿的棕色土层，底土常有季节性冻土。受冻土层滞水影响，土壤有轻度潜育化过程。

亚高山草甸土的土壤全剖面无石灰反应，pH 值 6.5～7.0，可溶盐含量不足 0.1%，有机质含量 9%～13%，全氮 0.3%～0.45%，全磷 0.06%～0.16%，全钾 1.90%～2.16%，水解氮 280～650 mg/kg，速效钾 98～220 mg/kg，阳离子交换量每百克土 23～33 mEq。

二、植 被

受自然地理位置和生态环境的制约，宁夏天然植被具有以下特征①。

(一)植物区系的种属特征

宁夏植物种类数目较为贫乏。全区植物超过 1 600 种，分属 139 科和 591 属，其中种子植物 119 科、573 属、1 576 种。与区系成分十分丰富的我国植物科、属、种数量相比，分别占 39.5%、19.2% 和 6.4% 左右。单种的科属比例较大，在全区范围内仅含一个种的科约占全部植物科的 28.8%，含一个种的属约占全部植物属的 40%，这是本区干旱、半干旱生态环境作用于植被的一个表现。同时，植物区系成分的丰富程度与水分生态因子的变化具有一致性。水分条件较好的山地森林有植物 63 科 247 种，草甸有 51 科 270 种，灌丛有 47 科 194 种，干旱草原有 46 科 237 种，草甸草原有 42 科 207 种，荒漠草原有 35 科 184 种，荒漠植被有 24 科 134 种。

(二)植物区系的地理成分

宁夏植物区系以温带地理成分为主，并具有显著的北温带性质，温带和北温带成分的植物在全部种子植物中具有明显优势。以植物种数计，温带成分的植物种占种子植物总种数的 69.4%，其中北温带成分的植物种占种子植物总种数的 47.7%。植物属也以温带成分为主，占 72.2%，其中北温带成分占 33.0%，热带成分仅 14.0%。在组成植被的群落建群种和优势种中，最主要的建群种和优势种有 120 余种，温带成分占 79.4%，其中北温带成分占 49.6%，其他成分仅占 20.6%。

(三)植被的群落学特征

旱生的草原植被是宁夏植被的主体。南部干草原植被中，以旱生为主的多年生草本植物占植物总种数的 74.3%，中、北部的荒漠草原植被中，以旱生为主的多年生草本植物占植物总种数的 63.1%。草原植被群落结构简单，草层较低矮，覆盖较稀疏，成层现象不明显，群落结构大多呈现单层性，仅有少数群落具有不显著的双层结构。具两层以上显著群落结构者，仅见于山地森林或部分灌丛植被。

(四)植被的水平分布规律

植被在地球表面的分布，一般遵循以下三条规律，即由自然地理位置伴随的水热因素变化所制约的水平分布规律；由海拔高度变化引起的水热因素变化所制约的垂直分布规律；由局部地形、基质差异伴随的水分、盐分积聚

---

① 高正中、戴法和：《宁夏植被》，银川，宁夏人民出版社，1988。

变化所制约的非地带性分布规律。宁夏植被分布受经纬度及地形地势变化的双重影响和制约。影响植被水平分布的生态因素中，水分的作用甚于热量。宁夏南北纬度相差4°2′，东西经度相差3°23′，由于地势南高北低，南北年均气温相差仅4℃左右，所以气温并不是植被水平带状分异的主导因素。年降水量则由北部的180 mm增大到南部的600 mm以上，干燥度由4下降到1左右，因此形成了以水分因素为主导的南北迥然有别的植被分带特征。南端为森林草原带，向北依次过渡为干草原带、荒漠草原带和荒漠。其中，干草原和荒漠草原是宁夏植被的主体，形成区内北东、南西向的两个植被大片。银川以北地区，年降水量虽在200 mm以下，但因受贺兰山天然屏障的影响，植被仍以荒漠草原为基本类型。荒漠仅集中分布在受贺兰山影响的卫宁北山及平罗县一带，面积较小。森林草原带也仅限于南部的六盘山地区。

1. 森林草原植被带

分布在南部的固原市原州区、泾源县、隆德县的半阴湿山区，面积不大，年降水量500～600 mm以上，山地分布以杨树、桦树、辽东栎等树种为主的落叶阔叶林、山地中生杂类草草甸或中生灌丛，丘陵坡地及低山阳坡分布中生杂类草草甸或以铁杆蒿、牛尾蒿和杂类草为主的草甸草原群落，部分地段分布含有中生杂类草的草甸化长芒草干旱草原群落。本植被带的形成，是地势抬升与自然地理位置因素共同作用于植被的典型表现。

2. 干草原植被带

分布在中南部的盐池、同心、海原等县南部和原州区、西吉、隆德等区（县）的半干旱地区，面积辽阔，年降水量300～500 mm，土壤为黑垆土，局部为灰钙土，分布着由长芒草、短花针茅、百里香、冷蒿、菱蒿等主要建群种组成的优势植物群落。本植被带的北界大致与黄土高原及300 mm降雨量线一致，中部北段因受罗山、窑山等地势的影响，界限向北延伸至罗山山麓。

3. 荒漠草原植被带

分布在干草原植被带以北，包括盐池、同心、海原等县的中北部，中卫市沙坡头区、中宁和灵武等县（市）的山区以及引黄灌区黄河以西至贺兰山麓的广阔地带，年降水量200～300 mm，土壤为灰钙土和淡灰钙土，植物群落由旱生的短花针茅、戈壁针茅、沙生针茅、中亚细柄茅、糙隐子草、细弱隐子草等多年生丛生小禾草，以及旱生、超旱生的猫头刺、菊状亚菊、红砂、珍珠猪毛菜等小灌木、小半灌木建群种或优势植物组成。受沙化的影响，分布较大面积由油蒿、苦豆子、甘草、蒙古冰草、中亚白草等沙生植物所组成的沙生植物群落。

4. 荒漠植被带

分布在中卫市黄河以北的卫宁北山和平罗县鄂尔多斯地台部分，面积甚小，年降水量 200 mm 以下，土壤以淡灰钙土和灰钙土性粗骨土为主，植物群落主要由红砂、合头草等超旱生建群种组成。

在上述水平植被带以内，局部地形的变化往往导致土壤水分和盐分积聚的分异，成为制约局部植物群落分布的主要因素。在地下水位较浅，土壤盐分较轻和水分条件适中的河滩地或其他局部洼地，分布着以假苇拂子茅、芦苇、赖草等中生植物为优势种的中生草甸群落；在地下水位浅而土壤盐分较重的河滩地或洼地，分布着以刺毛碱蓬、芨芨草等为优势植物种的盐生草甸群落；在地下水接近或溢出地面、土壤水分饱和的地面或湖沼，分布着金戴戴、针蔺、芦苇、扁秆藨草、水烛、金鱼藻、龙须眼子菜、荇菜等水生植被；地下水位稍深，土壤盐分重的盐土或白僵土上，分布着以泡泡刺、盐爪爪等盐生灌木类植物为优势种的盐生植物群落。上述植物群落均属非地带性植被。

第五节　土地与矿产资源

一、土地资源

(一)土地资源特征

宁夏区域面积较小，但自然条件复杂，人口较少。土地资源具有绝对数量少，人均土地资源相对较多；地域差异明显，类型多样，适宜性较广；限制因素多，生产力偏低，大部分质量较差等特点。

1. 丘陵和平原比例大，土地资源类型多样，适宜性广

宁夏是一个丘陵和平原相对较多的省区。丘陵面积 1.765×10^4 km²，占土地总面积的 34.08%。其中，宁南黄土丘陵面积 1.608×10^4 km²，占土地总面积的 31.04%，主要分布于固原市和吴忠、中卫二市的南部，是黄土高原的组成部分。台地面积 0.928×10^4 km²，占土地总面积的 17.93%，分布于宁夏中东部的灵武市、盐池县、平罗县，是鄂尔多斯高原的西南一隅。平原面积 1.333×10^4 km²，占 25.73%，主要分布在宁夏的中、北部，有银川平原、卫宁平原、清水河河谷平原、兴仁平原、红寺堡平原和韦州平原等。山地数量较多，但山体大多比较小，山地面积 1.084×10^4 km²，占 20.92%，除贺兰山、六盘山外，清水河西侧山地、卫宁北山、香山、牛首山、罗山、南华山、西华山等山体均很小，其中贺兰山、卫宁北山地处宁夏西北边缘，其余山地均分布在中部和南部。沙漠面积 0.695×10^4 km²，占 1.34%，属腾格里沙漠

的一部分。由于自然条件复杂，土地类型多样，属性差别较大，适宜性广，既有宜农、宜牧、宜林土地，又有多宜性土地，具有发展农、林、牧、渔各业的条件。全区耕地 113.2×10^4 hm²，垦殖率为 24.5%，垦殖率偏高，尤其是宁南黄土丘陵区，除泾源县垦殖率为 27% 外，其余各县垦殖率为 32.7%～53.5%，以彭阳县最高。

2. 土地资源较为丰富，人均占有量较多，开发潜力较大

宁夏人均土地面积 0.80 hm²，为全国平均值的 1.2 倍；人均耕地面积 0.175 hm²，约为全国人均耕地面积的 2 倍；有宜农荒地资源 56.5×10^4 hm²，仅次于新疆、黑龙江、内蒙古三省区，居全国第 4 位。土地资源开发潜力较大。一是改造现有耕地中的中低产田，提高单位面积产量，粮食总产量可增加数亿千克。二是开发具有灌溉条件、地形平坦、土层深厚的宜农荒地，在现有宜农荒地中，可开发利用地 40×10^4 hm²；在 81×10^4 hm² 未利用地中，有近一半可以通过改造变为林地和牧草地。三是调整农业产业结构，充分利用宁夏农业综合资源的优势条件，增加林、牧、渔业比重，种植业内部加大名、特、优和专用农产品种植面积，由单一种植业向现代化农业转变，突破传统经营格局，提高农业生产的综合经济效益。

3. 土地质量地区差异明显

区内的大部分土壤自然肥力偏低，有机质含量不高，氮、磷不足。据宁夏土壤普查资料，全区土壤有机质含量小于 1.5% 的面积占 84.1%，含氮量平均为 0.71%，含磷量平均为 0.07%。同时，土地质量和生产力地域差异明显，北部引黄灌区地形平坦，土层深厚，开发历史悠久，主要为水浇地，生产力水平较高，粮食平均产量已进入全国先进水平，耕地面积仅占全区耕地面积的 23.8%，而粮食产量却占全区的 60.1%；南部山区以丘陵、山地、台地等为主，地形破碎，自然条件严酷，土地生产力水平低下，农作物产量长期低而不稳。

4. 土地与光、热、水等地域组合不均

宁夏中北部土、水、热组合较佳，有利于农、林、牧、渔业综合发展，其中北部银川平原和卫宁平原土地平坦，土壤肥沃，光热资源充足，又有黄河水灌溉的便利条件，是宁夏粮食重点产区和农副产品生产基地，也是全国商品粮基地之一。中部台地和山间平原土地资源丰富，光热资源比较充足，水资源缺乏，但距黄河较近，可以扬黄灌溉，开发条件优越，是宁夏新灌区所在地。南部地区降水在 400 mm 以上，可以满足旱作农业的需求，但土地资源开发条件较差，坡地多，热量资源不足，水土流失严重。

5. 土地利用结构不够合理，土地退化严重

宁夏生态环境脆弱，自然条件差，目前土地利用结构不够科学合理，主要表现为林草面积偏小，但宜林草荒地面积大，又处于农牧交错带，退耕还林(草)有较好的自然基础。土地垦殖率特别是南部地区土地垦殖率偏高，是造成水土流失严重的主要原因，应加快退耕还林的步伐，搞好生态恢复和重建工作。

土地退化严重，全区水土流失面积 178×10^4 hm²，占土地总面积的34.4%，以宁南黄土丘陵地区最为突出。中部干旱沙化严重，全区土地沙化面积 126×10^4 hm²，占土地总面积的 24.3%。北部平原老灌区，土壤盐渍化仍然存在，其中银川以北地区最为严重。同时，新灌区耕地存在盐渍化威胁。宁夏草场退化十分严重，97%的草场有不同程度退化。由于工业"三废"、城市废弃物以及化肥、农药的不合理使用，土地资源污染在不断蔓延。

(二)土地资源分区

根据土地资源的属性及其自然要素的组合特征，宁夏土地资源划分为两个区和六个亚区。

1. 温带荒漠草原灰钙土区

包括贺兰山石质山地亚区、银川平原亚区、灵盐台地亚区、中部山地与山间平原亚区。

贺兰山石质山地亚区是宁夏海拔最高，相对高度最大的山地。年平均气温 -0.8℃，年平均降水量 430 mm，$\geqslant 10$℃积温 453.4℃。在汝箕沟以南的贺兰山中段南部，植被、土壤随海拔高度的变化而发生相应的垂向分异，大致2 000 m 以下属干燥剥蚀山地，分布淡灰钙土，植被为灰榆疏林或山地草原及旱生灌丛；2 000～3 000 m 属流水侵蚀山地，分布灰褐土，植被为针叶林及少量混交林；3 000 m 以上为寒冻作用的山地，分布亚高山草甸土，植被为亚高山草甸或灌丛。汝箕沟以北的贺兰山中段北部和北段，山势较低，基本上是干燥剥蚀山地，植被以耐旱的小半灌木为主，属半荒漠草场或荒漠。

银川平原亚区海拔 1 100～1 200 m，年平均气温 8℃～9℃，年平均降水量 200 mm 左右，$\geqslant 10$℃积温 3 200℃～3 300℃，生长期 210 d 左右。银川平原地势平坦，土壤肥沃，热量充足，光能丰裕，更有黄河水灌溉之利，是宁夏土地资源质量最高的地区。

灵盐台地亚区海拔 1 200～1 700 m，除"南北向分水岭"外，大部分地区地面呈波状起伏，平坦岗地和宽浅坳谷相间。年平均气温 7.5℃～8℃，年平均降水量 300 mm 左右，$\geqslant 10$℃活动积温 3 000℃左右。植被为荒漠草原，土壤以灰钙土为主。地势开阔，是宁夏的主要草场，光、热资源丰富，但水资

源贫乏，水质很差。干旱和风沙是本区土地资源开发利用的主要限制性因素。

中部山地与山间平原亚区包括卫宁北山、香山、烟筒山、罗山、青龙山、牛首山、卫宁平原、红寺堡平原、韦州平原等。本区山地与盆地（平原）交错分布，地形起伏较大，气候、土壤、植被则与灵盐台地相似。由于水资源贫乏，土地、光能和热量资源利用不充分，干旱和风沙灾害严重。卫宁平原因有引黄灌溉之利，水、土、光、热条件优越。

2. 温带草原、森林草原黑垆土区

包括黄土丘陵亚区和六盘山石质山地亚区。

黄土丘陵亚区地形十分破碎，在塬、墚、峁间，除为数不多且面积不大的河谷平原或河川地外，多为密集的黄土沟壑。气候较宁夏中部和北部温凉、湿润，年平均气温5℃～7℃，≥10℃活动积温1 200℃～2 300℃，年降水量300～650 mm。植被为干草原和森林草原，土壤以黑垆土为主。

六盘山石质山地亚区包括六盘山、月亮山、南华山、西华山。这些山地屹立于黄土丘陵之上，海拔多接近3 000 m，气温较低、降水较丰富，宜于发展林业，是黄土丘陵的水源涵养地。六盘山是宁夏三大天然林区之一，森林主要分布在海拔1 900～2 700 m的山地阴坡，为落叶阔叶林。

二、矿产资源

宁夏矿产资源的特点是能源矿藏和非金属矿产比较丰富，金属矿产资源贫乏，煤炭、石膏、石灰岩、石英砂岩和石英岩等为优势矿产。主要矿产的地理分布见图2-7。

（一）以煤炭为主的能源矿产资源是宁夏的资源优势之一

煤炭是宁夏得天独厚的优势资源，不仅储量丰富，煤种齐全，煤质优良，而且埋藏较浅，储存稳定，水文地质条件简单，开采条件好，是我国以山西为中心的能源化工基地的组成部分。宁夏含煤地层分布面积超过$1.7×10^4$ km²，约占宁夏总面积的三分之一；含煤面积9 598 km²，探明储量为$381.3×10^8$ t，占全国总储量的2.7%，仅次于新疆、内蒙古、山西、陕西，居全国第五位。随着区位条件和交通运输条件的改善，宁夏已形成以煤—电—原材料为主的利用方向和以煤—化工原料—化工工业为主的煤炭深加工系列生产综合体。

宁夏含煤地层主要是石炭系上统太原组、二叠系下统山西组和侏罗系下统延安组。根据自然地理、成矿条件等因素，宁夏煤炭资源分为贺兰山、宁东、宁南、香山四个含煤区。前三个含煤区分布于中朝准地台鄂尔多斯西缘凹陷带内，一般具有煤层多、厚度大、层位稳定、煤质优良、储量丰富等特点，是宁夏煤炭资源的主要分布区。香山含煤区位于地槽区山间盆地，煤层

宁夏回族自治区主要矿产分布

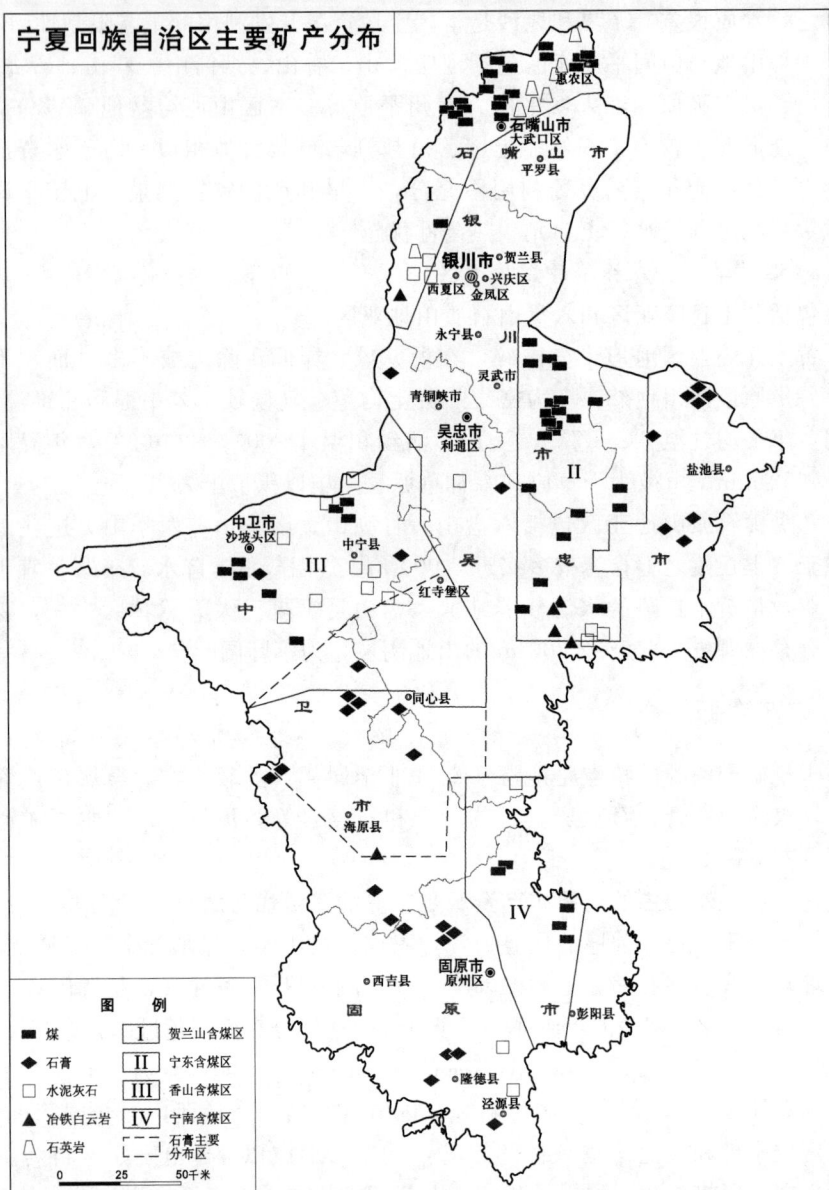

图 2-7　宁夏主要矿产分布图①

虽多，但层位不稳定，厚度薄且变化大，储量小而分散。各煤田基本情况见表 2.5。

① 宁夏回族自治区发展和改革委员会：《宁夏回族自治区主体功能区规划》，2013。

表 2.5 宁夏主要煤田基本情况表①

煤 田	含煤面积/ km²	探明储量/ 10⁸ t	主要矿区
贺兰山煤田	635.50	29.2	石嘴山矿区、沙巴台矿区、石炭井矿区、呼鲁斯太矿区、汝箕沟矿区、马连滩南部矿区
宁东煤田	7 482.52	307.1	横山堡矿区、磁窑堡矿区、碎石井矿区、石沟驿矿区、鸳鸯湖—萌城矿区、韦州煤田
宁南煤田	770.82	39.1	固原东部煤田、炭山勘探区
香山煤田	709.32	5.9	中卫上下河沿矿区、小洞山矿区、线驮石矿区

宁夏煤炭资源种类齐全,十大类煤种中,除弱粘结煤外,其余九种均有。其中,焦性煤(气煤、肥煤、焦煤、瘦煤)主要分布于贺兰山和宁东(横山堡、韦州)两个含煤区,香山含煤区亦有分布;低变质烟煤(不粘结煤、长焰煤)大部分集中在宁东、宁南两个含煤区;无烟煤和贫煤多分布于贺兰山和宁东含煤区,香山含煤区亦有分布;褐煤主要分布于宁南王洼矿区。

宁夏煤质优良,可以满足各类用途,特别是贺兰山汝箕沟矿区的优质无烟煤,具有"三低"(灰分低、硫分低、磷分低)、"六高"(原煤发热量高、比电阻率高、精煤回收率高等)的特点,"太西煤"享誉国内外,是重要的出口创汇资源。

石油和天然气资源也是宁夏重要的能源矿产资源。宁夏东部的灵盐台地是长庆油田的组成部分,具有一定的天然气储量,成因类型包括油型气、煤成气、混合气和沼气。宁夏距陕北巨型气田很近,输气管道已建成并输气,西气东输工程从宁夏中部穿过。

灵盐台地的生油层为上三叠统延长群和中下侏罗统延安组,以延长群为主,目前已探明的储量基本上由延长群生油层供给。

(二)丰富且种类多样的非金属矿产

非金属矿产资源是宁夏的优势矿产资源之一,资源十分丰富,包括冶金辅助原料、化工原料、建材原料三大类。

冶金辅助原料非金属矿产主要有耐火粘土、溶剂石灰岩、溶剂白云岩、溶剂硅石、铸造用型砂 5 种。耐火粘土主要分布在石嘴山、石炭井及呼鲁斯太等地,含矿地层为上石炭统太原组和下二叠统山西组,与煤共生。溶剂石

① 宁夏煤田地质局:《宁夏回族自治区煤炭资源潜力评价报告》,2010。

灰岩分布于银川市干沟一带，矿床类型为沉积型，含矿地层为奥陶统天景山组。溶剂白云岩主要分布于贺兰山中段，含矿地层为下寒武统五道墙组。溶剂硅石主要分布在贺兰山中北段长城系黄旗口群。宁夏新生代地层分布广泛，第三系红层和第四系冲积层均有型砂矿（石英砂）分布，吴忠和固原地区的型砂矿床预计储量超过亿吨，其SiO_2含量95％以上，化学物理性能优异。

化工原料非金属矿产主要有硫铁矿、磷矿、电石用大理岩、制碱用大理岩4种。已探明的硫铁矿产地仅海原县南华山1处。贺兰山下寒武统苏峪口组磷块岩矿床，是宁夏唯一具有工业价值的磷矿。化工石灰岩分布于贺兰山驴驴沟，其中电石用大理岩含矿层为下奥陶统天景山组，矿体为层状，长3 km，平均厚70 m，矿体裸露地表，属大型矿床。制碱用大理岩与电石大理岩共生产出。

建材原料及其他非金属矿产资源丰富。已探明具有工业价值的有石膏、水泥用石灰岩、陶瓷用黏土、砖瓦用黏土、水泥用黏土、玻璃用石英砂岩、辉绿岩、大理岩等。石膏资源十分丰富，膏盐地层（下石炭统、第三系渐新统）分布面积广泛，仅同心—海原地区就超过1 600 km²，石膏地质储量超过$2 000×10^8$ t，已探明的大型矿床9处，探明保有储量$12.78×10^8$ t，居全国第4位。水泥用石灰岩是宁夏优势矿种之一，分布广，质量好，储量丰富，远景地质储量$472×10^8$ t以上，大部分产于寒武纪地层中，分为8个矿区，即贺兰山、牛首山、烟筒山—天景山、青龙山、六盘山、黑山、青山、卫宁北山。黏土矿点分布广、产地多、种类全，其中陶瓷用黏土矿床主要分布于石嘴山、中宁县平滩湖、同心县小红沟、海原县油井山、贺兰山北段等地，其中贺兰山北段石嘴山市境内二叠系紫色黏土矿质量最佳，其陶制品可与宜兴陶瓷媲美，预测储量达$19.5×10^8$ t；砖瓦用黏土资源则遍及宁夏各地，特别是固原地区；水泥黏土矿各地均有分布，已探明矿区2处，即青铜峡市马长滩和石嘴山市柳条沟。玻璃石英砂岩主要分布于贺兰山中北段，属浅海相硅质碎屑岩建造，矿层赋存于中元古界长城系黄旗口群的下部，主要由灰白、浅紫、粉红色石英岩、石英岩状砂岩夹杂色板岩组成，厚度较大，矿石质纯，出露好。辉绿岩主要分布于贺兰山中北段和香山东南部一带。大理石主要分布于贺兰山、南西华山、香山等地，其中产于奥陶系的贺兰灰玉、云灰和产于寒武纪地层中的墨玉质佳量大，开发前景良好。

（三）金属矿产资源贫乏

宁夏金属矿产资源十分贫乏。目前发现的铁、金、铜、铅、锌、锶等几种矿产，均为小型矿和矿化点。铁矿主要分布于卫宁北山、贺兰山王全口等地，储量较小。铜矿是宁夏短缺矿产资源，分布于香山北麓、六盘山地区、卫宁北山等地,目前均无工业意义。金矿矿化点较多,原生金矿多分布于南华山、西华山、卫宁北山及贺兰山北段;砂金矿主要分布于石嘴山、中卫等地的黄河Ⅰ级阶地及河漫滩的第四系冲积层中。

金属类矿产的缺乏,限制了冶金工业和有色金属工业及其下游产业的发展。现有的冶金工业,其原料和市场均在区外,产品单一,深加工产品少,给宁夏经济发展带来了一定程度的影响。

第六节　生物资源

宁夏生物资源的总体特征是:植被以草原为主体,森林少,是我国少林省(区)之一;草原主要是干草原和荒漠草原,草场质量差;野生动物种类少,主要分布在六盘山、贺兰山和罗山。关于植被特征,前文已有较详细的描述,本节从资源的角度,重点阐述森林资源、草场资源、药用植物资源、珍稀植物资源和野生动物资源。

一、森林资源

在1978年国务院批准实施的"三北"防护林建设工程中,宁夏全区被列入建设工程区范围。

根据2011年全国林地数据,宁夏林地面积共180.1×10^4 hm²,占宁夏土地总面积的36.7%;森林面积68.2×10^4 hm²,森林覆盖率12.0%。林地面积中,乔木林地面积18.4×10^4 hm²,经济林面积6.3×10^4 hm²,疏林地面积1.6×10^4 hm²,灌木林地面积48.2×10^4 hm²,未成林造林地面积38.0×10^4 hm²,无立木林地面积31.8×10^4 hm²,宜林地面积45.8×10^4 hm²(表2.6)。

表2.6　宁夏林业资源及其分布

指　标	银川市	石嘴山市	吴忠市	固原市	中卫市
1. 林地面积/10^4 hm²	31.3	20.3	62.0	43.6	33.0
其中:乔木林地	2.8	1.5	2.4	10.0	1.7
经济林地	1.9	0.3	2.6	0.8	0.7
疏林地	0.3	0.6	0.2	0.5	

指　标	银川市	石嘴山市	吴忠市	固原市	中卫市
灌木林地	6.5	2.0	20.6	9.2	9.9
未成林造林地	4.0	0.3	13.7	12.4	7.6
无立木林地	1.0	15.6	2.6	5.1	7.5
宜林地	14.7		19.9	5.6	5.6
苗圃	0.1				
2. 森林面积/10^4 hm²	9.6	4.1	23.2	19.7	11.6
森林覆盖率/%	13.39	8.48	13.76	16.16	8.5
3. 活立木蓄积量/10^4 m³	191.6	74.0	125.2	316.7	196.4

全区活立木总蓄积量 903.9×10^4 m³，人均木材储蓄量 1.4 m³，不到全国平均水平的 10%，是全国林木资源最少的省区之一。

天然林总面积 26.92×10^4 hm²，人工林总面积 63.65×10^4 hm²。天然林资源中，天然乔木林面积 5.72×10^4 hm²，蓄积量 342.89×10^4 m³；天然灌木林面积 19.31×10^4 hm²，其中国家特别规定的灌木林地面积 17.63×10^4 hm²；天然疏林地面积 1.21×10^4 hm²，蓄积量 13.80×10^4 m³；未成林封育地面积 0.68×10^4 hm²。人工林资源中，人工乔木林面积 10.13×10^4 hm²，蓄积量 317.44×10^4 m³；人工经济林面积 4.30×10^4 hm²；人工灌木林地面积 24.39×10^4 hm²，其中国家特别规定的人工灌木林地面积 24.02×10^4 hm²；人工疏林地面积 1.44×10^4 hm²，蓄积量 21.17×10^4 m³；未成林造林地面积 23.39×10^4 hm²。

六盘山、贺兰山、罗山是宁夏的三大天然林区，面积约 9.47×10^4 hm²。在六盘山地区森林主要的建群树种中，针叶树有华北落叶松、青海云杉、华山松、油松、刺柏、侧柏；阔叶乔木由山杨、红桦、白桦、糙皮桦、辽东栎、华椴、蒙椴、少脉椴、春榆、白蜡树、水曲柳、漆树、青榨槭、鹅耳枥等组成纯林或混交林。灌木由筐柳、黄花柳、中华柳、杯腺柳、毛榛、虎榛、灰栒子、水栒子等组成。贺兰山山地针叶林带建群树种主要为青海云杉、油松；中高山针阔叶混交林，阔叶树种主要为白桦、山杨、灰榆、山楂；低山灌丛由虎榛、枸杞、忍冬、紫丁香组群；山麓灌丛散生甘蒙锦鸡儿和荒漠锦鸡儿。

二、草场资源

宁夏有丰富的草场资源，天然草场面积 301.4×10^4 hm²，占全区总面积的 58.2%，居全国第 8 位。其中，可利用草场面积 262.53×10^4 hm²，占天然草场总面积的 87.1%。人均可利用草场面积 0.58 hm²，约为全国人均值的 2.9 倍。

天然草场主要分布在宁夏中部和南部地区。盐池县天然草场面积最大，为 55.70×10⁴ hm²，占宁夏天然草场总面积的 18.5%；其次为同心县，天然草场面积为 44.45×10⁴ hm²，占宁夏天然草场总面积的 14.7%。

宁夏天然草场分为 11 个草场类型，各类草场面积及分布情况见表 2.7。

表 2.7 宁夏天然草场类型、面积及分布

草场类型	面积/10⁴hm²	分　布	建群种、优势种
草甸草原 （森林草原）	5.44	六盘山、月亮山、南华山等山地海拔 1 800~1 900 m 以上的阳坡、半阳坡以及黄土丘陵南部的阴坡	铁杆蒿、牛尾蒿、凤毛菊、甘青针茅、异穗薹草等
干草原	72.26	盐池营盘台沟—青龙山东南—大罗山南麓—窑山—李旺—关桥—干盐池一线以南的黄土丘陵区	长芒草、菱蒿、铁杆蒿、冷蒿、漠蒿、星毛委陵菜、百里香、阿尔泰狗娃花、牛枝子、甘草、中亚白草等
荒漠草原	166.07	宁夏中、北部，包括海原县北部，同心、盐池县中北部以及引黄灌区的大部分地区	短花针茅、刺旋花、猫头刺、川青锦鸡儿、冷蒿、箸状亚菊、珍珠猪毛菜、红砂、老瓜头、骆驼蒿、多根葱、大苞鸢尾、牛枝子、甘草、苦豆子、披针叶黄华、中亚白草、狭叶锦鸡儿、柠条、黑沙蒿等
草原化荒漠	26.19	中卫市沙坡头区北部、中宁县北部、青铜峡市西部、贺兰山东麓洪积扇以及吴忠、灵武、平罗县局部地区	珍珠猪毛菜、红砂、猫头刺、沙冬青、麻黄、锐枝木蓼、多根葱、唐古特白刺等
荒漠	5.50	宁夏北部干旱地带，在平罗县东部的鄂尔多斯高原有成片分布，盐池、银川、石嘴山市有零星分布	盐爪爪、西伯利亚白刺、白沙蒿等

续表

草场类型	面积/10⁴ hm²	分 布	建群种、优势种
低湿地草甸	3.17	黄河两岸冲积平原、湖积平原、清水河河谷平原。石嘴山市分布最广	假苇拂子茅、赖草、芨芨草、芦苇、稗草、狭叶香蒲、卵穗薹草、碱蓬等
山地草甸	5.81	六盘山、月亮山、南华山、大罗山、贺兰山等山地	凤毛菊、紫羊茅、发草、蕨、牛尾蒿、野艾蒿、蒙古蒿等
沼泽	0.75	引黄灌区季节性积水或过于潮湿的低洼地，石嘴山市、黄河两岸尤为多见	芦苇、香蒲、三棱草、水葱等
灌丛草甸	1.12	六盘山、月亮山、南华山、西华山等山地和近山的黄土丘陵阴坡，小片岛状分布；贺兰山、罗山森林带内少量分布	虎榛子、川榛、箭叶锦鸡儿、丁香、灰栒子、绣线菊等
灌丛草原	15.06	贺兰山浅山地带；贺兰山东麓沟谷及洪积扇前缘；贺兰山、香山、六盘山、南华山等山地的低、中山带	蒙古扁桃、酸枣、灰栒子、蒙古绣线菊、小叶金露梅、山杏等
疏林	0.04	贺兰山浅山地带	蒙古扁桃、荒漠锦鸡儿、狭叶锦鸡儿、内蒙古野丁香等

宁夏天然草场旱生性突出，产草量和载畜量较低，平均每公顷产鲜草994.5 kg，平均 0.91 hm² 草场养 1 羊单位，理论载畜量 288.5×10⁴ 羊单位。大多数草场属于等级偏低的三、四等，六、七级草场。

三、药用植物资源

宁夏野生植物中有 917 种药用植物，分属 126 科，453 属。其中，菊科 105 种，蔷薇科 56 种，豆科 54 种，毛茛科 52 种，伞形科 43 种，唇形科 34 种，百合科 32 种，蓼科 28 种，玄参科 23 种，禾本科 22 种，十字花科 21 种。主要的药用植物有枸杞、甘草、麻黄、柴胡、党参、黄芪、大黄等上百种。

宁夏野生药用植物主要分布于贺兰山、六盘山以及中部荒漠草原和草原化荒漠地带。六盘山分布的野生药用植物种类最多，蕴藏量也最为丰富。中部荒漠草原和草原化荒漠地区主要盛产甘草、麻黄、苦豆子、银柴胡、锁阳等具有较高经济价值的地道药材，在区内外药材市场上占有重要的经济地位。贺兰山药用资源也极为丰富。

宁夏的珍稀濒危药用植物资源主要包括藻类、菌类（猪苓）、裸子植物（草麻黄、中麻黄、斑子麻黄、银杏）和被子植物（胡杨、胡桃等）共计34种。除5种（蒙古黄芪、黄芩、胡桃、玫瑰、银杏）栽培植物外，其余29种均为野生，这些物种大多零星分布于交通不便的边远山区，生长于干旱荒漠、戈壁荒滩或深山密林中。

四、珍稀植物资源

宁夏分布有13种国家保护的珍稀植物，其中四合木、胡桃、裸果木3种为国家二级保护植物，羽叶丁香、野大豆、黄芪等10种为国家三级保护植物。

四合木（蒺藜科），国家二级重点保护植物，为落叶灌木，强旱生，仅见于草原化荒漠地区，是阿拉善东缘的特有种，也是我国特有的单种属，是最具代表性的古老残遗濒危珍稀植物，被誉为植物的"活化石"和植物中的"大熊猫"。

胡桃（胡桃科），国家二级重点保护植物。

裸果木（石竹科），国家二级重点保护植物，落叶灌木，植株矮小，根系发达，枝干木质化程度高。喜光、耐旱、耐瘠薄、抗寒、抗风，古地中海区旱生植物区系成分，对研究我国西北荒漠的发生、发展、气候变化以及旱生植物区系成分的起源，有较为重要的科学价值。

沙冬青（豆科），国家三级重点保护植物，常绿灌木，亚洲中部旱生植物区系中第三纪残余的古老种类，也是荒漠区唯一的常绿强旱生植物，系沙质、沙砾质荒漠植被的建群种，既可固沙，又可药用，有重大的科学研究意义。沙冬青生长于贺兰山海拔1 400～1 950 m开阔干旱的山沟阴坡沙石地中。在汝箕沟煤矿、峡子沟等处常成群落出现，具有显著的荒漠化环境指示作用。

野大豆（豆科），国家三级重点保护植物，为一年生草本植物，亦称"乌豆"，是栽培大豆的育种资源，也为家畜所喜食，种子可药用，在自然界中数量不多。在贺兰山仅见于汝箕沟，且零散生长于海拔1 150 m山沟水边草地。

蒙古扁桃（蔷薇科），国家三级重点保护植物，分布于宁夏、甘肃、内蒙古以及新疆阿尔泰地区，为荒漠区和荒漠草原区低山丘陵坡麓、石质坡地及干河床主要的旱生树种，常成群分布，是这些地带植被组成的重要植物之一。

桃仁可代"郁李仁"入药，或代作"苦杏仁"供食用，是一种经济植物。贺兰山浅山地区、丘陵坡麓广有分布，多生长于海拔 1 300～2 100 m 左右的干旱石质山坡、山沟干河床等处。

贺兰山丁香(木樨科)，国家三级重点保护植物羽叶丁香的变种，分布于贺兰山，仅局限于甘沟、榆树沟，生长于海拔 1 780～2 300 m 山谷阴坡等处。原种为我国特有，在自然界中数量日益减少。

黄芪(豆科)，国家三级重点保护植物，为多年生草本植物，根可入药。

桃儿七(小檗科)，国家三级重点保护植物，多年生草本植物，根茎、果实均可入药，分布于六盘山海拔 1 900～2 400 m 的灌木林下或草丛中。

水曲柳(木樨科)，国家三级重点保护植物，为落叶大乔木，生长于海拔 700～2 100 m 的山地。水曲柳是古老的残遗植物，对于研究第三纪植物区系及第四纪冰川期气候具有科学意义。

梭梭(藜科)，国家三级重点保护植物，落叶灌木或小乔木，是温带荒漠中生物产量最高的植物种类之一，具有耐旱、耐寒、抗盐碱、防风固沙、改良土壤等作用，在维护生态平衡方面具有不可替代的作用。名贵中药苁蓉就寄生在梭梭的根部，后者被誉为"沙漠人参"。

白梭梭(藜科)，国家三级重点保护植物，多年生落叶灌木或小乔木，典型的超旱生沙生植物。分布于荒漠区域流动沙丘、半固定沙丘或覆沙地上，常与沙拐枣、驼绒藜等组成白梭梭沙生植被。

胡杨(杨柳科)，国家三级重点保护植物，为落叶中型天然乔木，是荒漠地区特有的珍贵森林资源。生长在沙漠河流两岸，耐寒、耐旱、耐盐碱、抗风沙，具有极强的生命力。胡杨也被人们誉为"沙漠守护神"，对于稳定荒漠河流地带的生态平衡，防风固沙，调节绿洲气候具有十分重要的作用，是荒漠地区农牧业发展的天然屏障。

五、野生动物资源

在中国动物地理区划中，宁夏野生动物地理区系属古北界的东北亚界，华北区的黄土高原亚区和中亚界蒙新区的西部荒漠亚区，即宁夏动物区系分属于黄土高原亚区和西部荒漠亚区，而属于东洋界的种类很少，宁夏北部(包括中部干旱带)跨西部荒漠亚区和东部草原亚区。

宁夏野生动物生态地理动物群包括四大群系，即温带山地森林—森林草原—半荒漠动物群(指贺兰山及宁夏北部山地)；温带半荒漠、湖泊河滩—荒漠—居民点—农区动物群(指宁夏平原及宁夏中部半荒漠、荒漠地带)；温带草原动物群(指宁夏南部黄土丘陵区)；温带山地森林—森林草原动物群(指六盘山及其余脉)。

宁夏野生动物的分布型以古北型和全北型为主,各约占总数的 1/3,其次为中亚型(约占 1/6)和草原型(约占 1/10),其他还有为数较少的季风型、东北—华北型、东北型、高地型和东洋型等。

野生脊椎动物 5 纲、30 目、84 科、415 种,包括哺乳类、两栖类、爬行类、鸟类、鱼类等。国家保护的一、二级珍贵稀有动物 51 种,占全区野生脊椎动物种数的 12.3%,其中金钱豹、林麝、高山麝、黑鹳、白尾海雕、金雕、胡兀鹫、中华秋沙鸭等为国家一级保护动物,马鹿、岩羊、蓝马鸡、红腹锦鸡等 43 种为国家二级保护动物,另有自治区级重点保护动物 51 种,有害动物 37 种。蓝马鸡是宁夏的区鸟。

宁夏野生动物主要分布在贺兰山、六盘山、罗山三大林区。

第七节　自然灾害

一、气象灾害

宁夏位于黄土高原与腾格里沙漠、毛乌素沙地之间,又处于干旱区和半干旱区、荒漠与草原的过渡地带,环境脆弱,对气候波动反应敏感,属环境变化频率高、幅度大、多灾易灾的地带。宁夏主要的气象灾害有干旱、冰雹、霜冻、大风、热干风等,各种灾害每年均不同程度地会发生,影响农业生产,每年造成的经济损失平均达 9 亿元,受灾最严重的年份达 19 亿元。

干旱是宁夏发生次数多、影响面积广、危害最严重的气象灾害。各地干旱的指标难以统一,一般在 5～8 月间连续一个月降水较常年少 8 成为旱;连续二个月降水较常年少 5～8 成为旱,少 8 成以上为大旱;连续三个月降水较常年少 2.5～5 成为旱,少 5 成以上为大旱。宁夏民间广泛流传有"三年两头旱,五年一小旱,十年一大旱"的说法,表明宁夏干旱灾害发生的频繁性。据历史文献记载,公元 13 年就有旱灾记录,北地(今宁夏固原)旱大饥,人相食。自公元 13 年至 1949 年间,宁夏发生干旱年份达 463 次,平均 4.2 年出现一次较重的旱灾。1950 年以来出现过 1957 年、1962 年、1965 年、1974 年、1991 年、1995 年、1997 年和 2000 年共 8 次大的干旱,平均每 6 年一遇,但不规律,每次大旱都会造成农业的严重减产(局部地方绝产)和牲畜死亡以及人畜严重缺水。据统计,1978 年至 2010 年的 33 年中,全区因旱灾造成的大牲畜死亡 206 499 头(只),旱灾造成直接经济损失 554 857 万元,农业直接经济损失 562 294 万元。

冰雹是宁夏的主要气象灾害之一，尤以固原地区最为严重，宁夏平均每年受雹灾面积达 $2.66×10^4$ hm²，约占总播种面积的 3.2%。重雹灾年受灾面积均在 $6.66×10^4$ hm² 以上，如 1970 年、1984 年、1988 年；受灾最轻的 1955 年也近 $0.67×10^4$ hm²。冰雹还造成人畜伤亡和砸坏房屋。宁夏冰雹一般发生在 3 月中旬至 10 月下旬，主要集中在 6~9 月，占全年冰雹日数的 50.2%，高峰期在 6 月，占全年冰雹日数的 19.7%。年冰雹日最多达 43 d(1973 年)，最少为 8 d(1963 年)。冰雹所造成的灾害往往与雹粒直径大小有关，直径越大，对作物、人畜的危害性就越大。宁夏冰雹一般单粒重量不超过 3 g，直径 5 mm 左右。1984 年 7 月 20 日海原县贾墕、郑旗雹灾，最大冰雹单粒直径 6.4 cm，重 65.4 g。

霜冻是宁夏常见的自然灾害，每年都有不同程度的发生。1972 年，宁夏遭受秋霜冻害，是霜冻灾害最严重的一年。宁夏春霜冻危害的关键期，川区为 4 月中旬到 5 月上旬，山区为 5 月上、中旬，在这段时间内正是胡麻、大麻、油菜等作物处在幼苗期和部分果树开花期，抵抗能力较弱，一般气温低于 0℃就有可能遭受冻害。秋霜冻危害的关键期，山区为 9 月上旬，川区为 9 月下旬。在这段时间内南部山区糜、谷等大秋作物处在灌浆期，最低气温低于 0℃，将使这些作物遭受严重冻害。日平均气温≥10℃持续期是作物生长活跃季节，在此期间发生霜冻，显然会产生严重冻害。

宁夏大风以春季为最多，夏季和冬季次之，秋季最少。这是由于春季冷空气活动比较频繁，地面增热快，大气层结不稳定，易引起高层动量下传所致。夏季多为雷暴过境大风，冬季多为强冷空气过境大风，秋季大气层结相对稳定，大风最少。风受地形的影响很大，由于贺兰山、六盘山的影响，宁夏大风的主导风向均以偏北为主。全年大风日数分布很不均匀，北部多于南部，山顶、峡谷多于盆地，年平均大风日数为 23 d，最多年份为 50 d 以上，其中以贺兰山、六盘山为最多，分别达 156 d 和 126 d，贺兰山在 1971 年和 1976 年大风持续最长时间为 17 d。惠农因处在贺兰山和桌子山之间的峡谷，平均每年大风天数达 48 d，最长持续天数为 7 d。大风最少的地区是隆德，平均每年只有 4 d。贺兰山多次出现最大风速>40 m/s 的大风，惠农(1990 年 12 月 21 日)和麻黄山(1983 年 2 月 16 日)出现过 30 m/s 的风速，石炭井、永宁、隆德最大风速<20 m/s，其他地区为 20~30 m/s。

大风往往伴有沙尘暴，宁夏沙尘暴的分布以盐池为最多，平均每年 21 d，同心、兴仁为 10 d，宁夏平原为 3~10 d，固原不超过 2 d。春季沙尘暴最多，冬季和夏季次之，秋季最少。

热干风是高温低湿并伴有一定风力的大气干旱现象，有干害和热害两种作用，风加剧了大气干旱并造成作物的机械损伤。宁夏发生热干风的气象因子比较复杂，其主要特点是大气高温、干燥，有时风的持续时间较长。宁夏热干风每站平均每年产生 0.9 次，近一年一遇，出现范围较广，平均 7 年有一次较严重的危害。就月季分布来看，自 6 月上旬至 7 月上旬，平均每年都有不同程度的发生。其中，尤以 7 月上旬出现最多，其次 6 月中旬，6 月上旬出现最少。青干近两年一遇，发生时间同热干风基本相同，主要集中在 7 月上旬，其次为 6 月下旬。宁夏热干风发生最多的地区为盐同干旱地区，其次为银川平原和西海固半干旱区，隆德、泾源等阴湿地区发生最少。从地形上看，海拔越低危害越重，低洼盆地、沙漠边缘、河谷川道、山脉背风坡、盐碱地一般成灾较重。

二、地质灾害

宁夏最主要的地质灾害是地震灾害。宁夏是我国地震多发地区之一，历史上曾多次遭受严重的地震灾害，对当地社会和经济造成重大破坏。

(一)地震灾害情况

据史料记载和现代仪器测定，公元 876 年至 2015 年，宁夏共发生震级 6 级以上的地震 14 次(不包括强余震)。其中，8 级以上的特大地震 2 次，7.0～7.9 级 3 次，6.0～6.9 级 9 次(表 2.8)。这些地震主要分布在银川、平罗、吴忠、中宁、中卫、海原、固原等地。1920 年 12 月 16 日发生的海原大地震，震级为里氏 8.5 级，是我国乃至世界的特大地震之一。从分类上来看，它们均属于构造地震。1950 年以来宁夏地区共发生烈度Ⅵ度以上的地震 12 次，平均 4 年左右发生一次。

表 2.8　宁夏历史上发生的 6 级以上地震及灾害情况[①]

时　间	地　点	震　级	烈　度	灾害情况
876 年 7 月 14 日	青铜峡南	6.5	Ⅷ	庐舍尽坏，地陷水涌，伤死甚众(《新唐书·五行志》)
1143 年 4 月	银川	6.5	Ⅷ	坏官私庐舍、城壁，地裂泉涌出黑沙，人畜死伤万数(《宋史·夏国传》)
1219 年 5 月 21 日	固原	6.5	Ⅷ～Ⅸ	庐舍倾，压死者以万计，杂畜倍之(《金史·五行志》)

① 杨明芝、马禾青、廖玉华：《宁夏地震活动与研究》，北京，地震出版社，2007。

时　间	地　点	震　级	烈　度	灾害情况
1306年9月12日	固原南	6.5	Ⅷ～Ⅸ	王宫及官民庐舍皆坏，压死故秦王妃也里完等五千余人（《元史·成宗纪》）
1477年5月13日	银川	6.5	Ⅷ	城垣崩坏者八十三处（《明实录·成化实录》）
1495年4月10日	中卫东	6.25	Ⅷ	倾倒边墙、墩台、房屋，压伤人（《明史·五行志》）
1561年7月25日	中宁	7.25	Ⅸ～Ⅹ	城垣、墩台、房屋皆摇塌，地裂涌出黑黄沙水，压死军人无算。坏广武、红寺等城（《明实录·嘉靖实录》）
1622年10月25日	固原北	7.0	Ⅸ～Ⅹ	城垣震塌7丈余，房屋震塌一万余间，牲畜压死一万六千余只，男妇压死一万二千余口（《明实录·天启实录》）
1627年2月16日	中卫东	6.0	Ⅷ	城垣、房屋、边墙、墩台悉圮（《明史·五行志》）
1709年10月14日	中卫南	7.5	Ⅸ～Ⅹ	官舍民房、城垣边墙皆倾覆……压死男妇两千余口（《中卫县志·建置考》）
1739年1月3日	银川—平罗	8.0	Ⅹ	屋舍尽倒，压死官民男妇五万余人（《宁夏府志》）
1852年5月26日	中卫	6.0	Ⅷ	居民房舍震倒两万余间，压毙男女大小三百余口，受伤者四百余口（《甘肃通志稿·民政志》）
1920年12月16日	海原	8.5	Ⅻ	53县受灾，海原、固原等4城全毁，死23.4万余人（《中国民报》）
1921年2月22日		6.0		（金积及邻邑）共压毙1.6万余人（《中国民报》）

(二)地震灾害特点

1. 地震灾害频繁，受灾面积广

自公元876年以来，宁夏平均约75年发生一次6级以上地震(不包括强余震)，平均35年发生一次5.5级以上的地震。除彭阳和盐池少有地震发生外，其他市、县(区)历史上都曾发生过5级以上破坏性地震。其中，北部的银川平原 1739 年发生银川—平罗 8 级大地震，中部发生过 1561 年中宁和 1709 年中卫南两次 7 级以上地震，南部发生过 1622 年固原北部 7 级和 1920 年海原 8.5 级大地震。全区遭受烈度Ⅷ度以上地震破坏的面积达到 66.3%。因此，宁夏是一个地震灾害发生频繁且分布广泛的区域。

2. 地震灾害特别严重

根据史料记载，宁夏发生的 6 级以上地震的极震区烈度都在Ⅷ度以上，均造成了严重的破坏。特别是 1739 年的银川—平罗大地震和 1920 年的海原大地震，灾难极其惨重，其原因除地震震级大以外，还有不利的地质条件和落后的经济条件等因素。在宁夏南部，黄土高原区土质疏松，地震极易造成崩塌或山体滑坡，而房屋建筑非常简陋，过去多为土坯房和土窑洞，基本没有抗震能力。因此，同等震级的地震在宁夏所造成的灾害远比其他地区严重。1970 年，西吉一次 5.5 级地震，即造成当地土窑全部震坏，这在全国同等级地震灾害中是非常少见的。宁夏北部平原地区地下水位高，地层松软，大地震造成的灾害也很惨重。此外，宁夏发生的地震都属于浅源地震，震源深度大多处于 15~27 km 范围，此范围内的浅源地震造成的灾害一般比较大。

据史料统计，公元 1000 年以来宁夏因地震造成的人员死亡超过 30 万人。1739 年，银川—平罗大地震造成 5 万余人丧生，1920 年海原大地震死亡人数超过 20 万人，后者是中国有史以来仅次于 1556 年华县大地震和 1976 年唐山地震的大地震。

（三）地震造成的地表破坏

宁夏地震造成的地表破坏主要有地裂地陷、砂土液化、涌水、滑坡和崩塌。

地裂地陷是地震地表破坏比较普遍的一种现象，主要有两种情况，一种是地震断层错动形成的地表破裂，沿断层走向分布，断裂穿过的地面建筑都会遭到破坏。对十大地震，这种破坏是毁灭性的。1920 年海原人地震断裂错动导致沿断裂分布的城镇完全被震毁。另一种是在松软地层地震造成裂缝或地面陷落带。1739 年银川—平罗大地震的中心地带，就形成了这种类型的地裂地陷。南部黄土高原区地震造成的地裂和地面陷落也十分常见。

砂土液化是指由地震引起的饱和松散土层的各种破坏，如斜坡地带的流滑、地基沉陷、饱和砂层对上覆地层的冲击和破坏等。在宁夏平原地区，地震造成的砂土液化非常普遍。

地震水涌可分为以下 3 种成因类型：地震引发砂土液化造成涌水；在地下水埋藏浅的地方，地震破坏了地下水面的相对稳定性，地下水沿上覆土层薄弱处涌出地表，成为涌水；地表水和地下水丰富的地区，地震造成地下水涌水并与地表水串通，形成水患。宁夏几次大地震都有关于地震涌水的记载。1920 年海原大地震时，位于Ⅷ度区以内的海原、固原、靖远、静宁等地均出现地裂水涌现象，甚至远至灵武和银川等沿河地区也发生了地裂水涌。1739 年银川—平罗大地震引起的涌水造成了严重的水灾。

地震滑坡是指表层岩土或斜坡上的岩土体在地震力的作用下沿滑动面滑动的现象。地震引发的山体滑坡是南部众多堰塞湖形成的重要原因，而滑坡毁灭村庄的例子也有很多。崩塌是较陡斜坡上的岩土体在地震力作用下发生的崩落。在宁夏南部山区，1920 年海原大地震时震区多处土石山均有崩塌及移动。

(四)宁夏地震活动分区

地震活动以区域地质构造条件为基础，特别是强地震均分布在具备一定特殊地质条件的区域地震带上。在全国地震活动区划分中，宁夏地区位于南北地震带北段，区内发生的强地震都可归属到这条中枢大地震带。同时，宁夏处于中朝准地台和昆仑秦岭地槽褶皱区两大地质构造单元的交接部位，各地所处的地质环境和构造特征不同，地震活动也表现出明显的地区特征。一般划分为贺兰山地震活动区和六盘山地震活动区。

贺兰山地震活动区位于鄂尔多斯地台的北西缘，为南北地震带向北突出的部分，展布于贺兰山东西两侧，包括银川盆地和内蒙古阿拉善左旗大部地区。通常把银川、吉兰泰和河套断陷盆地合并为一个地震活动单元，称为银川—河套地震带，贺兰山地震区主要指银川—河套地震带的西南部分。该区北部是北南向或北北东向构造带、阴山纬向构造带和阿拉善弧形构造带相互交汇和复合的区域，而南部与青藏块体北东缘弧形构造和北祁连过渡带相接，地质构造复杂。长期的地质演化，形成一系列隆起、拗陷和断裂带，主要发育北东、北西、北南和东西向 4 组断裂。其中，银川和吉兰泰两个拉张型断陷盆地是该区最著名的活动盆地。根据地震活动和构造特征，贺兰山地震区又可划分为银川地震小区、吉兰泰地震小区和马三湖地震小区。

六盘山地震活动区位于牛首山—罗山—云雾山一线以西的宁夏南部地区，属祁连山—六盘山地震带东段。在区域地质构造上，该区以北祁连山前过渡带为基础，来自青藏块体从南西向北东方向的强烈推挤，分别受到鄂尔多斯和阿拉善两个刚性地块的阻挡，形成一组南端紧束、向北西舒展的北北西向弧形构造带。根据构造条件和地震活动特点，六盘山地震区又可划分为固海地震小区和卫宁同地震小区。

第三章 人文、经济地理特征

章前语

悠久的人文历史、中国最大的回族聚居地、奔流不息的母亲河，孕育了宁夏具有深厚历史积淀的黄河文化、回族伊斯兰文化、西夏文明、边塞文化和丝路文化；富饶的宁夏平原、贫瘠的干旱风沙区、破碎的黄土高原、雄伟的贺兰山脉、崎岖的六盘山道留下了色彩斑斓的人文脉络，构成了宁夏独具魅力的人文景观。

本章从人文地理的角度，介绍了宁夏人口和城镇化进程，独具特色、相互融合的地域文化，丰富的自然和人文旅游资源，农业、工业发展特征和地域差异以及蓬勃发展的现代公路、铁路、航空运输业，为读者展现宁夏人文经济地理的精髓。

关键词

人口地理；文化地理；旅游地理；农业地理；工业地理；交通地理

第一节 人口地理特征

人是社会经济可持续发展的主体。人口地理特征包括国家或地区的人口数量、增长速度、构成和分布的发展变化条件与特点。我国是世界人口最多的国家，但我国人口地理学的研究历史较短，人口问题始终是我国具有全局性和根本性的战略问题。宁夏是我国少数民族广泛聚集的五个少数民族自治区之一，受当地民族文化、社会经济发展水平、地理环境和地方政策等因素的影响，其人口地理特征表现出典型的地域性。

一、人口增长

一个国家或地区的人口变动是通过人口自身繁育和死亡的自然变动以及迁移的机械变动实现的，宁夏的人口变动以自然变动为主。总体而言，新中国成立前，宁夏人口增长缓慢。新中国成立以来的各个时期，宁夏总人口增长较快（图 3-1）。

根据不同时期宁夏人口增长的速度（图 3-2），可将宁夏人口发展大致分为三个阶段。第一阶段是 1950 年至 1979 年。这个阶段宁夏人口增长最快，1950 年为 66.33×10^4 人，到 1978 年，已增至 355.58×10^4 人。其间，除了三年经济困难时期人口自然增长率一度低至 2.68‰外，其余年份人口增长率均在 20‰以上，到 1965 年，人口自然增长率迅速达到 38.79‰。从 1964 年第二次全国人口普查到 1982 年第三次人口普查，宁夏总人口增长了 82.99％。宁夏成为这一时期全国人口增长最快的地区。

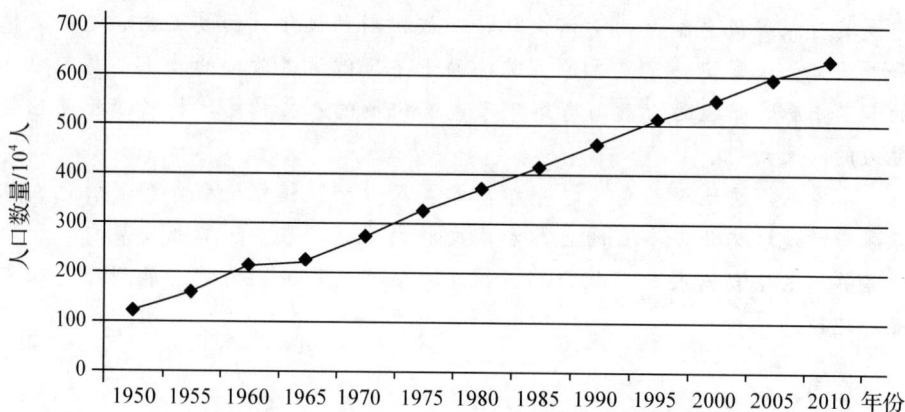

图 3-1　1950 年以来宁夏人口变化曲线

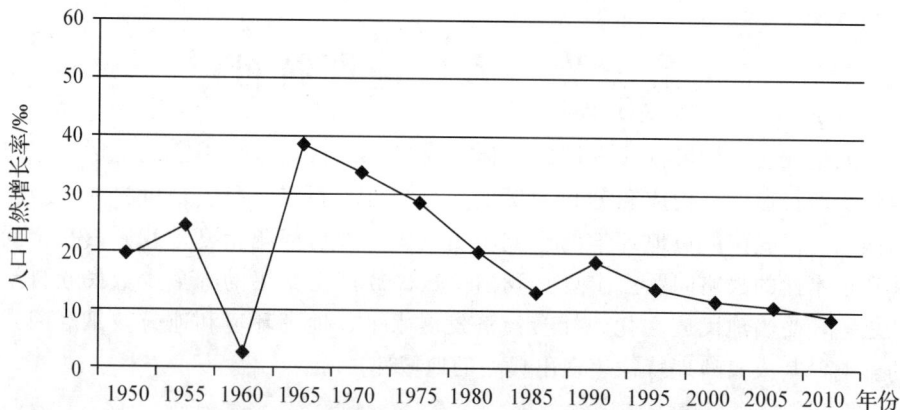

图 3-2　1950 年以来宁夏人口自然增长率变化

第二阶段是 1980 年至 1989 年。1980 年全区人口为 373.72×10^4 人，

1989 年已增加到 454.81×10^4 人。受 20 世纪 80 年代初期国家开始实行严格的计划生育政策的影响，宁夏 1980 年的人口自然增长率为 20.24‰，到 1985 年下降到 13.30‰，随后逐渐回升，1989 年时达 19.21‰，但较第一阶段人口增速有所减缓。

第三阶段是 1990 年至今。1990 年全区人口总数为 465.68×10^4 人，2012 年为 647.19×10^4 人。人口自然增长率从 1990 年的 18.82‰下降至 2012 年的 8.93‰。这一时期宁夏社会经济快速发展，人口素质明显提高，计划生育国策得到严格执行，使得人口快速增长的趋势有所减缓。

在同一时期内，宁夏人口增长表现出一定的地区差异。1990 年至 2000 年的这段时间内，中卫市人口增长最快，增加约 27.05%；银川市和吴忠市次之，增幅分别为 22.24%和 19.59%；石嘴山市和固原市人口增长相对较慢，分别增加 12.69%和 14.24%。这种差异主要来自各区的自然、社会、经济条件的差异。在不同时期，这种人口增长的地区差异存在一定变化，但都受制于各个时期各区域的自然、社会和经济条件。例如，2000 年至 2010 年，作为宁夏社会经济发展水平最高，发展速度最快的银川市，人口增加达 58.51%，增长率远远超过上一个十年中人口增长最快的中卫市。这期间中卫市人口仅增加 6.63%。与银川市和中卫市波动较大的人口增长相比，吴忠市人口增长幅度略高于上个十年的增幅，为 20.15%。

尽管经过半个多世纪的发展，目前宁夏人口增长速度趋缓，但相对于 2012 年 4.95‰的全国人口自然增长率而言，宁夏人口增长仍显过快，这与宁夏社会经济发展水平相对落后，人口的受教育程度较低，生育观念的落后以及计划生育政策的实施力度较小密切相关。因此，为促使宁夏人口增长与社会经济持续发展相协调，建设和谐稳定宁夏，就需要制定合理的人口政策，坚持实施严格的计划生育国策，注重人口质量的提高，优化人口结构。

二、人口分布

人口分布即人口的地域构成，是指一定时间内人口在一定范围内的空间分布状况，是人口过程在空间上的表现形式。人口分布包括自然地域构成、行政区域构成和城乡构成，一般用人口密度作为衡量人口分布的主要指标，它反映一定地区的人口密集程度。宁夏人口密度为 85 人每平方千米，是我国各省级行政区中人口密度较小的地区，仅比黑龙江、甘肃、内蒙古、青海和西藏五个省级行政区人口密度大。

从人口的自然地理区分布来看，可将宁夏分为宁夏平原和南部山区两个自然地理区。其中，宁夏平原面积占全区总面积的 41.2%，人口占全区总人口数的 55.4％，人口密度为 135.4 人每平方千米。南部山区面积占全区总面积的 58.8％，人口占全区总人口数的 44.6％，人口密度为 76.3 人每平方千米，明显低于平原地区人口密度。这充分体现了自然地理条件对城市发展和城市化进程的重大影响。

从人口的行政区分布来看，银川市、石嘴山市、吴忠市、固原市和中卫市的土地面积分别占全区总面积的 13.37％、7.84％、32.26％、20.26％、26.27％，人口分别占全区总人口数的 32％、11％、20％、20％、17％。人口密度最大的是银川市，为 231 人每平方千米；石嘴山市次之，人口密度为 142 人每平方千米；固原市、中卫市、吴忠市人口密度分别为 94 人每平方千米、63 人每平方千米和 61 人每平方千米（图 3-3）。这主要取决于各行政区间自然、社会、经济条件的差异。

2012 年，宁夏的市、镇居住人口为 327.96×10^4 人，占全区总人口数的 50.67％，居住在乡村的人口为 319.23×10^4 人，占全区总人口数的 49.33％。这是宁夏城镇人口多年来首次超过乡村人口。相较于 2011 年 49.88％和 2010 年 47.96％的市、镇居住人口率，宁夏的城镇化过程正在不断发展，但依然略低于全国平均水平，城乡二元结构仍占主导。这是因为宁夏地处我国资源比较匮乏的西部地区，自然环境相对恶劣，社会经济发展较缓，农业仍然在宁夏的产业结构中占绝对优势，庞大的农业人口是宁夏乡村人口的重要组成部分。当然，区内各市县间城乡人口分布也有一定差异。作为宁夏行政中心的银川市，由于经济发展水平较高，市镇建设相对成熟，交通运输方便，各种资源丰富，因此居住于该市的城镇人口比例大于其他市区。

可见，一个地区的人口分布是由多方面因素决定的，包括自然和社会经济等因素。自然因素包括气候、地形、土壤、水体和矿产资源等。宁夏位于我国西北地区，气候干旱，水资源缺乏，对该区人口分布起着基础性的影响；社会经济因素包括生产方式和生产力水平、经济发展水平、经济活动方式和交通条件等，从一定程度上决定着一个地区的人口分布。此外，历史和政治因素也在一定程度上影响着人口分布。

三、人口构成

人口构成是指一定地区、一定时点的人口系统内部各因素的结构及其比例关系。研究人口构成有助于揭示人口构成规律，为建立合理的人口构成体系，制定有关政策提供理论依据。宁夏回族自治区是我国五个少数民族自治区之一，要了解其人口构成不仅须了解宁夏人口的性别构成、年龄构成、就业结构和文化水平等基本的人口构成关系，还须注意民族构成在人口构成中的

宁夏回族自治区人口密度分布

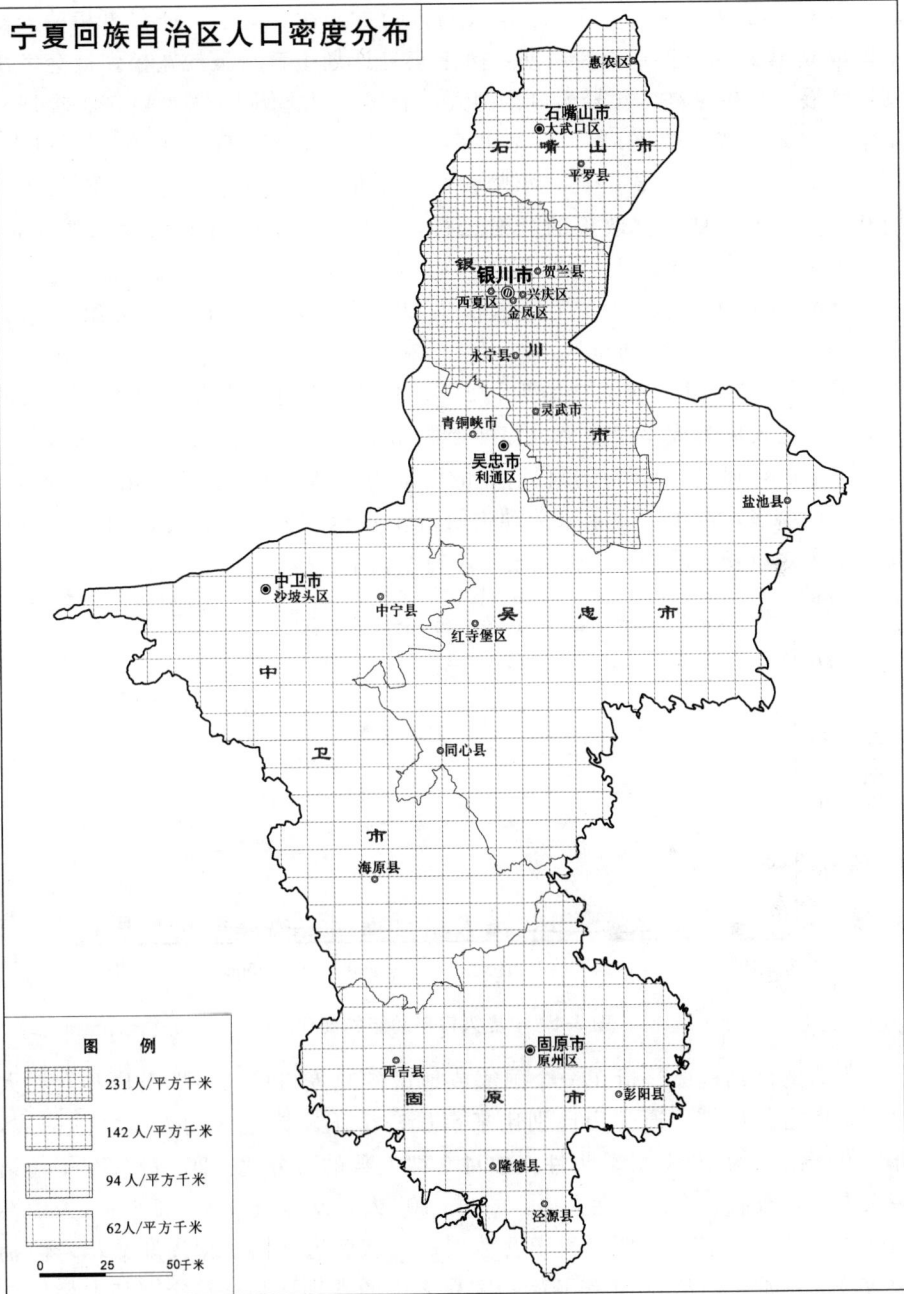

惠农区

石嘴山市
⊚大武口区

石 嘴 山 市

平罗县

银 银川市
川市 ⊚ 贺兰县
西夏区 兴庆区
金凤区

永宁县 川

灵武市

青铜峡市 市

吴忠市
利通区

盐池县

中卫市
⊚沙坡头区 中宁县

中 吴 忠 市

红寺堡区

卫

同心县

市

海原县

固原市
⊚原州区

西吉县 彭阳县

固 原 市

隆德县

泾源县

图 例

231人/平方千米	
142人/平方千米	
94人/平方千米	
62人/平方千米	

0   25   50千米

图3-3 宁夏人口密度分布图

特殊意义。

人口的年龄结构是指一个国家或地区，在某一时间内各个年龄组人口在总人口中所占的比例。人口年龄构成与人口的出生、死亡、迁移等相关。新中国成立至 20 世纪 70 年代后期，由于宁夏计划生育政策较宽松，社会经济发展缓慢，出生率高，年轻人口比例大，老年人口比例小（图 3-4）。根据 1953 年第一次人口普查数据，0～14 岁年龄组的人口占全区人口的 40.68％以上，65 岁及以上人口仅占 2.99％，年龄构成属于年轻增长型。20 世纪 80 年代初期开始，由于计划生育政策的严格执行，经济发展，医疗和教育水平提高，人口出生率下降，年轻人口比例逐渐降低，适龄劳动人口不断增加，老年人口比例缓慢增大。到 2010 年第六次人口普查时，0～14 岁年龄组人口为 134.80×10⁴ 人，下降到全区人口的 21.39％，15～64 岁年龄组人口增加至 455.05×10⁴ 人，占全区人口的 72.22％，65 岁及以上人口增加至全区人口的 6.39％，已发展为成年稳定型人口年龄构成。一方面，大量的适龄劳动人口为发展生产，促进经济发展提供有利的劳动力资源；另一方面，出生率降低，老龄人口增多，也预示着未来劳动力资源不足以及人口老龄化的可能，需要及时制定人口发展战略，以促进全区可持续发展。

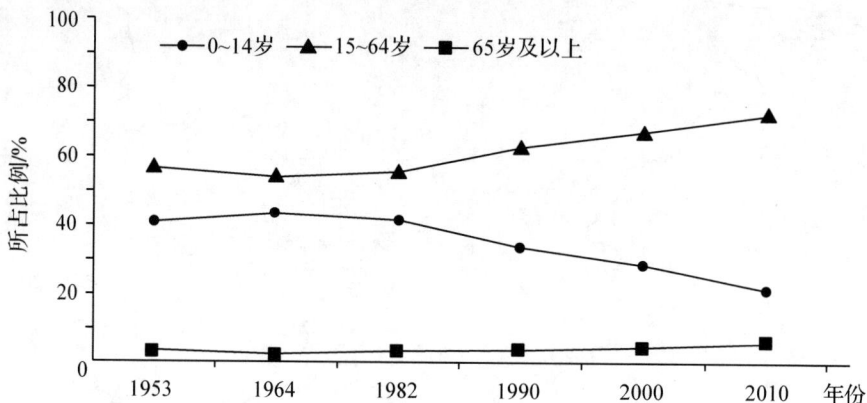

图 3-4　宁夏人口年龄结构变化

人口的性别构成是指在一个国家或地区的总人口中，男性人口和女性人口各自所占的比例。通常用性别比来衡量一个国家或地区的人口性别构成，即以女子人口为 100，计算男性人数对女性人数的百分比。20 世纪 50 年代第一次人口普查时，全区男性人口 80.74×10⁴ 人，女性人口 69.88×10⁴ 人，性别比 115.55，男性人口明显大于女性人口。随后男女性别比逐渐减小，性别构成趋向正常化，从 80 年代开始，宁夏人口的性别比趋于稳定，基本保持在 105 左右，但男性人口数始终高于女性人口数，这恐怕与中国长期以来形成的"男尊女卑"、"传宗接代"思想有一定关系。

人口的就业构成是按照经济标志划分的，是人口经济特征的一种反映，受社会生产力发展水平和社会分配制度的影响。2012 年，宁夏全区就业人员 344.5×10^4 人，第一产业人数 167.1×10^4 人，占 48.5%；第二产业人数 56.9×10^4 人，占 16.5%；第三产业就业人口 120.5×10^4 人，占 35%。第一产业就业人数远远大于二、三产业，这缘于第一产业在宁夏产业结构中的绝对优势。

人口的文化构成受社会经济发展水平、教育政策、思想观念等因素的影响，直接关系到地区的社会稳定、经济发展以及人口素质的提高。以每十万人中拥有的各种受教育程度的人口来考察人口的文化构成，2010 年全区每十万人中小学文化水平的 29 656 人，初中文化水平的 33 813 人，高中和中专文化水平的 12 580 人，具备大专及以上文化水平的 9 316 人，文盲率 6.65%。只有坚持科教兴国、人才强国的国策，注重创新，才能不断改善人口的文化构成，为全区社会经济的持续发展提供劳动力资源。

宁夏是一个以汉族和回族为主体，包括满族、蒙古族、壮族、朝鲜族等其他 33 个少数民族在内的多民族聚居地，也是我国回族人口最多，分布最集中的地区。其人口的民族构成呈现多样化态势。2010 年，全区汉族人口 408.64×10^4 人，占全区总人口的 64.85%；回族人口 217.38×10^4 人，占全区总人口的 34.50%；其他少数民族人口 4.12×10^4 人，占全区总人口的 0.65%。总体而言，全区汉族人口所占比例在逐渐减小，少数民族人口在不断扩大，在全区的 34 个少数民族中，回族人口占全区少数民族人口的 98.14%，占绝对比重。另外，区内各市间回族人口分布也有所差异。2012 年，全区回族人口 2 301 225 人，其中银川市 484 276 人，占 21.05%；石嘴山市 150 276 人，占 6.53%；吴忠市 691 849 人，占 30.06%；固原市 578 214 人，占 25.13%；中卫市 396 610 人，占 17.23%。吴忠市是该区内回族人口最多的地方，但其回族人口密度仅 32.3 人每平方千米；而银川市回族人口密度达 54.6 人每平方千米，是区内回族人口分布最密集的地方；其次是固原市，其回族人口密度为 43.0 人每平方千米；石嘴山市和中卫市回族人口相对较少，也不太集中。

四、人口城市化进程

人口城市化是指非城镇人口不断向城市转化和集中，城镇人口占总人口的比重逐渐提高的动态过程。人口城市化的程度是衡量一个国家和地区经济、社会、文化、科技水平的重要标志，也是衡量国家和地区社会组织程度和管理水平的重要标志，在国家社会经济全面发展的过程中具有重要作用。随着我国农村生产力水平的提高，工业化进程的加快和产业结构调整的深化，城市化的进程不断加快。城市化水平是体现城市化进程高低的重要指标，即用特定时间、特定地区城镇人口占该地总人口的比例来表示城市化的状况。

新中国成立以来的六次人口普查数据显示，1953年第一次人口普查时，全国城市化水平为13.26%，宁夏城市化水平为12.97%；1964年第二次人口普查时，全国城市化水平为18.40%，宁夏城市化水平为11.83%；1982年第三次人口普查时，全国城市化水平为20.60%，宁夏城市化水平为19.40%；1990年第四次人口普查时，全国城市化水平为26.23%，宁夏城市化水平为25.72%；2000年第五次人口普查时，全国城市化水平为36.09%，宁夏城市化水平为32.88%；2010年第六次人口普查时，全国城市化水平为49.68%，宁夏城市化水平为48.03%（图3-5）。可见，宁夏的城市化水平较同期全国城市化平均水平均偏低，但其城市化进程与全国城市化进程基本一致，仅在个别年份有出入。

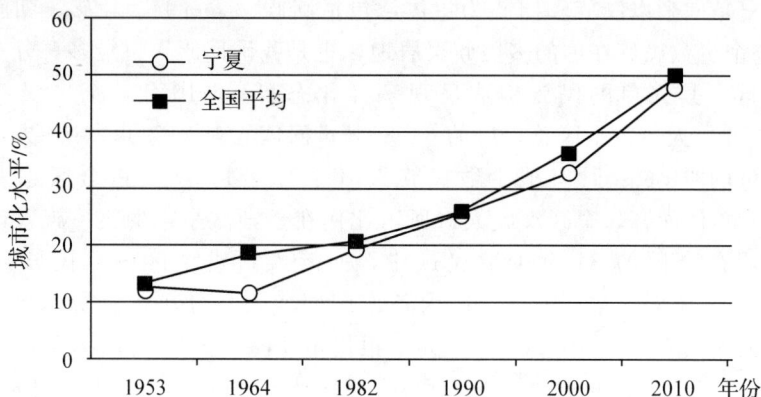

图3-5 宁夏城市化水平和全国平均水平对比

根据城市化理论，宁夏的城市化进程同我国城市化进程一样，都经历了两个阶段：第一阶段为新中国成立到20世纪90年代中期，这一时期，全国城市化水平与宁夏的城市化水平均低于30%，属于城市化的初期阶段；第二阶段为20世纪90年代中后期至今，全国城市化水平与宁夏的城市化水平均属于城市化的中期阶段，并且尚未达到50%，距离城市化水平70%以上的后期阶段还有较大差距。总体而言，宁夏的城市化水平虽然基本保持在全国平均水平，但其城市化进程仍十分滞后，而且远远落后于我国东部一些经济发达的地区。这种城市化进程的滞后是由多种因素决定的，包括落后的教育、不合理的就业结构、紧张的城市住宅等社会因素，缓慢的工业发展、过低的非农化水平等经济因素，落后的户籍制度等制度因素。城市化滞后也会制约当地国民素质的提高，使得计划生育政策的实施难度加大，从而阻碍劳动生产率的提高，影响到整个地区社会经济的全面发展。为此，根据宁夏人口中农业人口占绝对比重的实际情况，解决好"三农"问题，大力发展社会经济，应当成为推进城市化发展的重要任务。同时，须致力于制度创新，为城市化进程提供有力的制度保障。

第二节　文化地理特征

中华文化源远流长，博大浩繁，包含了众多的区域文化，而宁夏典型的多元混生文化就是其中之一。从有考古学证据的旧石器时代灵武水洞沟遗址算起，历经了历代王朝的兴衰，中原农耕文化与北方游牧文化的交替碰撞，经过了几次大规模的军事、经济移民，直到近代，宁夏才形成了基本稳定的行政区划格局和人口分布格局，渐具特色的区域文化才在此基础上形成并突显出来。

一、文化分区

从总体上说，宁夏全区可划分为 5 个文化区，即矿业移民文化区、稻作汉族文化区、半农半牧汉文化区、回族伊斯兰文化区、文化模糊区(图 3-6)[①]。

(一)矿业移民文化区

该文化区的核心区分布在宁夏煤炭资源集中的石嘴山市，形成了以石嘴山为其文化核心，以大武口区、惠农区为主要分布区和以平罗的部分地区为其文化辐射区的片状分布区。此外，长庆油田所在的宁夏河东灵武、盐池部分地区是其飞地型"文化岛"。由于灵武的煤炭资源相当丰富，所以今后可能成为该地区的强劲产业和宁夏煤炭开采的优势产业，因此会随着矿产资源的开发而成为一个新的移民文化区。

移民区在人口构成上，以汉族为主，区外移民来自五湖四海，其中以山东、河南、河北、四川等省的人口比例稍大。在语言方面，没有统一的地方方言，经过语言的融合与嬗变，形成了一种以石嘴山方言为基础，夹有四方土

---

① 米文宝主编：《宁夏人文地理》，香港，中国社会科学研究出版社，2006。

宁夏回族自治区文化区分布

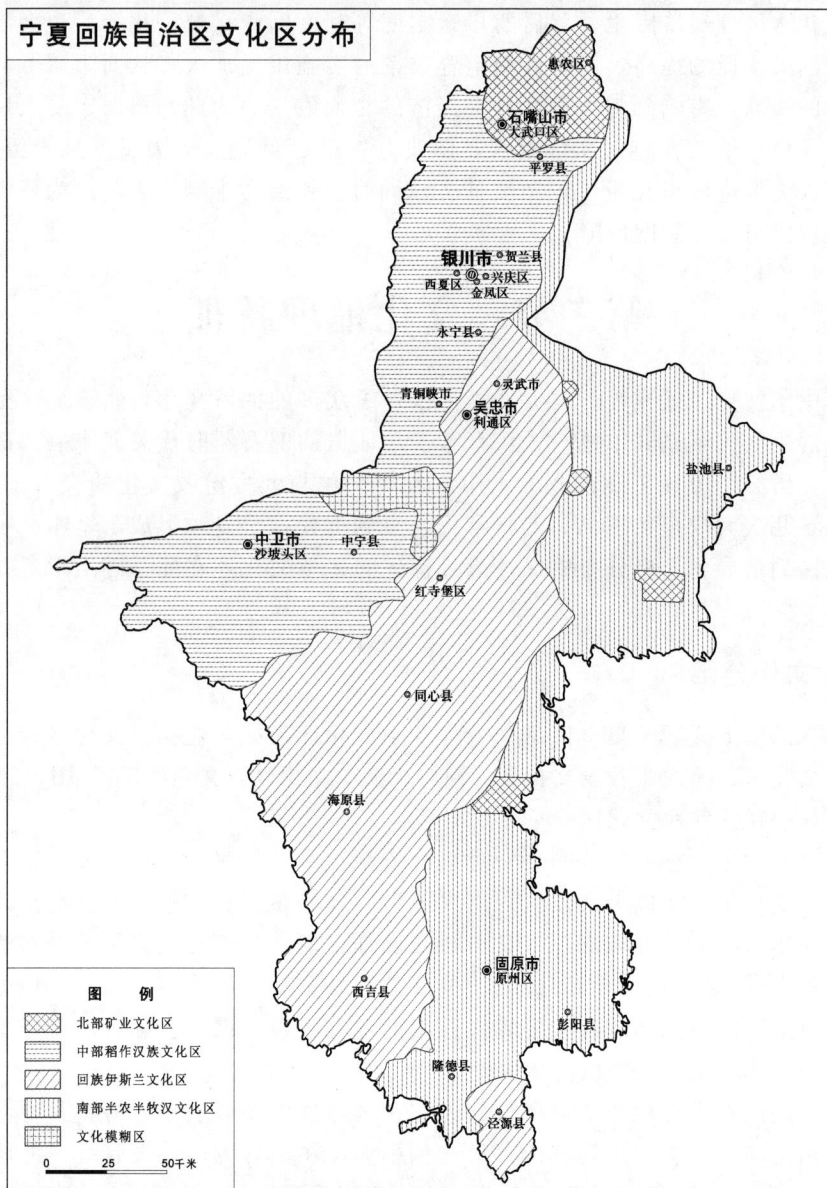

图 3-6　宁夏文化区分布示意图①

音的方言类型。当然由于该地区人口流动快，有些刚迁移来的移民仍以原来的方言为主。这些移动人口的住房都比较简单而且大众化，收入高的住楼房，

---

①　米文宝主编：《宁夏人文地理》，香港，中国社会科学研究出版社，2006.

收入低的住平房，房间布置没有突出的特色。由于多数新迁移来的住户收入不高，所以生活依然很拮据。人们的宗教观念意识非常淡薄，没有统一的宗教信仰和风俗习惯，是一种典型的移民文化。正因为如此，基督教比较容易在此寻求立足之地。

居住于该地区的人们大都从事第二产业和第一产业中的采掘业，特殊的生活环境和社会阅历使该地区人们在消费行为方面以马歇尔消费型为主，社会行为空间也受到相应的限制。居民在婚丧嫁娶方面没有留下特殊印记，大多数居民老了之后，都会落叶归根，返回故乡。

（二）稻作汉族文化区

稻作汉族文化区范围不大，却是宁夏人口密度最大的地区，是宁夏重要的政治、经济、文化地域中心，工业、农业基础雄厚，产业集聚。人口聚落以城市景观为主要特征，交通发达、便捷。居民以汉族居民为主，占该区总人口的 60％以上。该文化区在地域上以银川市为中心呈辐射状分布，包括平罗、贺兰、永宁、利通、青铜峡、中宁、沙坡头等县、市、区。语言地理上隶属于银吴方言小片，银川话为该区典型方言。由于汉族人口占绝大多数，所以宗教信仰佛教、道教参半。居民每年都有赶庙会的习俗。该区的村落形式主要呈居民点式布局，以村或组为单位，大多数依水而居，地在渠旁，塘在水边。人们居住土木结构的平顶房，房屋一般较深，内有套间多个，为了躲避风沙，房屋大都面东南而背西北，院落四周都打围墙。房屋内部布局比较讲究，一般人家都有电视、冰箱、洗衣机等家用电器。人们在穿戴上也爱赶时髦，男的追求流行款式，女的都喜欢穿裙装。人们在性格特征方面大都外向、开放，对当今一些流行文化如流行音乐、服装、快餐都比较敏感，在青少年中常会出现"追星热"。

本区有着广泛的稻作文化基础，是宁夏乃至西北地区重要的商品粮基地。这里水稻一年一熟，生长期长，日照充足，出产闻名全国的塞上江南"珍珠米"。大米质量上乘，淀粉含量高，美味可口。渔业是该区另一项特色产业，也是该区居民主要的经济来源之一。黄河两岸打鱼塘十分方便，所以居民们利用这种条件，大力发展渔业。本区已成为西北地区产量最大的水产养殖基地。

在社会习俗方面，居民在婚丧嫁娶方面的习俗有别于宁夏北部和南部地区。娶亲时有女性亲属成员，新郎需要迎亲，而不避亲；女方送亲客人一般都大席招待，有劝酒习俗；结婚当日新娘穿全红色的婚衣，且着婚纱；回门一般在婚后第二天，男方有亲戚相送，约十余人，女方以酒席相待。新娘回门不留宿。在丧俗上都奢办丧事，并且在祭祀的主要日子上也不同于南部地区。对于刚出生的婴儿，不吃满月酒，在百日会待客祝贺。年轻人对过生日都比较重视。

(三)半农半牧汉文化区

该文化区比较破碎，包括原州、彭阳、隆德、盐池等县、区和平罗县东部地区，占地约 14 000 km²，人口约 $113×10^4$ 人，以汉族人口为主，占总人口的一半以上。该区地形主要是黄土高原和丘陵区，盐池一带属温带干旱、半干旱草原，种植业以旱作农业中的麦、黍、玉米种植为主；在山区或草原区，畜牧业占有一定的比例。该区方言以固原话为主，宗教信仰以道教为主，文化景观以聚落的形态与布局最为突出。南部黄土丘陵区居民都有依窑洞而居的习惯，这也是几千年以来自然选择和文化沉淀的结果。随着社会的发展，这种居住方式也在逐渐被淘汰，代之以土木结构的房屋为主。这种房屋与北部的房屋有很大的差别，房顶呈斜坡状，角度大约为 $20°～30°$，上有瓦片相盖，这也是为了适应当地的气候特征；房檐有双面檐和单面檐两种。人们在穿戴上都比较节俭，对时髦时装的追求不强烈。在相当数量产品的消费上，不论是生产消费还是生活消费都比中部稻作文化区慢一拍，在时间上大约滞后 2～3 年。

婚俗和丧葬习俗与北部地区差异显著，如娶亲时没有女性亲属成员，新郎有避亲的传统；招待女方的送亲客通常是分席(8 个人为一席)而坐；新娘回门一般在婚后的第三天或第四天，且只有新郎相陪，男方没有其他亲戚相送，女方家从俭待客，不摆酒席。在丧俗方面，一般丧事从俭，没有吹唢呐的习俗。对于刚出生的婴儿，满月一般比较隆重，以后几乎不过生日。对于年过六旬的老人，每年的生日都比较隆重，吃长寿面，摆宴席，有亲人送礼。

游牧、半游牧的生产制度与辽阔、单调的自然景观以及面朝黄土背朝天的旱作农业方式，使当地居民形成了敦厚、稳重、质朴但又保守的群体性格特征。由于该区以旱作农业为主，又兼有一定的畜牧业，所以在农牧业生产方面对"天气"的依赖性强，形成了"靠天吃饭，靠天喝水，靠天放牧"的生产生活规律。

(四)回族伊斯兰文化区

回族文化是宁夏回族自治区独具特色，与汉文化并驾齐驱的主导文化。宁夏回族具有悠久的历史，最早可以追溯到唐代，而以元代的大规模迁入为主要的文化传入期。自此，宁夏一直是回族聚居地区，经过多年的发展、变化与融合，积淀形成了深厚的回族文化基础。宁夏的回族在地域分布上历经几次变迁，最后一次是在清朝同治年间以后，自此奠定了现今回族人口分布的大格局。根据第六次全国人口普查资料，宁夏回族自治区全区共有回族人口 217.38×10⁴ 人，占全区总人口的 34.5%，主要分布在西吉、海原、同心、泾源、吴忠、灵武等县、市。

对于回族文化而言，伊斯兰教是其统一宗教。以汉语为交际语言，随着地域分布的不同出现了不同的方言。阿拉伯文（经文）只作为其宗教语言，保留在为数不多的阿訇当中。回族居民最突出的文化景观表现在清真寺、聚落的形态分布及独具特色的服饰文化上。在宁夏回族自治区内，伊斯兰教的清真寺是一道独特的风景线。据初步统计，宁夏回族自治区内共有清真寺 3 000 多座，其中著名的有银川南关清真大寺、同心清真大寺、永宁县纳家户清真寺等（图 3-7）。清真寺建筑规模雄伟，外观造型有两种：其一为穹顶式建筑，大殿上有一大四小半圆形绿色穹顶，顶上一弯银白色新月；另一种是殿堂式，具有中国传统建筑风格，多采用四合院式，一条中轴线贯穿始末，礼拜大殿有起脊的屋顶，大殿平面一般有三种形状。宁夏回族自治区内的一些小型清真寺多采用殿堂式建筑。

图 3-7   建筑风格迥异的永宁纳家户清真寺（上）、银川南关清真大寺（左下）和同心清真大寺（右下）

宁夏地区的回族多住平房或瓦房。居室内部布局上独具特色。屋内装饰和摆设清净素雅。

宁夏回族的服饰大体同于汉族，不同的是男子头上的小帽和妇女头上的盖头，男子戴的小帽没有帽檐，颜色或白或黑或棕色，但以白色居多。妇女的盖头是一种大披巾，用纱、绸或丝质面料制作而成，有绿、白、青三种颜色。充满回族特色的民间艺术有花儿、口弦、砖雕及各种彩绣。其中"花儿"是产生并流行于甘、宁、青、新等地区的一种民歌，曲调丰富，唱词浩繁，被称为"回族的百科全书"。口弦是西北地区流行的一种民间"乐器"。

(五)文化模糊区

该文化区位于中宁县部分区域，受生态移民的影响，出现回族、汉族分散杂居的特点，导致文化区交错镶嵌，既有中部稻作汉族文化区的特点，又有回族伊斯兰文化板块的特点。

二、特色历史文化

悠久的人文历史、全国最大的回族聚居地、独特的地理位置和奔流不息的母亲河——黄河，孕育了宁夏独具特色的黄河文化、回族文化、西夏文明、丝路文化和边塞文化。其中，回族文化和西夏文明在本书第三篇有专门论述，此处仅述黄河文化、边塞文化和丝路文化。

(一)黄河文化

广义上的黄河文化，是一种以黄河流域特殊的自然地理和人文地理占优势及以生产力发展水平为基础的、具有认同性和归趋性的文化体系，是黄河流域文化特性和文化集结的总和或集聚。通俗地讲，黄河文化就是黄河流域广大劳动人民在长期的社会实践中所创造的物质财富和精神财富的总和。它包括一定的社会规范、生活方式、风俗习惯、精神面貌和价值取向以及由此所达到的社会生产力水平等。而狭义上的黄河文化，则是历史学意义上的文化。无论是广义还是狭义的概念，黄河文化都是人水关系的文化。从地域上讲，宁夏是黄河文化的重要组成部分，尽管其南、北地理特征截然不同，但都与黄河息息相关。丰富、独特的自然和人文资源，形成了宁夏开放、包容、和谐的文化生态。

1. 南部黄土高原古代文明

宁夏南部黄土高原的泾水、清水河流域，孕育了宁夏南部古代文明，是仰韶文化、马家窑文化、齐家文化的分布区。新石器时代的黄河流域，是我国彩陶艺术繁荣的地区。马家窑文化和半山文化中彩陶最具代表性。新石器时代末期，齐家文化流行的红褐陶和橙黄陶最具代表性，宁夏固原的马家窑文化与齐家文化均有典型遗址发现。

宁夏回族自治区内最早的县级建制——乌氏县和朝那县以及宁夏最早的州郡级建制——安定郡，在秦汉时就已出现在中国的版图上。固原古城在汉武帝析置安定郡之前的高平县建制时就已筑就，坐落在清水河上游西岸的台地上，与泾水源头遥遥相望。倚山（六盘山）傍水（清水河）的高平县城雄踞于西河岸上。在固原古城以南清水河与泾水相接，以北清水河与黄河相融。因此，固原成为关中北出塞外的军事重镇。战国时秦昭王在固原城以北筑就的中国早期的长城——战国秦长城，不但在两千多年前威震北方，而且两千年后它的文物价值和文化价值依旧为文化界所关注，2001 年被国务院批准为第五批全国重点文物保护单位。

　　宁夏南部是农牧两宜的半农半牧区。秦始皇时期的乌氏倮，就是固原历史上经营畜牧业最有名的人物，他不但精通畜牧之道，牛、马、羊数以万计，而且凭着固原的地利条件与北方少数民族有友好的商贸往来。乌氏倮的商贸作为深得秦始皇的赞赏，司马迁将乌氏倮作为当时畜牧业的代表人物写进他的《史记》里，得以传之后世。

　　清水河谷地在宁夏南部的文化演进中具有重要地位。首先，它是古丝绸之路东段北道的必经之地。清水河谷地与丝绸之路通道，就是历史上有名的汉唐萧关古道。萧关是秦汉以来的著名关隘。据司马迁在《史记》里的记载，东函谷，南武关，西散关，北萧关，四关相拥，才有关中之谓。萧关是关中北出塞外的北方军事要隘。汉文帝十四年（公元前 166 年），北方匈奴 14 万铁蹄南下在萧关发生激战，萧关都督孙印战死。司马迁因倾慕而将孙印作为报效国家的典型写进《史记》，以传后人。其次，清水河谷地还是南部黄土高原上黄河文化向关中、塞北传播的重要通道和桥梁。固原市原州区的须弥山石窟就是历史上东西文化交流融合在清水河流域的珍贵的文化遗存和历史见证。从以上意义上讲，清水河谷地是黄河文化重要的滋生地，正如钱穆先生在他的《中国文化导论》里所说："中国文化发生，精密言之，并不赖藉黄河本身，他所依凭的是黄河各支流。每一支流之两岸和其流进黄河时两水相交的那一个角里，都是古代文化之摇篮地。"

　　2. 宁夏平原的历代农业文明[①]

　　黄河出黑山峡后，进入宁夏的卫宁平原，再经青铜峡后，进入银川平原。这里气候虽然干旱，却有黄河之水的滋润和灌溉，孕育了这里富庶的农业。追溯宁夏灌区的历史，早在秦汉时期就在这里开凿了秦渠、汉伯渠、汉延渠、光禄渠等大型水利工程。唐代国力强盛，农业生产得到了更大规模的发展。唐徕渠的开凿是唐代宁夏农业生产进一步发展的象征。历代不间断的开发，共同造就了宁夏平原黄河文明，并使其获得了"塞上江南"的美誉。

---

　　① 薛正昌：《黄河文化与宁夏农业文明》，载《渭南师范学院学报》，2004，19(4)。

图 3-8　汉延渠(左图)和唐徕渠(右图)

　　以农业文明为特色的古代东方文化，最突出地表现为对水资源的特殊倚重。开宁夏农业灌溉之先河的秦渠，是宁夏平原农业文明的象征。秦渠由青铜峡东岸引水经青铜峡、吴忠到灵武市北门外，全长约 60 km，地处黄河东岸古灵州内。古灵州平原地势平坦，土地肥沃。整个地势由东南向西北倾斜，灌溉条件极为便利，是早期宁夏平原自流灌溉最理想的灌区。至今，秦渠是黄河东岸最大的灌区。历史地看，秦汉时期宁夏平原河东的秦渠、汉伯渠和西岸的汉延渠、光禄渠等大型水利工程，引黄河水灌溉黄河两岸数十万亩良田，形成了黄河流域著名的引黄灌溉区，无论在当时还是对后世都很有影响。历史上的塞外荒原被黄河水浸润而逐渐成为阡陌纵横的塞北江南。

　　魏晋南北朝时期，北方长期处于战乱之中，汉代以来在银川平原从事耕种活动的汉族人口不断南迁，农业人口锐减，耕地减少，北方处于耕地荒废和牧场转化时期，战乱给社会经济尤其是农业经济带来极大破坏。刁雍修筑的艾山渠，或称薄骨律渠，是北魏时期修筑的主要水利设施。该渠在选址、工程布置等方面都有独到之处，对后世较有影响。

　　"安史之乱"前的隋唐时期，是北方水利的复兴时期。水利设施遍及黄河流域，银川平原灌区得到了很大的开发。废弃的前代修筑的渠道得以恢复，同时还新修建了一批渠道。其中，唐徕渠最具代表性。唐徕渠规模浩大，是宁夏历史上最大的灌溉工程，全长 212 km，有支渠 510 条。唐徕渠的修建使惠农、平罗、贺兰、银川、永宁诸县的 4×10^4 hm² 农田得以灌溉并取得了很好的经济效益。这一时期的宁夏平原已是一片富饶美丽的绿洲，是镶嵌在贺兰山与毛乌素沙地之间的一颗明珠，唐代诗人韦蟾就留下了"贺兰山下果园成，塞北江南旧有名"的诗句。

　　西夏时期党项族在内迁以前是以畜牧业和狩猎为生的民族。到了李继迁时，已经十分重视农业生产。西夏建国后，李元昊大力发展灌溉农业，修筑了青铜峡至平罗的新的水利工程，后人称这一工程为"昊王渠"或"李王渠"。

新开发的水利工程与汉唐以来的水利工程，共同构成了宁夏平原兴、灵二州黄河灌区渠道纵横、沃野千里的兴盛局面。据周春《西夏书》记载，西夏时期有68条大小渠道，灌溉着9万顷良田，"灌溉之利，岁无旱涝之虞"。西夏仁宗时期的法典《天盛改旧新定律令》里已经规定了灌溉用水的使用和维护水利灌溉的办法。

元代是宁夏建省的开始，也是宁夏开发史中的一个重要时期。元朝统治者对农田水利建设比较重视，在招抚流民归田的同时，派张文谦行省中兴等路，派著名的水利专家郭守敬、董文用等来宁夏恢复和兴修水利。中央政府专门设立了都水监和河渠提举司等政府机构，直接负责河渠治理与水利兴修的事宜。1264年，郭守敬随张文谦修复了唐徕、汉延诸古渠，在此基础上开辟新渠，并大范围推广了水利工程的新技术，使用调控水量的"牌堰"，即渠、堰、陂、塘的斗门等。美丽渠就是董文用与郭守敬在应理州（今宁夏中卫）新开辟的渠道。

元代末年的战乱，对宁夏平原的灌溉农业造成很大影响，不少灌溉渠道被废弃。明初首先对旧有的渠道进行了整修和恢复，并在此基础上修新渠道。明英宗时，宁夏始设水利提举司，专管水利事宜。明朝政府还不断派水利御史巡视宁夏镇的水利得失，促进了宁夏水利事业的恢复和发展。明代农田水利建设基本上是修复宋元以前被破坏和长期失修的较大型渠堰、水道，汉延、唐徕二渠是宁夏平原两大主干渠，大支渠有五道渠、新渠、红花渠等，灌溉以宁夏镇为中枢的宁夏卫、前卫、左屯卫、右屯卫、中屯卫五卫之地。宁夏镇西南的中卫，先后修建了蜘蛛渠、石空渠、白渠、枣园渠、羚羊角渠、七星渠等。宁夏平原渠道纵横，阡陌遍布，水乡腴田的平原灌区景象，构成了黄河农业文明独特的"塞上江南"景观。明太祖朱元璋第十六子朱栴受封庆王，驻藩宁夏后，不仅编纂了宁夏最早的志书《宁夏志》，而且写下了不少赞颂和描绘宁夏自然风光与人文地理景观的诗文。明代曹琏写的《朔方形胜赋》里就有专门描写灌区景观的诗句"汉渠春涨兮，练拖平邱"；与农业灌溉有关的《汉渠春涨》诗就是其中有代表性的一首："神河浩浩来天际，别络分流号汉渠。万顷腴田凭灌溉，千家禾黍足耕锄。三春雪水桃花泛，二月和风柳眼舒。追忆前人疏凿后，于今利泽福吾居。""东西处处人栽树，远近家家水灌田"、"田开沃野千渠润，屯列平原万井稠"等诗句，都是对宁夏平原"塞上江南"景观的描写。

清代康乾时期，汉代以来不断开发的宁夏平原灌区的旧渠道得以大规模整修，同时还开发了新渠——灌溉农田 11×10^4 亩的大清渠和灌田20余万亩的惠安渠，与唐徕、汉延合称为四大渠，续写了宁夏平原的农业文明。

(二)丝路文化

沟通中西经济文化交流的"丝绸之路"闻名世界，其中一段就是经宁夏固原到达西域的。据史书记载，西汉时，西域月支国使节沿这条路来到今固原地区，拜见了正在固原的汉武帝。固原内的萧关就是这条路上过长城，到西域的一个重要关口。1985年，固原南郊发现的北魏李贤墓，出土文物中有珍贵的波斯银币和波斯鎏金人物铜瓶、金戒指、玻璃碗。尤其是那些造型逼真的波斯武士俑，更是"丝绸之路"留下的极好物证。

丝绸之路东段分为南、中、北三道。宁夏的南部正处于东段北道的交通要道上，在古丝绸之路中有着举足轻重的地位。

固原西北的须弥山石窟是"丝绸之路"上靓丽的文化瑰宝。须弥山石窟最早开凿于北魏。它的早期造像与云冈、敦煌的早期造像风格相似。和敦煌石窟一样，唐代是须弥山石窟最繁荣的时期，无论凿窟数量，还是雕刻艺术，都达到了前所未有的水平。

"丝绸之路"也是古代宁夏通往中原的重要通道。当年，汉武帝曾六次驱马击剑，跨过固原萧关，巡视边塞。唐太宗李世民也曾经从这条道来到灵武，会见了回鹘、突厥等少数民族。在灵武，他写下了"雪耻酬百王，除凶报千古"的诗句，并下令刻在石头上。安史之乱爆发后，唐肃宗李亨经此道进灵武，登基称帝。1271年，著名旅行家马可·波罗从意大利出发，经过帕米尔高原到元朝上都，就曾途经宁夏，并在游记中记下了在宁夏的所见所闻。

(三)边塞文化

宁夏自古就是边塞要地，南接关陇，北接朔漠，西通西域，北、东、南三个方向与游牧民族活动区域接壤，素有"关中屏障，河陇咽喉"之称，战略地位十分重要。同时，富饶的宁夏平原是西北为数不多的粮食生产基地，物产丰富，具有盐池这一重要的战略物资出产区，就成为西北少数民族猎取和控制的首选之地，也是中原王朝拓境斥地、巩固政权的用兵前沿。

宁夏边塞文化集中体现为北方农耕与畜牧两种文化之间的冲突、传播、交流与融合。自战国时期开始，秦、汉、隋、明几个朝代都曾在宁夏修筑过长城，有人称它是一座"长城博物馆"。其中最古老、保存较完整的长城，是固原城西北战国秦长城，至今还能看到敌台、壕堑和方形城障。明长城是我国历史上最后一次大规模修筑的长城，其中保存较为完整的是灵武水洞沟附近的一段长城。这里土质呈紫色，所以又称为"紫塞"。

宁夏不仅是历史上的军事重地，也是重要的交通枢纽。固原有"据八郡之肩背，绾(wǎn)三镇之要膂(lǚ)"之说。周王朝从周穆王以六师大军西征猃狁到猃狁崛起，再到周宣王薄伐猃狁，在朔方筑城增兵，设立军事据点，在大原(包括今固原一带)曾发生多次战争。战国秦昭襄王三十五年(公元前272年)伐残义渠,于是有了"秦有陇西、北地、上郡,并筑长城以拒胡"。具有远见卓识的汉武帝曾六次巡视,汉光帝两次亲征。唐朝与吐蕃、宋朝与西夏一直争夺宁夏这块宝地。一些在历史上曾经荡气回肠的英雄,一些才华横溢的文人骚客,如秦朝大将蒙恬,汉朝大将卫青、霍去病,宋代大臣韩琦、范仲淹等,都曾与宁夏有着不解之缘。蒙恬筑长城、修直道、设亭障,"以河为塞",御匈奴七百余里。岳飞"踏破贺兰山阙"的壮烈情怀,范仲淹指挥的悲壮的好水川之战,创作出的"塞下秋来风景异,衡阳雁去无留意"的优美诗句,都是宁夏边塞文化的真实写照。

(四)西夏文化

西夏是以党项人为主,建立在今宁夏及甘肃西部的一个王朝。在二百多年的历程中,党项人依托西夏政权,以本民族的文化为主,吸收汉族、藏族及其他许多民族的文化,形成了一种独特的甘宁地域文化,这种文化被称为"西夏文化"。至今西夏文化仍然以各种形式存在于宁夏及河西广大地区,为甘宁文化增光添彩。西夏文化的内容主要包括语言、文字、文学、艺术、宗教、特有制度、教育、科技及民俗等。

西夏语即党项族的语言,属汉藏语系藏缅语族。当时党项人自称"名"语,译成汉语为"番"语,就是我们现在所谓的西夏语。这种语言随着党项族的消亡已经成为一种死语言。20世纪以前,人们对其状况知之甚少。随着西夏文献,特别是西夏的字典、韵书的发现,这种语言的基本情况和特点逐渐为世人所知。西夏文虽然是一种死文字,但保留下的西夏文的文献却十分丰富。目前国内外现存的西夏文文献,大体可以分为杂书类、字典辞书类等。另外,西夏文遗书中有不少是官、私应用文书,虽然大部是残篇,其价值却很高。刻写在石碑、石幢、石壁上的西夏文在我国也发现不少,国内西夏文的研究首先是从研究石刻上的西夏文开始的。西夏文化的一个显著特点是吸收了人量汉族文化。因此,汉文著作的西夏文译本保留下了许多。

党项人的宗教信仰有一个变化、发展的过程,总体上说,大致可分两个阶段,即西夏建国前和建国后。西夏建国前,党项人主要信仰原始宗教,同时因与藏族有密切交往,佛教也逐渐传入。西夏建国后,西夏统治者将佛教抬高到国教地位。在政权支持下,佛教有了巨大发展,党项族全民信仰佛教,佛教思想成为统治一切的意识形态,至今仍留下了大量佛教的遗迹和遗物。

西夏人的丧葬习俗是西夏文化的重要组成部分,也是西夏人现实生活状况的反映。通过丧葬状况,我们可以更深入了解西夏文化的一些具体情况。西夏的丧葬形式有很多种。党项族在甘、青、川一带居住时,主要实行火葬。

北迁后建国前，大多数贵族已实行土葬，但仍要"凿石为穴"，不起坟堆，"后人莫知其处"。西夏境内也有实行汉族葬式的，如天庆五年（1198年），西夏南院宣徽使刘忠亮临终嘱其子，待他死后，"宜布衣入棺"。受佛教的影响，西夏还有葬舍利，"馨以银椁金棺，铁甲石匮"。

西夏社会以党项族为主体，是一个多民族的社会，特别是汉族，在这个社会中起着重要的作用。受宋朝的影响，党项族的社会生活及其习俗，接受了许多汉族文化。西夏党项族的社会经济生活，较之西夏建国以前，已发生了重大变化，汉化的倾向处处可见。作为西夏国的主体民族党项族，在今甘、青、川交界地区活动时，是一个单纯的游牧民族。北迁后，在与汉族的交往中，一部分逐渐从事农业生产，但由于长期处于动荡迁徙中，生活环境十分恶劣。到西夏建国以后，虽然党项族已不是游牧民族，但畜牧业在党项社会经济中，仍然处于主要地位，同时，农业、商业、手工业也都有了比较大的发展，而且积累了丰富的牧业、农业知识和技能。

第三节　旅游地理特征

宁夏地处华北台地、阿拉善台地与祁连山褶皱之间，位于东部季风区、西北内陆区和青藏高原区三大自然区域的交会地带，自然地理具有明显的过渡性和兼容性特征，区内既有西部的山地、高原，又有类似于东部的浩瀚平原；既有季风气候的某些特性，大部又从属于大陆性气候；森林、草原、沙漠一应俱全，过渡性的地理环境接纳了南、北、东、西各方的生物种群，留下了丰富的生物资源。如此多样性的自然环境，使得黄河、贺兰山、腾格里沙漠、六盘山脉、银川平原等丰富的自然旅游资源在这里汇聚，构成了奇异的自然风光。另外，宁夏是我国最大的回族聚居区。其独有的民族魅力和风情也是他地无法比拟的。这里曾是西夏王国的国都与腹地，西夏文化是中国文化不可分割的一部分，灿烂而夺目，如此悠久的历史和浓郁的少数民族风情孕育了多姿而深厚的塞上人文旅游资源。

一、宁夏旅游资源特征

旅游资源的开发对推动地方经济的发展意义重大。宁夏旅游资源独具特色，大致呈现"人"字态势，由北向南逐步展开。总体上呈现出"一带、一轴、一点"的分布格局。具体而言，一带是指黄河旅游带；一轴是沿宝中铁路旅游轴；一点是指盐池旅游点。其自然旅游资源的多样性与独特性，地文景观旅游资源的典型性，生物旅游资源的丰富性，历史人文资源的垄断性和珍惜性，生态旅游资源的兼备性，民俗旅游资源的突出性等，都特征鲜明。

（一）旅游资源的多样性与独特性

宁夏陆地面积仅占全国陆地总面积0.54%，自然旅游资源却占全国自然旅游资源基本类型的33.3%，人文旅游资源占全国人文旅游资源基本类型的75%。已认定的宁夏旅游资源系列有：黄河景观系列、山岳景观系列、湖泊水体景观系列、沙漠景观系列、草原景观系列、森林公园与自然保护区系列、古长城及丝路系列、西夏文化与遗存胜迹的秘境系列、回族风情系列、塞上江南田园农业生态系列、古人类遗址景观系列、古建筑遗存系列、古今灌溉系统系列、当代宁夏风貌系列、宁夏特产风味佳肴系列等。自然资源的不均衡分布和资源地域组合的差异导致了宁夏自然旅游资源的独特性，孕育了多种类型的自然资源，形成了我国中纬度内陆地区涵盖高山、森林、草原、荒漠、戈壁、沼泽多种类型的温带生态系统，造就了雄浑与秀丽交相辉映的自然风光。可有计划、有选择、有控制地开发成特种旅游项目如草原旅游、森林旅游、沙漠旅游、高山旅游等。

（二）地文景观旅游资源的典型性

宁夏地处中国地质地貌南北向界线北段，地势为第一阶梯向第二阶梯转变的过渡地带。区内山地迭起，平原错落，丘陵绵延，地貌发育典型，地貌格局复杂而有序。宁夏南部西吉县火石寨乡和海原县月亮山及固原县须弥山地区，在地层、新构造运动和气候等因素的综合作用下，发育成大规模的典型丹霞地貌，具有奇、险、秀、美的特点。贺兰山寒武系地质剖面和六盘山白垩系地质剖面不仅具有极高的旅游价值，而且具有很高的科研价值。

（三）生物旅游资源的丰富性

宁夏拥有2个森林公园和7个自然保护区。国家级自然保护区有贺兰山自然保护区、六盘山自然保护区和沙坡头自然保护区。贺兰山自然保护区保存了干旱风沙区山地自然生态，是珍稀、濒危动植物种类及种质的基因库。六盘山是国家级半湿润区水源涵养林山地森林生态系统保护区，有许多珍稀物种，素有宁夏"天然动物园"之称。沙坡头自然保护区是第一个国家级沙漠生态类型自然保护区，治沙成果闻名中外，沙漠植被极为珍稀。自治区级自然保护区有以山地森林生态系统为保护对象的罗山自然保护区和以干草原及其生态系统为保护对象的云雾山自然保护区。县级自然保护区有以鸟类、水产资源及其生态系统为保护对象的青铜峡自然保护区和以天然柠条林及其种子基地为保护对象的灵武白芨滩自然保护区。

（四）历史人文资源的珍稀性

宁夏拥有多类型、高品质、大规模的人文旅游资源，在《中国旅游资源普查规范(试行稿)》所列人文旅游资源景系历史遗产景类的全部 21 个景型中，宁夏包含 16 个景型，占历史遗产景类的 76.12%，体现了宁夏作为河套地区与丝路文化交汇地所承传的丰富的历史文化内涵。遗留的历史人文资源形成十大古系列：古化石、古遗址、古城堡、古长城、古渠、古陵墓、古石窟、古岩画、古寺、古塔。

(五)生态旅游资源的兼备性

宁夏具有开展自然生态旅游和文化生态旅游的双向实力。七个自然保护区集中了全区自然生态系统和自然景观中最精华的部分，在发展自然生态旅游方面具有得天独厚的优势。宁夏拥有世界级、国家级、自治区级、市县级的历史文化遗产，代表性文化有长城文化、黄河文化、西夏文化、回族文化、灌溉文化、考古文化、建筑文化、岩窟文化、墓葬文化等(表 3.1)，使宁夏历史人文资源具有持久的面向 21 世纪的魅力，为发展文化生态旅游奠定了基础。

表 3.1　宁夏文化生态旅游资源①

文化类型	典型旅游资源
西夏文化	西夏王陵、西夏岩画、大水沟西夏离宫、拜寺口双塔、承天寺塔、一百零八塔等
回族文化	纳家户清真寺、银川南关清真大寺、同心清真大寺等
黄河文化	塞上江南景观、引黄灌溉农业、青铜峡水利枢纽、汉延渠、唐徕渠、惠农渠、西干渠等
边塞文化	固原萧关城、瓦亭关、边塞军事设施等
丝路文化	北周李贤墓葬出土文物鎏金银壶等
长城文化	各朝代的长城(秦长城、汉长城、隋长城、明长城)和各种类型的长城(大漠长城、戈壁长城、荒漠长城、大河长城、山岳长城、谷地长城、隘口长城、关口长城、地震错位长城)
六盘山文化	成吉思汗和忽必烈六盘山避暑离宫、六盘山红军长征纪念亭、西吉将台堡红军长征会师纪念碑等
建筑文化	西夏佛塔和寺庙、伊斯兰风格建筑、玉皇阁、南薰门、回族民居、黄河大桥、艾克斯星谷等
考古文化	水洞沟遗址考古、西夏文化遗址考古、灵武恐龙化石考古等
岩窟文化	贺兰山口岩画、黑石峁岩画、归德沟岩画、广武口岩画、须弥山石窟、石空寺石窟等
影视文化	镇北堡西部影视城、西夏影视城等

---

① 米文宝主编:《宁夏人文地理》，香港，中国社会科学研究出版社，2006。

(六)民俗旅游资源的突出性

明代宁夏就已成为我国回族人口最多的地区之一。至清初,"宁夏至平凉千余里尽悉回庄"。如今,她已成为全国最大的回族聚居区。回族是具有丰富历史内涵和独特文化的民族,回族婚嫁、节庆、丧葬、饮食、服饰、民间艺术、民间游戏娱乐等民俗旅游资源十分突出,是最能吸引异域游客的特色旅游资源。

二、宁夏旅游资源分区

旅游区划是进行旅游规划、旅游路线设计、旅游区开发建设的基本依据之一。因此,科学地进行旅游区划对旅游业的持续发展具有重要的理论和实践意义。在同一地区,不同时期,依据不同的划分目的和标准,旅游资源的区划结果有所不同。陶伟等根据宁夏旅游资源体现出的自然旅游资源的多样性与独特性,地文景观旅游资源的典型性,生物旅游资源的丰富性等七大特征,将其划分为沙湖旅游区、大银川旅游区、青铜峡旅游区、沙坡头旅游区、中宁旅游区、同心旅游区、六盘山旅游区、盐池旅游点八个大区。米文宝等依据宁夏旅游资源的地域分异状况、旅游交通条件等,将宁夏划分为两个旅游区域,即宁夏北部塞上江南旅游区域,西海固黄土高原旅游区域;四个旅游区,即银石塞上江南、西夏文化旅游区,银南塞上江南、沙漠旅游区,盐同海草原回族风情旅游区,固原山地、回族风情文化旅游区以及贺兰山探险猎奇旅游小区等九个旅游小区。

以上学者从不同角度对宁夏旅游区划进行了有益的探索。为使读者更加真切地了解宁夏的旅游发展状况,我们侧重于从宁夏旅游资源种类、品位,尤其是旅游业发展水平等几个方面来探讨宁夏旅游区划问题,认为宁夏目前已形成三大旅游区,即以银川为中心的贺兰山旅游区,以中卫为中心的黄河旅游区和以原州区为中心的六盘山旅游区。

(一)以银川为中心的贺兰山旅游区

贺兰山位于宁夏和内蒙古交界处,是宁夏平原西部屏障,最高峰3 556 m,平均海拔超过2 000 m,巍峨壮丽,树木葱郁,青白如骏马,北方称骏马为贺兰,故名。山上林木蔽空,泉水潺潺,景色秀丽,峰峦叠嶂,崖壁险峭,森林资源丰富,早在西夏王朝时期,就已被视为避暑胜地。东部辟有贺兰山自然保护区,北起拜寺口,南至三关口,南北距离超过30 km,东西宽4 km。贺兰山旅游区范围包括贺兰山东麓旅游区和青铜峡至石嘴山黄河河段两岸的旅游景点。主要景点包括沙湖、西夏王陵、贺兰山自然保护区、苏峪口森林公园、滚钟口、贺兰山岩画、拜寺口双塔、镇北堡影视城等;其东部以金水园旅游区为中心，包括明长城、横城堡、西夏影视城、水洞沟遗址、鹤泉湖、沙漠果园等；银川城区则散布着海宝塔、承天寺塔、南关清真寺、中山公园、光明广场等诸多景点。银川平原和内蒙古草原之间的贺兰山中部，还辟有贺兰山自然保护区，保护区内有我国西北少有的大面积云杉林，约有 7.5 km²，十分珍贵。丛林深处，还建有一座占地超过 15×10^4 m² 的养鹿场。保护区内 2 000 m 以上的高山阴坡处生长有成片的油松、云杉混交林，而在 2 400 m 的高山阳坡上，则生长着浅绿的山杨林或山杨、云杉混交林。密林中劲风飒飒，松涛阵阵，犹如海潮汹涌澎湃。"万壑松涛"与"贺兰晴雪"乃塞上奇景。

（二）以中卫为中心的黄河旅游区

自古就有"天下黄河富宁夏、天下黄河美宁夏"的说法。发源于青藏高原的中国第二长河黄河，以"奔流到海不复回"的气势穿越青海、四川、甘肃三省后进入宁夏回族自治区。黄河干流自中卫县南长滩流入，经卫宁平原和银川平原，至石嘴山市头道坎以北流出，流程 397 km。黄河旅游区是一个融多种自然景观和历史景观的综合性风景旅游区，包括沙湖旅游区、大银川旅游区、青铜峡旅游区、宁中旅游区、沙坡头旅游区 5 个次级旅游区。主要景点有沙坡头、一百零八塔、鸟岛、董府、拦河大坝、古渠道、青铜峡十里长峡以及洪乐府等，其中沙坡头是国内垄断性的旅游资源，一百零八塔为国家级文物保护单位。

沙坡头坐落在宁夏中西部卫宁平原中卫县内，浩瀚的腾格里沙漠和滔滔黄河在此不期而遇，自古以来这里沙进河移，河阻沙流的演替此起彼伏。漂流至此，黄河便掉头向东。在这里，茫茫沙海、绿色固沙带和滔滔黄河绝妙地融为一体，形成了百丈沙坡与黄河深谷相互依存的奇特景观，更有"沙坡鸣钟"、"浑脱漂渡"的异景。这里是"天下黄河富宁夏"的开端。

（三）以原州区为中心的六盘山旅游区

六盘山是中国名山，是曙光之山、幸运之山、胜利之山。1935 年 10 月，毛泽东同志率领中国工农红军长征时翻越六盘山，一首气壮山河的《清平乐·六盘山》名扬海内外。它是我国西部黄土高原上的重要水源涵养林地和国家级自然保护区与国家森林公园，素有"高原绿岛"之称，被誉为"天然动植物园"，是引种驯化、林业科学、森林生态、环境保护、中草药等自然科学研究的天然实验室。六盘山区旅游资源非常丰富，其主体在宁南泾源县内。该区范围包括宝中铁路沿线、宁南山区旅游景点。区内有野荷谷、胭脂峡、老龙潭、二龙河、鬼门关、大雪山、白云寺、火石寨、南华山等七十余处集北国风光之雄浑，兼江南水乡之灵秀的景点、景区；有战国秦长城、元代安西王府、须弥山石窟、固原古城墙、成吉思汗避暑行宫、李元昊行宫灵光寺及众多的古墓葬、新石器文化遗址等古文化遗存；伊斯兰风格的建筑、音乐、舞蹈、饮食文化与民间工艺，构成了回族聚居区多彩的民族风情画廊；中国革命留下光辉足迹的将台堡、单家集、任山河等景点，已成为重要的革命传统与爱国主义教育基地，是红色旅游的最佳场所；还有进入全国百家重点的固原博物馆和全国唯一的县级古钱币博物馆——西吉古钱币博物馆。独特的自然风光、浓郁的回乡风情、灿烂的丝路文化、丰厚的古迹遗存，构成了六盘山多样、独特的旅游资源。

围绕宁夏三大旅游区资源，目前共开发了六条宁夏旅游线路，分别是塞上江南游、回乡风情游、大漠黄河风光游、西夏秘境游、六盘胜景游、宁夏全区游。

三、主题旅游产品

(一)沙漠旅游

宁夏北部西、北、东三面被腾格里沙漠、乌兰布和沙漠及毛乌素沙地紧紧环绕，区内沙漠面积共 6.95×10^4 hm^2，占宁夏土地总面积的 1.34%。沙漠及沙地上不同的生态系统和各具特色的动植物、湖泊、河流、绿洲、山地等自然景观与古长城、古墓群、古渠道、古战场、石窟、岩画等人文胜景交相辉映，构成了良好的地域组合，回乡风情和西夏文化更为其增添了神秘的文化内涵。

目前"大漠风光"是宁夏旅游业发展的一大特色，其中尤以沙湖和沙坡头开发最为成功，二者都属典型的"水沙组合"式景点。沙湖的沙、湖、山、苇、鸟、鱼有机组合，相映成趣；沙坡头以大漠、黄河、山地、长城和古丝绸之路为载体体现了"大漠孤烟直，长河落日圆"的奇特景观。金水园旅游区在宁夏素有"黄金海岸"之称，金色的沙滩、雄浑的长城、古老的横城古渡，雄伟的西夏皇宫构成一幅形象生动的塞上风情画。兵沟旅游区不仅有大漠、黄河和峡谷，更有宁夏最大的汉墓群。水洞沟旅游区以旧石器时代文化、明长城、沙漠和雅丹地貌为代表。另外，还有沙漠草原——通湖水稍子生态旅游区，沙漠湖泊——金陶乐沙漠生态旅游区和鹤泉湖旅游区，沙漠教育基地——盐池生态治沙旅游区和银川沙生植物馆等，各具特色的沙漠旅游景观分布在宁夏中北部地区，构成了一幅幅瑰丽多姿的风景画。

(二)文化旅游

宁夏文化旅游资源涵盖了人文旅游资源景系的几乎所有景型，拥有世界级、国家级、自治区级、市县级各级别的历史文化遗产，为开展文化生态旅游提供了丰富而独特的资源。这里有古人类遗址、古石窟、古长城、古渠等文物古迹，有革命遗址、烈士陵园等近代史迹，有反映民族风情的民族文化，有现代旅游商品、旅游设施、娱乐设施、现代建筑和城市风光等人文旅游资源。按照所反映文化的差异性可分为西夏文化、回族文化、黄河文化、边塞文化、丝路文化、长城文化、六盘山文化、建筑文化、考古文化、岩窟文化、影视文化等。经过漫长的历史积淀，逐渐形成宁夏独特的、品位极高的多元文化旅游资源，体现了宁夏作为河套地区与丝路文化交会地所传承的丰厚的历史文化内涵。在宁夏已形成的系列化特色旅游产品中，两级品牌产品"长城、黄河、丝路"和"西夏、回乡、江南"，均以文化旅游产品为主。古老神秘的西夏文化、绚丽多彩的回族风情已成为宁夏最具代表性的旅游资源。

1. 西夏文化旅游资源

可以将西夏文化定位为宁夏独特的极品旅游资源，其特色是文化旅游。随其深度开发，将成为极具竞争力的旅游产品，因为文化内涵禀赋丰富的旅游产品其竞争力是永续的。西夏文明灿烂辉煌，在宁夏留下了以西夏王陵、西夏岩画为代表的物质文化遗存和丰富的精神文化内涵。

西夏王陵位于银川市西部、贺兰山中段东麓洪积倾斜平原之上，背靠巍巍贺兰山，面向银川平原，规模宏伟，布局严谨，视野开阔，气势非凡，整个陵区有着一种辉煌神秘的色彩。笃信佛教的党项羌人在宁夏兴建多处佛寺宝塔，现存的有承天寺塔、拜寺口双塔、贺兰宏佛塔等。耸立于银川市西南角的承天寺塔，俗称西塔。始建于夏毅宗天祐垂圣元年(1050年)，竣工于福圣承道三年(1055年)。塔位于承天寺的中轴线上，塔门随寺向东，是一座八角十一层的楼阁式砖塔，塔高64.5 m，与凉州的护国寺、甘州的卧佛寺，同是西夏王朝时期的著名佛教圣地，也是现存唯一具有修建年代记载的西夏古塔。

西夏王朝定都兴庆府前后，兴建了众多宫苑，有"逶迤数里，亭榭台池，并极其胜"的市内水景避暑地(即今中山公园的前身)，有"方圆数十里，台阁高几十丈的豪华宫殿"建在贺兰山大水沟口、镇木关口、滚钟口内、贺兰口内等处。著名的贺兰山岩画中有许多西夏的作品和题记，相对集中于贺兰口。

2. 回族文化旅游资源

回族风情是宁夏名牌旅游资源，其特色是民族风情旅游。回族风情即回族特有的风土人情、人文事象，包括文化、宗教、民风、民俗及其空间结构。作为显形的回族风情，在文化上，有语言文字上的阿拉伯文和阿拉伯语；建筑方面有清真寺及门窗屋顶的拱式构造；艺术方面有回乡歌舞、花儿、口弦、曲子戏、踏脚等；饮食文化方面有盖碗茶、油香及各类风味小吃等。体现于宗教方面的，有每日五次的礼拜及古尔邦节、开斋节、圣纪节等。体现于民风民俗方面的，如服饰上的白帽、盖头；婚礼大典、丧葬大典和各类节日庆典仪式等都极富特色。而作为隐形的回族风情，则包括回族人民自身讲卫生、善经商、讲义气、讲团结的民风内涵，淳朴善良、热情好客的民族风貌，围寺而居的社区空间结构，回族人民所创建的各类文化遗产、名胜古迹以及大量的历史典故、神话故事、美丽传说等。边塞回族民俗风情旅游产品在相当程度上具有产品的垄断性和不可替代性，是宁夏吸引异域游客的特色文化旅游资源。游客可以在南关清真寺、伊斯兰文化博物馆、文化广场、经学院、伊斯兰风情园等景点领略别具一格的伊斯兰文化，也可以置身于六盘山的回族山寨里，体验回族人民的生活。

（三）宁南山区生态旅游

宁夏南部山区，东临甘肃环县、镇原、平凉，南接华亭、庄浪、静宁，西连会宁、靖远，北与宁夏中卫市接壤。该区是宁夏主要的回族聚居区。全区由六盘山地、宁南黄土丘陵以及灵盐台地南缘的干旱荒漠三部分组成，以六盘山为南北脊柱，将全区分为东西两壁，地势呈南高北低之势，海拔 1 500～2 954 m。由于所处的特殊历史地理位置，宁南山区成为古丝绸之路的必经之路，在历史演进过程中，留下了许多文化遗存，如丝绸之路重镇原州、须弥山石窟、禅佛寺石窟、战国秦长城等。

六盘山旅游区荟萃了西北生态旅游资源的精华，森林覆盖率超过 70%，是宁夏最大的天然林区，为野生动物的栖息提供了良好的场所，栖息脊椎动物 207 种，野生植物也很丰富，仅药用植物就 300 余种，是一座巨大"基因库"，有黄土高原上的"绿岛"、"湿岛"之称。整个旅游区景点近 70 处，南部老龙潭、鬼门关、荷花苑汇集北国风光之雄浑，兼备江南水乡之靓丽；中部以固原博物馆为中心的固原古城、战国秦长城等构成的文化旅游区，使人深感六盘山历史文化底蕴之深厚。六盘山有以峡谷、飞瀑、龙潭、森林、珍稀野生动物以及革命历史遗迹为主的丰富生态旅游资源，现已成为国家级自然保护区。此外，宁南自治区级自然保护区还有以山地森林生态系统为保护对象的罗山自然保护区和以干草原及其生态系统为保护对象的云雾山自然保护区。

西吉县郊的火石寨国家森林公园、国家地质公园也属于六盘山余脉，动植物资源极为丰富，尤其令人称奇的是这里经过一亿多年地质演变形成的丹霞地貌，规模宏大，发育典型，景观独特，丹崖、丹峰、怪石奇观在西部黄土高原极为罕见，有很高的研究价值和观赏价值。丰富的生态旅游资源使宁南山区在生态重建、经济发展过程中，将生态旅游业作为重要的经济增长点和重点发展的产业。

四、经典旅游线路

宁夏回族自治区内经典旅游线路包括沙漠旅游线路和黄河文化旅游线路。

(一)宁夏沙漠旅游线路

1. 短途旅游线路

大漠山色湖光游:沙坡头—高墩湖—吊坡梁—通湖—硝池湖—骆驼山—水稍子。

沙漠探险经典线:沙坡头—香山—高庙—通湖草原—枸杞园—中卫岩画。

大漠宗教游:沙坡头—高庙—寺口子。

大漠历史及宗教风情线:沙湖—西夏王陵—南关清真大寺。

塞上生态影视线:沙湖—苏峪口—西部影视城。

古朴生态游:金水园—水洞沟—鹤泉湖—金沙。

宗教与塞上风光游:南关清真大寺—银川植物园—金水园。

生态治沙线:生态治沙旅游区—花马寺。

2. 长途旅游线路

大漠风情线:沙湖—金水园—沙坡头—水稍子—通湖草原。

西部生态线:沙湖—平罗玉皇阁—金陶乐沙漠生态旅游区—兵沟—水洞沟—生态治沙旅游区。

塞上回风红色文化游经典线:南关清真寺—沙湖—西部影视城—西夏王陵—沙坡头—高庙—同心清真大寺—六盘山红军长征纪念亭—泾河源—火石寨—固原博物馆—弥须山石窟。

(二)黄河文化旅游线路

黄河生态及异域文化之塞上江南、西夏王国精品线:贺兰山岩画—西夏王陵—水洞沟遗址—明长城遗址—西夏城—纳家户—青铜峡水库——百零八塔—石空寺—沙坡头。

黄河民族文化之回乡风情线:银川—同心—固原—六盘山。

黄河历史文化之红色文化线:银川—固原古城—六盘山旅游区—西吉火石寨丹霞地貌—红军长征将台堡会师纪念碑。

第四节 农业地理特征

一、种植业

(一)种植业发展概况

宁夏种植业历史悠久,六千多年前,宁南山区已开始有了原始农业。秦汉时期,宁夏平原已开始引黄河水灌溉。在漫长的历史进程中,由于封建政权的残酷统治,种植业生产的发展十分缓慢。新中国成立以后,党和政府采取大力发展农业的政策,种植业发展迅速,特别是十一届三中全会以后,广泛开展科学种田,科技兴农,加强对农业的支持和投入,使得种植业得到了很大的发展。宁夏引黄灌区被列入国家级"两高一优"农业示范区,是全国四大自流灌区和七大商品粮基地之一。2012年,宁夏种植业产值241.9亿元,占农业总产值的62.7%。

1. 主要粮食作物及其分布

2012年粮食播种面积82.83×10⁴ hm²。粮食作物在宁夏种植业中居首要地位,播种面积占农作物总面积的64.7%。因自然条件的显著差异和作物品种特性的不同,宁夏粮食作物具有不同的地理分布。北部平原有黄河灌溉之利,水、土、光、热条件俱佳,加之农业耕作历史悠久,集约化程度较高,粮食生产水平很高,是我国西部重要的优质商品粮基地之一,主要作物有水稻、小麦、玉米等。南部山区自然条件十分恶劣,生态环境脆弱,耕作粗放,是全国粮食作物产量最低的地区之一,主要作物有小麦、玉米、马铃薯等。

(1)小 麦

小麦是宁夏种植面积最大,产量居第二的粮食作物。主要分布在引黄灌区和南部的半干旱丘陵区及阴湿区。2012年全区小麦种植面积17.9×10⁴ hm²。其中,引黄灌区小麦种植面积6.7×10⁴ hm²。以春小麦为主,各市县都有种植;冬小麦主要分布在彭阳、泾源、隆德等县,盐池南部、原州区,同心、西吉也有少量种植。小麦种植单产较高的有中宁、永宁、青铜峡、灵武等市县,较低的有西吉、盐池、原州区等。

(2)水 稻

水稻是宁夏传统的优势粮食作物,是宁夏"塞上江南"的标志性产品,集中分布于引黄灌区各市县,尤以青铜峡灌区南部和卫宁灌区最多,单位面积产量高。南部山区仅隆德、泾源有少量种植。2012年,全区水稻种植面积8.43×10⁴ hm²。宁夏大米品质优良,有"珍珠米"之称,深受区内外消费者的青睐。

（3）玉 米

玉米既是高产粮食作物，又是重要的饲料，已成为宁夏第一大粮食作物及主要饲料作物。近年来，宁夏种植业正向粮食、饲料、经济作物三元结构发展，玉米播种面积不断扩大，特别是灌区小麦、玉米套种和山区地膜覆盖种植玉米发展更快。2012 年，玉米播种面积 24.59×10^4 hm^2，产量 191.18×10^4 t，占宁夏粮食总产量的 51.0%。

（4）小杂粮

糜子、谷子、荞麦、大豆、豌豆是宁夏优势杂粮作物。糜子抗旱耐瘠薄，适应性强，生长期短，是南部山区主要的"以秋补夏"秋粮作物。大豆主要分布在引黄灌区，多与小麦、玉米间作套种。豌豆分布在原州区和西吉、隆德、海原、同心等县。荞麦集中分布于盐池，其次为原州区、彭阳、西吉等地。谷子主要分布于同心、盐池、原州区、彭阳等地。今后应根据市场需求的变化，顺应气候特点，发挥区域优势，适度扩大小杂粮种植面积，提高播种水平。

2. 主要经济作物及其分布

宁夏种植业中，经济作物比例较低，种类不多，主要有蔬菜、瓜果、油料、中药材等。此外，还有少量地方特色作物。2012 年，经济作物播种面积 48.44×10^4 hm^2，占农作物总播种面积的 37.8%。引黄灌区经济作物主要有蔬菜、瓜果、油料、枸杞等。南部山区以油料、瓜果、中药材为主。

（1）蔬菜、瓜果

随着社会经济发展和人民生活水平的提高，宁夏蔬菜、瓜果种植迅速扩大，2012 年播种面积 19.3×10^4 hm^2，蔬菜产量 465.8×10^4 t，瓜果产量 168.8×10^4 t。宁夏蔬菜、瓜果主要有黄瓜、西红柿、茄子、辣椒、大白菜、西瓜、甜瓜、葡萄等。目前，宁夏各地蔬菜发展极不平衡，灌区和山区差异巨大。今后灌区主要是集中连片发展反季节蔬菜，利用周边市场形成规模效益。山区受经济条件限制以发展大路蔬菜为主，设施蔬菜为辅。扬黄灌区、井窖灌区气候条件有利于西瓜、甜瓜的种植。

（2）油 料

油料作物是宁夏具有传统优势的经济作物，2012 年，油料播种面积 8.84×10^4 hm^2，总产量 18×10^4 t，占经济作物播种面积的 18.2%。但是，宁夏油料作物生产水平较低，平均亩产 136 kg。目前，宁夏油料尚不能自给，人均低于全国水平。过去南部山区曾被誉为宁夏的"油盆"，油料播种面积占该区经济作物播种面积的 73.6% 以上，占宁夏油料作物播种面积的 73.7%，产量占宁夏油料作物总产量的 56.6%。宁夏油料作物以胡麻和向日葵为主，胡麻主要分布在南部山区，向日葵主要分布在惠农、平罗、原州、盐池、中宁等县(区)、市。此外，宁夏油料作物还有苏子、大麻籽、油菜籽等。

(3)药　材

宁夏是全国中药材生产基地之一。2012 年药材种植面积 1.08×10^4 hm²，占经济作物播种面积的 2.2%。甘草是宁夏著名特产之一，被誉为"黄宝"，具有色红、皮细、体重、质地坚实等特点。目前，在制药及食品工业上得到了广泛应用，宁夏生产的甘草膏、甘草露已进入国际市场。宁夏甘草集中分布在中部沙漠草原地区，尤以盐池县为多。宁夏野生甘草被大量采挖，资源锐减，破坏严重，亟待保护。

根据宁夏地理环境特征和道地中药材资源分布规律，《宁夏中药材产业发展规划(2014～2020 年)》报告中，明确提出全力打造隆德、盐池、同心、彭阳 4 个中药材产业发展大县。其中，隆德县重点发展黄芪、秦艽、柴胡、板蓝根为主栽品种的中药材种植。盐池县立足建设具有盛名的"中国甘草之乡"，扩大金银花、大黄、黄芪等药材的种植。同心县重点发展甘草、银柴胡种植，同时以板蓝根、黄芪、黄芩为优选品种，以独活、党参、生地等为搭配品种。彭阳县则充分发挥区域土壤类型多，气候差异大，地理位置优越等优势，重点建设黄土丘陵区多样化中药种质资源库和中药材种苗繁育基地。

(二)种植业区域特征

宁夏山川自然条件和生产水平差距很大。川区位于宁夏北部，是古老的引黄自流灌溉区，受黄河水利设施之惠，银川平原沃野千里，自古就有"塞上江南"的美誉，人称"自古黄河富宁夏"，主产水稻、小麦、玉米等粮食作物以及蔬菜、瓜果等经济作物，条件优越，是自治区的商品粮、糖生产基地。山区位于宁夏南部，自然条件严酷，以干旱为主的自然灾害频繁，发展生产的条件较差。

1. 粮食及经济作物区域特征

(1)宁夏平原灌区

宁夏平原灌区是宁夏的主要商品粮基地，粮食作物以小麦、水稻为主。20 世纪五六十年代，糜、谷、高粱、大豆及夏杂粮较多。七八十年代玉米扩大，其他夏秋杂粮减少。可分为 4 个亚区，即银北小麦、玉米、胡麻区，银南(含银川)小麦、水稻、大豆区，卫宁小麦、水稻、玉米区，西干渠饲料、向日葵、瓜果区。

(2)盐同干旱区

盐同干旱区秋作物面积大于夏作物，以抗旱性强的糜、谷、马铃薯、大麻等作物占优势。分为 3 个亚区，分别为盐灵糜、谷、荞麦区，盐同北部糜、谷、春冬麦区，盐同南部糜、谷、冬麦区。

(3)西海固彭半干旱区

西海固彭半干旱区是宁南山区的主要粮油产地，分 7 个亚区，分别为清水河川小麦、糜、谷、胡麻区，清水河东北糜、谷、小麦区，清水河东冬麦、春麦区，茹河川塬地冬麦、玉米、胡麻区，清水河西春麦、糜区，葫芦河春冬麦、糜、胡麻区，祖厉河麦、糜、胡麻区。

(4)六盘山阴湿区

六盘山阴湿区的作物种类以适应凉爽湿润气候的作物为主。粮油生产较稳而产量不高，夏粮面积大于秋粮，分为 2 个亚区，即东南部冬麦、蚕豆区及西北部冬麦、春麦、莜麦、胡麻区。

2. 蔬菜、瓜果类区域特征

(1)宁夏平原灌区

宁夏平原灌区土地肥沃，排灌便利，城镇及工矿集中，是宁夏蔬菜、瓜果主要产地，分为 3 个亚区，分别为城郊区、银北区、卫宁区。城郊区包括银川平原各县市城郊，历史悠久，技术水平高，种类多，栽培面积大。银北区土地较广，是白菜、辣椒、西瓜、籽瓜的主要产区。卫宁区光热资源丰富，蔬菜上市早，是辣椒、西瓜的主要产区。

(2)西海固彭半干旱区及六盘山阴湿区

西海固彭半干旱区及六盘山阴湿区包括西吉、海原、固原、原州、泾源、隆德及盐池、同心南部。除城郊外，蔬菜多零星种植，商品菜较少，以耐旱、耐寒及喜温菜的早熟种为主。

(3)盐同干旱区

盐同干旱区包括盐池及同心大部、海原县北部及中卫、中宁、青铜峡、灵武、吴忠 5 市县的旱地，蔬菜以耐旱的甘蓝、南瓜为主。

(4)扬黄灌区

扬黄灌区包括灵盐台地扬水灌区和固海扬黄灌区，光热较好，以耐旱性强的叶菜、果菜及瓜菜为主。

二、畜牧业

宁夏发展畜牧业有得天独厚的条件，"种黎牧畜"历史悠久，长期以来"畜牧为天下饶"，"中卫山羊"、"宁夏滩羊"驰名中外，是全国十大牧区之一。全区草场面积 233.1×10^4 hm²，其中，天然草场 217.8×10^4 hm²，占全区土地面积的 44.86%；人工草场面积约 7.5×10^4 hm²；其他草场面积 7.8×10^4 hm²。

河套灌区是国家重要的商品粮基地和现代化农业示范区，在生产大量粮食的同时也提供丰富的饲料资源。

（一）畜牧业发展概况

畜牧业既是宁夏传统的民族产业，又是重要的支柱产业，畜牧业发展和产业化水平较高。

党的十一届三中全会以来，宁夏相继建设了卫宁青瘦肉型猪基地、盐同灵及贺兰山东麓绒山羊基地、盐池县牧区示范工程等 14 个畜牧业商品生产基地，促进了畜牧业由小农经济向专业化、集约化、商品化方向发展。目前，以灵武涝河桥、平罗宝丰镇、银川纳家户、西吉单家集清真牛羊肉批发市场及同心皮毛绒流通实验区、中卫宣和禽蛋市场、中宁生猪运销网络为主体的开放、统一、竞争、有序的畜产品市场体系和多元化的市场结构，已培育出"夏进"乳品，"涝河桥"、"穆和春"、"金福来"清真牛羊肉，"雄鹰"皮草等一批国内外知名品牌。

2012 年，宁夏肉类总产量 26.5×10^4 t，牛奶产量 103.5×10^4 t，禽蛋产量 6.2×10^4 t。全区成年奶牛年均单产达 6 700 kg，居全国第四位。育肥肉牛出栏胴体重约 210 kg，高于全国平均水平，高档肉牛生产处于全国领先水平。滩羊主产区 70% 以上规模养羊场（园区）实现了"两年三产"，小群饲养户基本实现了"一年两产"。种鸡生产销售能力超过 1×10^8 羽。

宁夏畜牧业产值占农业总产值的比例较高。2012 年，宁夏全区畜牧业总产值 105.5 亿元，占农业总产值比例达到 27.3%。全区人均牧业收入为 1 630 元，占农民人均家庭经营收入的 26.4%，畜牧业已成为农民现金收入的主要来源。

（二）畜牧业区域特征

根据宁夏回族自治区内自然地理特征和畜牧业发展方向，全区划分为以下 7 个畜牧业功能区。

贺兰山林地浅山控牧区：本区属于贺兰山林管局管辖范围，以保护为主，控制放牧，保护林木和珍贵生物物种。其中，浅山草场因地制宜适当放牧，自然保护区缓冲地带季节性控制放牧，缓冲带以外常年控制放牧，核心区严禁放牧。

贺兰山东麓滩羊、奶牛良种基地区：包括贺兰山东麓洪积平原的 10 个乡、7 个区属农场。

灌区畜牧业综合发展区：包括引黄灌区 11 个市县的灌区和贺兰山东麓洪积平原灌区（平罗县东部除外），畜牧业集约化、社会化、商品化、专业化程度高，以猪、蛋鸡、肉鸡、奶牛、肉牛等食草家畜养殖为主。

平罗东部台地羊、驼区：以适应当地自然条件的滩羊、山羊、骆驼养殖为主，同时发展皮、毛绒、肉等产品。

盐同香山半荒漠裘皮羊区：包括盐池、同心、灵武、沙坡头、海原北部、原州东北部。以耐干旱风沙的裘皮羊养殖为主，同时发展裘皮、毛绒、羊肉商品生产。

西海固黄土丘陵细毛羊、兔、蜂区：包括彭阳、原州、海原、西吉大部、隆德西部，以细毛羊养殖为主，同时发展皮肉兼用兔、养蜂业和其他家畜养殖业。

六盘山阴湿山地养牛区：包括泾源、隆德东部、西吉、海原、原州部分地区，以养殖肉役兼用牛为主，是宁夏重要的商品牛生产基地。

三、特色农业产业

特色农业是农业产业的重要组成部分，是指具有独特的资源条件、明显的区域特征、特殊的产品品质，具有一定生产传统和产业基础，经过扶持和培育能够尽快形成适度规模，在国内、国际市场产生一定影响，带动区域经济持续发展的农业产业。宁夏土地、光能资源丰富，气温日较差大，引黄灌溉条件得天独厚，全区人均有效灌溉面积居全国第二位，经济地理位置相对优越，为宁夏发展特色农业提供了先天优势。

（一）肉羊产业

宁夏羊肉具有品种、品牌、民族、市场和价格等方面的比较优势。宁夏滩羊肉质细嫩、无膻味、营养丰富，为绿色食品。已建成灵武涝河桥、平罗宝丰、永宁纳家户、西吉单家集等西北地区较大的清真羊肉专业市场。2012年，羊肉产量 8.5×10^4 t，占宁夏肉类总产量的 32.1%。现已形成北部引黄灌区饲养羊区和中南部生态养羊区，还建成了盐同灵及贺兰山东麓绒山羊基地及永宁、中卫、西吉 3 个国家级秸秆养羊示范区。优势区域布局如下。

1. 河西肉羊核心区

包括石嘴山、银川、吴忠 3 个市的 8 个县（市、区），即惠农、平罗、贺兰、永宁、青铜峡、利通区、中宁县、沙坡头区的黄河以西地区。

2. 黄河东南岸肉羊补给区

包括石嘴山、吴忠 2 个市的 5 个县（市、区），即平罗、灵武、利通、中宁、沙坡头区灌区乡镇。

3. 中南部山区生态养羊区

包括石嘴山、吴忠、固原 3 个市的 14 个县（市、区）。

（二）奶产业

宁夏具备发展奶产业的良好条件，奶牛主产区位于自然条件优越、饲草料资源丰富的引黄灌区。该区域劳动力充裕，回族群众素有饲养奶牛的传统和经验，有利于发展奶业"清真"的品牌特色。鲜奶在资源、生产成本等方面具有明显的比较优势。"夏进"牌液态奶和"北塔"奶粉在全国具有一定的市场份额。引黄灌区奶产业分布在利通、青铜峡、中卫、中宁、银川、永宁、贺兰、灵武、平罗、惠农等市、县(区)，以利通、灵武、永宁、银川等市、县(区)为中心区。

(三)枸　杞

枸杞是宁夏传统的出口商品，在宁夏人工栽培已有千余年历史，被誉为"红宝"，是宁夏特产之一，药用及保健价值高。目前已形成中宁、银川、惠农、固原4个规模生产基地，80%的集中产区均实现了无公害生产。贺兰山东麓、卫宁灌区及清水河流域是3个枸杞主产区。贺兰山东麓产区位于银川市、永宁、贺兰县、石嘴山市、惠农、平罗等7个县(区)；卫宁灌区包括中卫沙坡头区、中宁县；清水河流域产区位于原州、海原、同心3个县(区)。

(四)葡萄酒产业

宁夏具有独特的种植酿酒葡萄的自然资源优势，是全国优质的无公害葡萄生产区。贺兰山东麓洪积扇和冲积平原地处世界葡萄种植的"黄金地带"，是西北新开发的最大的酿酒葡萄基地。该区气候、地形、土壤和灌溉条件为生产优质酿酒葡萄提供了得天独厚的条件，是我国适合种植酿酒葡萄的最佳生态区之一。宁夏"御马"牌葡萄酒和"西夏王"牌干红、干白葡萄酒在国内外市场享有很高的声誉，干红葡萄酒是国家首批绿色食品。2012年，宁夏葡萄种植面积达 3.4×10^4 hm²，其中酿酒葡萄近 3×10^4 hm²，已建成葡萄酒加工企业52家，生产能力 17.9×10^4 t，葡萄及葡萄酒产值达到20亿元。目前已形成以银川、石嘴山、青铜峡、红寺堡和宁夏农垦为主体的贺兰山东麓葡萄产业带。

(五)宁夏硒砂瓜

"宁夏硒砂瓜"出产自宁夏中卫市。因其采用压砂栽培技术种植，富含硒、锌等多种微量元素和维生素，被誉为"中部干旱带的精华，石头缝长出的西瓜珍品"，在当地农业生产中占有极其重要的地位。

压砂田是在年降水量不足200 mm的地区，利用河湖沉积或沟壑冲积产生的卵石、砾和粗细砂混合体，在土壤表面铺设10~15 cm左右的覆盖层，以蓄水保墒，保持水土，为干旱地区作物种植创造较好的环境条件(图3-9)。压砂田按有无灌溉条件分为旱砂地和水砂地，宁夏砂田主要是旱砂田，是干旱半干旱地区人民与干旱作斗争的智慧结晶。

宁夏砂田主要分布在中部干旱带，包括中卫的香山地区、中宁的丘陵山

图 3-9　宁夏压砂地(左)和压砂地种植的硒砂瓜(右)

地、海原北部的黄土丘陵地区，属温带荒漠地区，≥10℃积温为 2 600℃～3 200℃，年降水量 220～300 mm，干燥度为 2.1～3.4，旱灾十分频繁。"三年两头旱，十年九不收"，旱作农业极不稳定。

　　压砂田起始于清康熙初年，当时甘肃大荒，"赤地千里，四野无青"。但田鼠洞口砂石覆盖处仍见绿色禾苗生长结实，群众由此得到启示，试着铺砂种地，并不断改进，遂发展成举世称奇的压砂。从康熙初年开创压砂田起至今已有 300 多年历史，但发展十分缓慢，直到最近十多年来，宁夏压砂田才有了较快的发展。2002 年以来，压砂田的发展进入了有组织、有计划的大发展阶段。截至 2007 年，宁夏压砂田已发展到 6.67×10^4 hm^2，总产值达 6.4 亿元。其中，中卫市香山乡、常乐镇、永康镇、文昌镇、宣和镇、兴仁镇砂田面积约 3.73×10^4 hm^2，人均占有砂田 0.43 hm^2，其中香山乡砂田面积最大，达 1.4×10^4 hm^2，人均占有砂田 1.33 hm^2；兴仁镇砂田面积次之，为 0.8×10^4 hm^2，人均占有砂田 0.39 hm^2。中宁县鸣沙镇、白马乡、喊叫水乡、恩和镇、舟塔乡砂田累计面积 2.2×10^4 hm^2，人均占有砂田 0.243 hm^2。海原县关桥乡、高崖乡等 7 个乡(镇)砂田累计面积 0.73×10^4 hm^2，人均占有砂田 0.12 hm^2。

　　压砂田的科学性在于把极为有限的降水资源转化为发展高效农业的宝贵资源，是一项科学、实用、可就地取材的保护性耕作措施。同时，压砂地由于早春地温高，西瓜出苗早，昼夜温差大，长出的西瓜含糖量高，品质好，沙甜爽口，又是绿色有机食品，深受全国各地消费者的喜爱，每年有 95% 以上的西瓜销往北京、石家庄、济南、郑州、上海、杭州、武汉、南昌、长沙、深圳、广州、贵阳、重庆、桂林、成都、昆明、兰州、西宁等大中城市。随着市场的开拓，硒砂瓜已走出国门，远销国外。环香山地区也因此成为宁夏压砂瓜产业的重要基地。

(六)马铃薯

　　宁夏是国内主要的马铃薯淀粉生产基地，占全国产量的 1/3。主产区宁南山区的气候、土壤适于马铃薯生长，相对于其他作物稳产高产、经济效益好，具有显著的比较优势。宁南山区天然隔离条件好，传毒媒虫少，环境污染相对轻，具备生产绿色无污染和无公害食品的要求，为马铃薯及其制品进入国际市场创造了有利条件。

（七）脱水蔬菜

宁夏脱水蔬菜产业发展具备优越的条件和良好的产业基础，青红椒、番茄、芹菜已成为宁夏脱水蔬菜的特色主导产品。因人均耕地较多，劳动力便宜，加上能源优势，使脱水蔬菜产品具有成本优势和价格比较优势，已成为宁夏重要的创汇产业，具有一定的规模优势。惠农、平罗两县主产番茄、甘蓝、梅豆、菠菜、芹菜等，原州、彭阳两县主产青红椒、胡萝卜，是主要的脱水蔬菜原料基地。

第五节　工业地理特征

一、宁夏工业发展概况

（一）基本发展历程

新中国成立前，宁夏工业基础十分薄弱。1949 年，宁夏工业总产值仅 1 214 万元，在工农业总产值中占 6.3%。生产设备极其简陋，仅蒸汽机、内燃机 11 台、320 kW，发电机 4 台、162.5 kW，车床 6 台，刨床 2 台，主要工业品产量为原煤 1.75×10^4 t，发电量 9.7×10^4 kW·h，纸 47 t，日用陶瓷 18×10^4 件，棉布 7.25×10^4 m，砖 182.7×10^4 块[1]。

新中国成立以后，宁夏的国有工业得到了国家的大力支援，发展较快，工业总产值持续增长。在改革开放之前的这一时期，宁夏工业主要围绕能源资源的开发利用，建立能源工业（如石炭井煤炭基地、青铜峡水电厂、石嘴山发电厂等），围绕能源的综合利用，建立和发展高能耗的冶金和化学工业（如石嘴山钢铁厂、青铜峡铝厂、宁夏有色金属冶炼厂、银川橡胶厂等），围绕"三线"建设，由内地搬迁和建设一批工业企业（如大河机床厂、长城机床厂、吴忠仪表厂、西北轴承厂、西北煤机厂等）。宁夏工业由此从无到有、从少到多逐步发展起来，初步奠定了宁夏的工业基础。

改革开放以来，宁夏工业进入较快发展的时期，工业总产值增长迅速（图 3-10）。2012 年，全区完成全部工业总产值 3 024 亿元，占工农总产值的

---

[1] 周特先、李岳坤：《宁夏国土资源》，银川，宁夏人民出版社，1988。

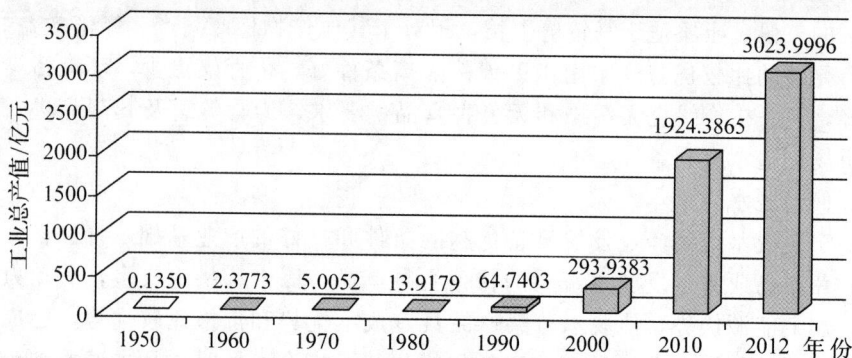

图 3-10　宁夏主要年份全部工业总产值

88.7%；工业增加值 878.63 亿元，占全区国内生产总值的 37.5%。可见，工业是宁夏国民经济的主导部门和拉动经济增长的主要力量。

按照规模划分，2012 年全区共有规模以上工业企业 685 家。其中，大型企业 49 家，中型企业 123 家，小型企业 646 家，微型企业 47 家，四种规模企业的工业总产值分别为 1 793.08 亿元、639.75 亿元、575.32 亿元和 15.85 亿元。按轻重工业划分，轻工业企业 254 家，重工业企业 611 家，轻、重工业总产值分别为 424.35 亿元和 2 599.65 亿元，分别占全部工业总产值的 14.0% 和 86.0%。2012 年全年累计工业用电量 741.2×10^8 kW·h。

(二)主要工业行业概况

1. 煤炭工业

宁夏是全国富煤省(区)之一，自治内含煤面积 9 598 km^2，全区 15 个市县有煤炭赋存。截至 2010 年底，累计探明储量为 381.3×10^8 t，保有储量 375.0×10^8 t。贺兰山煤田、宁东煤田、宁南煤田、香山煤田探明储量分别为 29.2×10^8 t、307.1×10^8 t、39.1×10^8 t 和 5.9×10^8 t。宁夏煤炭不仅资源丰富，而且煤种齐全、煤质优良，是西北重要的煤炭基地和中国无烟煤出口基地。

宁夏煤炭工业起步于 1956 年，五十多年来陆续建设了石嘴山、石炭井、呼鲁斯太、灵武和汝箕沟五大矿区，生产能力约为 1 340 万吨每年。煤炭用户主要为电力、冶金、建材、化工等。

2. 电力工业

电力工业是宁夏的基础工业和优势产业。经过五十多年的建设，电力工业取得了很大成就，形成了以火电为主的电力工业结构，电网覆盖全区，并实现了与西北电网的联网。目前，宁夏电网建有贯穿全区的 330 kV、220 kV 的主网架，110 kV、35 kV、10 kV 的配电网覆盖全区。

宁夏煤炭和油气资源丰富，地域面积较小，建设火电发电站和瓦斯发电站的综合成本较低，比较优势明显。依托这些优越条件，已建成火电厂和瓦斯电站 23 家，总装机容量 $16\,924\times10^6$ MW。

黄河从宁夏境内通过，天然总落差 200 m。利用这一有利条件，已建成黄河青铜峡水电厂和沙坡头水电厂，总装机容量为 422×10^6 MW。

宁夏的风力资源和太阳能资源丰富，开发利用条件好。2004 年，贺兰山东麓南端贺兰山大口子建成的风电厂(图 3-11)，是宁夏第一座风电厂，改变了长期以来宁夏仅有火电、水电的电力二元结构。2009 年 9 月，太阳山光伏发电站正式并网发电，标志着宁夏利用太阳能发电实现了规模化生产。中国第一个 10×10^6 MW 级太阳能光伏发电项目——装机总容量 50×10^6 MW 的石嘴山光伏电站一期 10×10^6 MW 项目也在同期并网发电。

图 3-11　贺兰山风电厂(上)和石嘴山光伏电站(下)

截至 2013 年年底，宁夏电网统调总装机容量为 $21\,925\times10^6$ MW。其中，火电机组 48 台，总容量为 $16\,924\times10^6$ MW；水电机组 15 台，总容量为 422×10^6 MW；风电机组 2 242 台，总容量为 $3\,018\times10^6$ MW；光伏电站容量 $1\,561\times10^6$ MW。新能源装机占全网统调发电总装机容量的 20.9%，取代水电成为宁夏电网第二大电力能源，成为推动宁夏经济社会发展的重要动力。

3. 原材料工业

包括石油石化、化工、冶金、建材等行业，2012 年共完成工业增加值 329.07 亿元，占全区工业增加值的 40.22%，为宁夏工业经济的发展提供了强有力的支撑。

（1）石油石化

宁夏油气田位于鄂尔多斯盆地西部的灵盐台地，地跨盐池、灵武、平罗三县，是陕甘宁盆地油气田的组成部分。长庆石油勘探局第三采油厂位于盐池县大水坑镇（现迁至银川），马家滩炼油厂位于灵武马家滩镇。银川西夏区的宁夏炼油厂原油来源于新疆和长庆油田，2012 年原油加工量 448.70×10⁴ t。

（2）化　工

宁夏化工行业在大型氮肥生产、橡胶轮胎、石油采炼、以电石为龙头的高耗能产业链及氯碱化工五大产业领域，具有较大的生产规模，其他化工产品的生产能力相对较小。石灰氮和双氰胺的生产能力位居世界第三位，电石生产能力占全国总产量的 15%，化肥、橡胶、炼油等在自治区占有重要地位。化工行业地区分布上，银川市集中了大部分化工骨干企业，银川市西夏区是最大的化工基地，并与石嘴山市（惠农区、大武口区），吴忠市（青铜峡市、利通区）一起，形成三大化工区。2012 年，全区生产初级形态塑料 95×10⁴ t，电石 310×10⁴ t，烧碱 44×10⁴ t。

（3）冶　金

宁夏冶金工业迄今形成了四个主要行业门类：以钽铌系列产品为主的高技术稀有金属冶炼加工业，以铝镁系列产品为主的轻金属冶炼加工业，以金属制品为主的钢铁加工业，以铁合金、碳化硅为主的高载能冶金炉料工业。还有一定的炼钢、轧钢、炼铁、焦炭、冶金碳素、铅锌冶炼等生产能力。宁夏冶金工业的大发展在于把冶金工业的发展与资源开发利用紧密结合起来，立足于能源工业的优势，基本构架起以高科技稀有金属材料为先导，高载能冶金产品为主体，具有宁夏特色的冶金工业体系。位居全国第三的电解铝生产企业青铜峡铝业集团，集国内最大的钽、铌、铍科技开发、生产为一体的高科技企业——宁夏有色金属冶炼厂（已跻身于世界三大钽铌生产企业行列中），宁夏恒力钢铁集团有限公司（原石嘴山钢铁厂），大荣氰胺化工冶金公司等龙头冶金企业生产的部分产品已远销海内外。2012 年，全年钢材产量 109×10⁴ t，焦炭产量 493×10⁴ t，铁合金产量 198×10⁴ t，电解铝产量 152×10⁴ t。

（4）建　材

宁夏富含建材资源，发展建材工业的资源和能源条件优越。水泥灰岩、石膏、砖瓦黏土、玻璃砂岩等矿藏储量大、品位高，充足的劳动力、煤炭、电力等资源，为发展宁夏建材工业提供了良好的条件。目前，建材工业已形成了以水泥、砖瓦、玻璃、陶瓷等传统建材为主导，新型墙体材料、石膏建材、化学建材发展态势良好的原材料工业体系。建材工业是市县经济的支柱产业，全区各市县均分布有建材生产企业，尤以水泥制品、砖瓦灰砂石最为广泛。较大企业有宁夏水泥厂（银川市）、青铜峡水泥厂、石嘴山市水泥厂、宁夏玻璃厂（永宁县）、甘塘石膏矿（中卫）等。2012 年水泥产量累计 1 605×10^4 t。

4. 装备工业

宁夏装备工业主要是新中国成立以后发展起来的，工业基础雄厚，技术较强。改革开放以来，通过深化改革，装备工业重点发展了数控机床、轴承、仪器仪表、煤矿机械及电工电器行业。装备工业主要分布在银川和吴忠。此外，石嘴山市、中卫市、贺兰县、青铜峡市、固原市也有分布。吴忠仪表集团、西北轴承集团、西北煤机总厂、小巨人机床、长城铸造等均是具有发展潜力的大中型企业。

5. 轻纺工业

轻纺工业包括轻工、纺织、食品、医药、包装等行业。宁夏的纺织工业主要分布在银川市、灵武市；啤酒工业分布在银川、灵武、中宁、中卫等地；造纸工业主要在中卫、青铜峡、吴忠、贺兰、银川、平罗、中宁等地。石嘴山的日用陶瓷，银川、灵武、盐池等地的毛皮皮革，均在西北地区具有较大的影响。此外，银川、盐池的柠檬酸，吴忠的卷烟，西吉的淀粉加工，银川、吴忠的乳制品，银川等地的清真食品，灵武、彭阳等地的果品加工，石嘴山市各市县的脱水蔬菜，玉泉营葡萄酒等都各有特色。医药产品区域特色明显，主要分布在银川市、永宁县。

电子信息制造业是宁夏的新兴产业，近年来发展速度较快。2012 年，全区生产硅棒 5 808 t，硅锭 2 966 t，电子仪器仪表 278×10^4 只，电子元器件 1.8×10^8 只。电子信息制造业中，光伏产品制造行业逐渐成为主导力量。2013 年全区光伏制造行业完成产值 38.15 亿元，占电子信息制造业的 89.45%。

二、宁夏工业的区域特征

宁夏工业布局在地域结构上表现为"大集中、小分散"、北"重"、南"轻"和以包兰铁路及黄河为轴线呈带状分布的特点(图 3-12)。银川市、石嘴山市、吴忠市的工业已初步形成了各自的产业体系。

宁夏回族自治区工业总产值

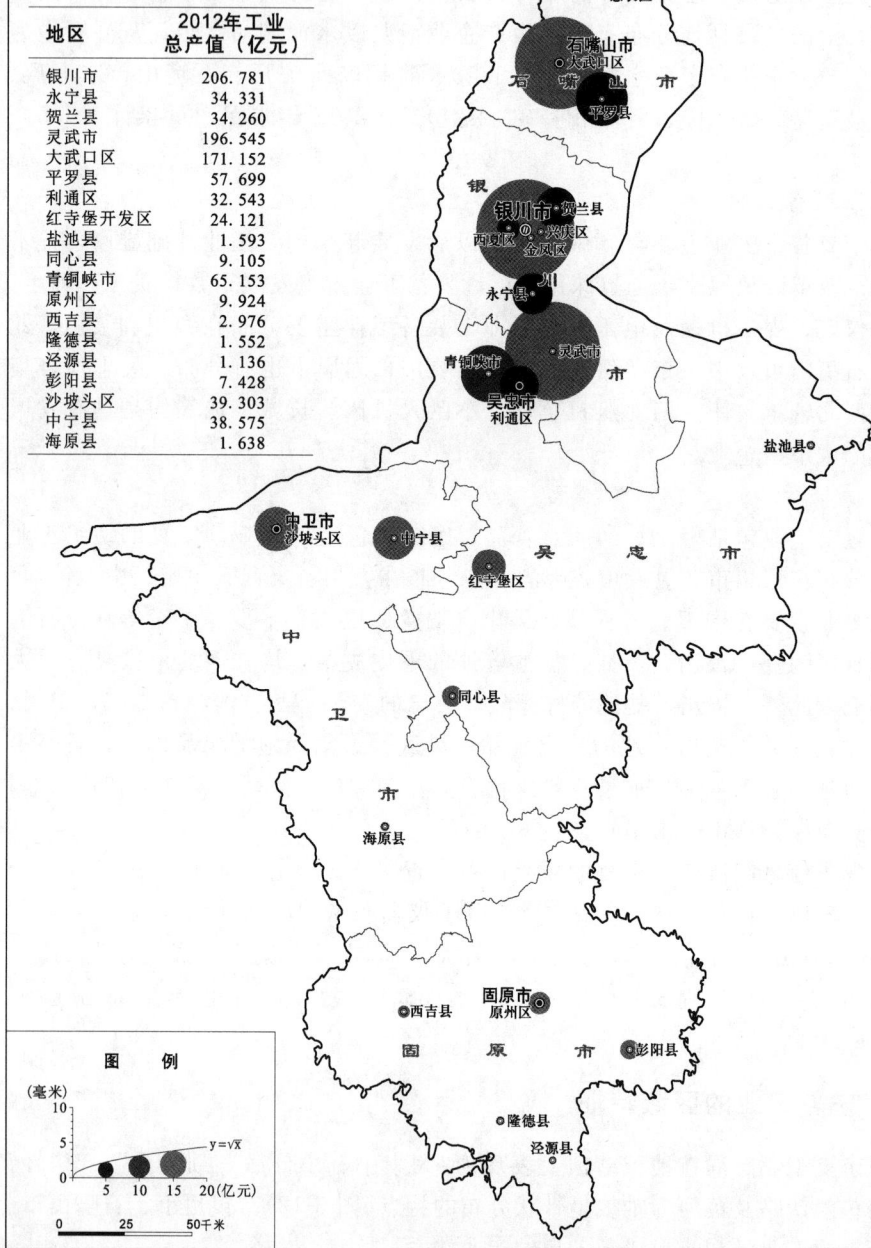

地区	2012年工业总产值（亿元）
银川市	206.781
永宁县	34.331
贺兰县	34.260
灵武市	196.545
大武口区	171.152
平罗县	57.699
利通区	32.543
红寺堡开发区	24.121
盐池县	1.593
同心县	9.105
青铜峡市	65.153
原州区	9.924
西吉县	2.976
隆德县	1.552
泾源县	1.136
彭阳县	7.428
沙坡头区	39.303
中宁县	38.575
海原县	1.638

图 3-12　2012 年宁夏工业总产值分布图

(一)银川市

银川市以加工工业为主,现有工业绝大部分为加工工业、化学、机械、医药、食品等行业,且已有一定基础。轻工业所占比例较小,重工业以制造业为主,工业产值占全区的50.9%。工业主要集中在银川市区,另有灵武市和永宁、贺兰两个县城工业点。银川市工业主要分布在西夏区和金凤区,是以化学、纺织、机械、食品为主的综合性工业区。灵武市工业主要以农副产品加工、建材、煤炭、冶炼、化工、制药等为主。永宁、贺兰两县工业主要是造纸、建材等。

(二)石嘴山市

石嘴山市是典型的重工业区,以采掘和原料工业为主,煤炭、机械、电力、冶金等工业有一定的规模,工业产值占全区的24.7%,其中重工业比例高达99.1%,工业结构极不合理。工业集中分布于石嘴山市。石嘴山市是以煤炭工业为主的重工业城市,有"煤城"之称,主要工业部门有煤炭、电力、冶金、机械等。平罗、惠农以煤炭、食品、硅铁、制糖、小农机修理、小建材为主。

(三)吴忠市

吴忠市以能源、铝冶炼和机械制造等重工业为主体,煤炭、电力、冶金工业为其主导产业,工业产值占全区总产值的13.4%。工业主要集中于利通区和青铜峡市。

(四)固原市

固原市大中型企业极少,工业产值仅占全区总产值的2.5%。轻工业以农产品为主要原料,主要分布于原州区和彭阳县,主要工业部门有食品、纺织、建材等。

(五)中卫市

中卫市以石膏、建材、机械、纺织、造纸、食品、化肥、煤炭等为主,工业产值占全区总产值的8.6%,主要集中在沙坡头区和中宁县。

第六节　交通地理特征

宁夏地处新亚欧大陆桥国内段的中枢位置,位于我国"两横三纵"城市化战略格局中陆桥横轴通道和包昆纵轴通道交汇处,是我国华北地区、东北地区通往中东、中亚最便捷的陆空通道。

一、宁夏交通区位演化

秦汉时今宁夏地处关中和漠北的交通要道上，南部属安定郡为关中屏障，郡治高平城（今固原）有"天下第一城"之称；北部属北地郡，为我国最古老的屯垦绿洲之一；其间的清水河谷地为南北往来的重要通道。宁夏又处于丝绸之路东段北道，即长安—原州—凉州道（萧关道）和长安—灵州—凉州道（灵州西域道，唐末至宋初使用）必经之地，是中原与西域之间的交通捷径。起自先秦，形成于汉至南北朝，繁荣于唐代的萧关道是最重要的中西陆路交通线，使宁夏南部在唐代成为全国养马业中心。唐末以后，中原经灵州道过灵州西插凉州的新中西交通线，使灵州成为当时中国西北的交通枢纽，为西夏建都立业，创造灿烂的西夏文化提供了重要的前提条件。

黄河宁蒙段是全流域水运最繁忙的河段。发端于先秦，兴起于汉代和南北朝，清代至民国达到极盛的黄河水运，使宁夏北部一度成为大西北贸易门户，青、甘、蒙、陕广大地区的大宗商品物资均由此转运，促进了宁夏引黄灌区农工商业的兴盛。20 世纪 30 年代开始修筑的陇海铁路，则使宁夏南部丝绸之路北道（大体相当于现今的 312 国道）的作用大为降低。宁夏现代交通（铁路、公路等）出现很晚，交通区位处于劣势，导致宁夏与东部沿海发达省市的差距迅速拉大，封闭性的自然经济格局长期保留，其不良影响至今尚存。

20 世纪 50 年代修建的包兰铁路与黄河干流并行，对宁夏平原经济社会发展起到重大的促进作用。而宁夏南部黄土丘陵区却远离对外交通干线，进一步沦为交通闭塞的偏僻之乡、全国最贫穷落后的地区之一。20 世纪 90 年代初开工的宝中铁路，其线路走向正是历史上丝绸之路北道——萧关道的一段。该线 1994 年通车，使宁夏南部重新成为我国东西部之间的交通要道之一，新亚欧大陆桥的重要组成部分，对宁夏实行双向开放开始发挥作用。

二、现代交通运输体系

随着北京—银川—兰州—拉萨、青岛—银川—中卫—武威—霍尔果斯、银川—西安—武汉—福州等快速通道（高速公路）的建成通车，一个以银川为中心，以包兰铁路为骨干，以高速公路干线为脉络的交通运输网已初步形成（图 3-13）。以银川河东机场、宝中铁路、姚叶高速公路、中卫香山机场和固原六盘山机场等为重点的基础设施建设，极大地改善了宁夏交通运输条件。

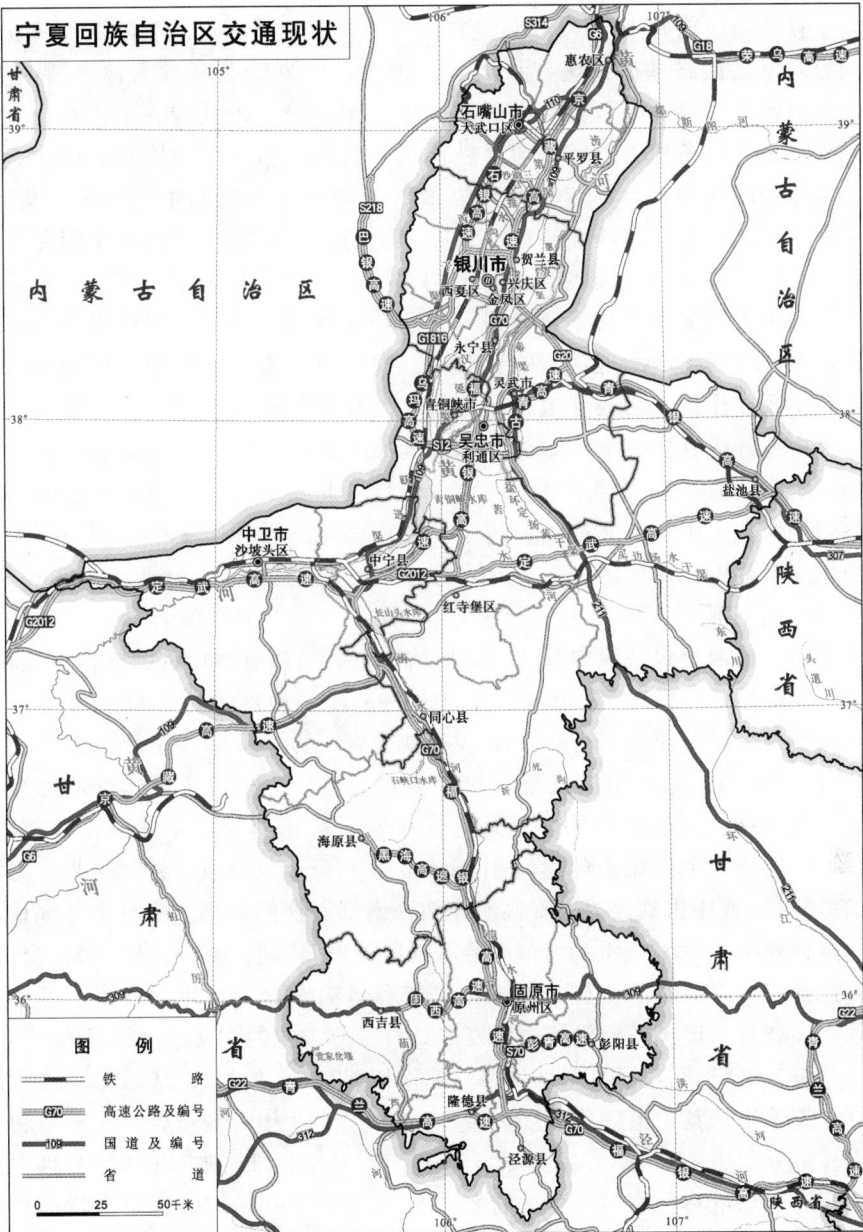

图 3-13 宁夏交通现状图(注：本图为 2016 年最新资料)

(一)铁路运输

宁夏铁路运输始于 1958 年包兰铁路的正式建成通车,之后随着经济发展及国家对宁夏铁路基础设施建设力度的加大,宁夏铁路基础条件不断改善,运输能力明显提高。宁夏有包兰铁路、太中银铁路、干武线、平汝线、宝中线和大坝至古窑子地方铁路。包兰铁路在宁夏回族自治区内穿过石嘴山、银川和吴忠市辖区北部,不仅辐射宁夏最富庶的河套平原和主要能源富集区,也是连接华北、东北与西北地区的铁路大通道之一,对宁夏乃至中国北方的客货运输发挥着至关重要的作用。宝中铁路从中卫经过固原、平凉、宝鸡与全国铁路大干线陇海线接通,增强了宁夏与陕西乃至西南、华中以及东南地区的联系,缓解了西北地区运输紧张的状况,对改变沿线贫困地区的落后面貌起到了重要作用。它的建成营运,使宁夏铁路与欧亚大陆桥有了第二条通道。宝中电气化铁路、大古地方铁路经北京与京沪、京广、京哈铁路大动脉相通,货物运输可以直接运达天津港,下抵兰州与陇海—兰新欧亚大陆桥相连。包兰线和宝中线从北向南穿越宁夏的南北地理轴线,太中银铁路则从东向西横穿宁夏中北部地区,三条干线构成了宁夏铁路网的主骨架。

2011 年建成通车的国家 I 级电气化铁路——太中银铁路全长 944 km,东起太原南站,西至包兰线中卫站、银川站,跨越山西省西南部、陕西省北部、宁夏中北部地区,横穿 23 个县(市、区),是西部地区通往东部最便捷的通道,全线最高运营速度 160 km/h,设计能力客车为每日 40 对,货运能力为每年 $6\,000 \times 10^4$ t。除承担沿线旅客和货物的运输任务外,还可以分流陇海铁路、包兰铁路、京包铁路的客货运输,从而缓解相邻铁路干线的运输压力。西部地区至华北主要城市的运输距离可缩短 $100 \sim 500$ km,银川到北京的客运缩短 8 h。太中银铁路显著提高了山西西南部、陕西北部、宁夏中北部地区间的运输效率,对增强西北与东部沿海地区的经济、社会、科技、文化交流,促进西部大开发战略的实施,保障国家能源运输安全和促进沿线资源开发及产业布局调整,促进区域经济协调发展具有十分重要的意义。

截至 2012 年底,宁夏全区铁路营业里程 1 308.3 km,铁路密度 2.53 千米每百平方千米,其中电气化里程 1 029.3 km。2012 年,铁路旅客周转量和货物周转量分别为 $411\,493 \times 10^4$ 人·千米和 $3\,677\,422 \times 10^4$ 吨·千米,分别占全区旅客周转总量和货物周转总量的 28.6% 和 34.4%;铁路客运量和货运量分别为 535×10^4 人次和 $8\,485.6 \times 10^4$ t,分别占全区客运总量和货运总量的 3.3% 和 20.1%。

(二)公路运输

1949 年宁夏仅有 1 167 km 的简易公路,基本上都是土路面,流经宁夏

397 km的黄河上没有一座公路大桥。1964年，修建了14 km的沥青公路，此后10年陆续修建一批县乡公路，通车里程显著增加。十一届三中全会以后，宁夏公路交通得以飞速发展，极大地推进了自治区改革开放的进程和经济发展。

1. 公路建设

近年来，宁夏公路建设速度加快，一批重点项目(如六盘山隧道、石营公路、银平公路、银古公路、银灵吴公路等)相继建成，提高了公路等级和通达深度。截至2012年底，全区公路通车里程26 522 km。其中，国道2 101 km，省道2 483 km，县道1 618 km，乡道8 439 km，村道11 094 km，专用公路787 km。按技术等级划分，高速公路1 324 km(表3.2)，一级公路918 km，二级公路2 795 km，三级公路6 634 km，四级公路14 338 km，等外公路513 km。按路面种类划分，铺装路面里程为14 812 km，简易铺装路面里程为5 903 km，未铺装路面里程为5 807 km。全区实现了乡乡通沥青路、村村通公路的目标，86.4％的行政村通沥青路面。以银川为中心，县乡道路为脉络，国道和省道为干线的宁夏公路交通网络已初具规模，特别是贯穿宁夏南北、东西的高速公路网，极大地提高了宁夏公路的运输能力。

表3.2 宁夏高速公路一览表

高速公路编号、名称	线路	里程/km
G6 京藏高速	麻黄沟(蒙界)—姚伏—叶盛—中宁—郝家集(甘界)	352.97
G20 青银高速	银川—古窑子—王圈梁(陕界)	141.67
G70 福银高速	桃山口—同心—固原—沿川子	189.70
G2012 定武高速		
盐中高速	盐池—马儿庄—中宁恩和	160.30
中营高速	中宁清水河—中卫—孟家湾	63.88
G2001 银川绕城高速		
银川绕城高速(南环段)		25.43
银川绕城高速(西北段)		37.69
银川机场高速	银川—河东机场	8.00
211 国道	河东机场—灵武	25.00

2. 桥 梁

宁夏南部黄土高原沟壑较多，北部河渠纵横，黄河穿过整个宁夏平原。因此，公路网中桥梁众多。截至2012年年底，已有大小公路桥梁3 994座(181 944 m)，其中特大桥12座(16 537 m)。目前，在区内397 km的黄河上，已建成 7 座黄河公路大桥，平均每 57 km 就有一座黄河大桥，极大地方便了黄河两岸人民群众的生产生活，促进了宁夏经济的发展。

3. 公路运输业

公路基础设施的大发展，带来了公路运输业的繁荣。2012 年，载货汽车保有量 194 082 辆，载客汽车 459 448 辆。公路旅客周转量和货物周转量分别为 796 893×10⁴ 人·千米和 7 001 227×10⁴ 吨·千米，分别占全区旅客周转总量和货物周转总量的 55.3% 和 65.6%。公路客运量和货运量分别为 15 666×10⁴ 人次和 32 646×10⁴ t，分别占全区客运总量和货运总量的 95.6% 和 77.3%。

(三)航空运输

宁夏民用航空业是宁夏对外交往的窗口行业。航空运输在经济发展和综合交通运输中具有重要地位。1995 年 12 月，经国务院批准的银川河东机场正式开工建设，1997 年 9 月 6 日正式通航，现已成为银川市改革开放的重要窗口。机场位于宁夏回族自治区银川市下辖的灵武市临河镇黄河东岸，濒临黄河，距银川市区 19 km，占地 370.7 hm²，机场技术等级为 4D 级，属国内干线机场，跑道长 3 200 m，宽 45 m，可起降波音 747（减载）以下各类机型飞机。现开通至全国各大城市的航线，运营银川至首尔、迪拜、曼谷等地的国际航线。2009 年启动"三期"扩建工程，跑道和平行滑行道将向南延长 400 m，总长度至 3 600 m，新建 7.5×10⁴ m² 的 T3 航站楼、10.37×10⁴ m² 站坪、4 500 m² 航管楼、3 200 m² 突发事件应急处置中心、5.32×10⁴ m² 停车场、9 120 m² 货运库，届时机场飞行区等级将提升为 4E 级。设计到 2020 年，满足年旅客吞吐量 1 000×10⁴ 人次，货邮吞吐量达到 10×10⁴ t，飞机起降 97 594 架次要求；远期目标年为 2040 年，设计年旅客吞吐量为 2 200×10⁴ 人次，货邮吞吐量为 25×10⁴ t。银川河东国际机场已发展成为我国西部重要的航空港。

随着 2008 年 12 月中卫香山机场和 2010 年 6 月固原六盘山机场的正式通航使用，宁夏区内初步形成了以银川河东干线机场为中心，中卫、固原支线机场为两翼的航空运输格局。宁夏成为我国省区机场分布密度相对较高的区域。

中卫香山机场距中卫市区 9 km，机场控制长度 6.54 km，控制宽度 400 m，跑道长 2 800 m，宽 45 m，可满足波音 737、空客 A320 系列、CRJ200 等机型的起降，属国内支线机场，飞行区等级为 4C。中卫机场航站楼面积 3 300 m²，规划航线为中卫至北京、西安等地，远期规划开通兰州、成都、广州、上海、乌鲁木齐和厦门等航线。设计年旅客吞吐量 15×10⁴ 人次，货邮吞吐量 400 t，可年起降客机 5 100 多架次。

固原六盘山机场位于距固原市原州区 8.5 km 的中河乡高坡村。机场跑道长 2 800 m，航站楼面积 3 000 m²，设计机型为波音 737 和空客 320 系列以下飞机，飞行区等级为 4C 级，年起降量设计为 2 340 架次。目前开通固原到银川、固原到西安的航线航班。固原六盘山机场是宁夏区内三个干支线机场中唯一的高原机场，海拔 1 700 m。

2012 年民航运营线路长度 81 406 km，航空旅客周转量为 235 275×10⁴ 人·千米，占全区旅客周转总量的 16.3%；航空客运量和货运量分别为 187.9×10⁴ 人次和 0.90×10⁴ t，分别占全区客运总量和货运总量的 1.1% 和 0.002%。

(四)管道运输

宁夏的管道运输主要由原油管道和天然气管道两部分构成。输原油管道从长庆油田经宁夏的盐池、中宁县在石空站上包兰铁路，主要供应兰州炼油厂和宁夏炼油厂，管线总长 431.6 km。输天然气管道首起陕西靖边县，止于银川市西夏区，该管道为单线 Φ426 mm，全长 293 km，目前该管道主要供中石化宁夏分公司化肥生产使用。

第四章　地理区划

章前语

　　地理区划是地理学最为重要的基本概念，是地理学研究进行到一定阶段的产物，其意义在于具体、系统地揭示自然地理综合体的地域分异和组合规律以及社会劳动地域分工规律。同时，地理区划也是地理学认识地理规律和按地理规律进行生产布局的基本方法论，因而在自然资源的合理利用、土地生产潜力的提高、土地利用结构调整与管理、生物多样性保护、区域可持续发展战略和规划的制定等方面，具有广泛而重要的应用价值。本章简要回顾了中国自然地理区划和经济区划的历史和现状，介绍了在中国地理区划的背景下，宁夏的自然区划和经济区划内容，重点阐述了宁夏沿黄经济区优越的自然条件，得天独厚的资源禀赋，良好的经济区位和人文优势。宁夏是我国第一个内陆开放型经济试验区，宁夏沿黄经济区作为试验区的核心区域，将站在中国向西开放的前沿，续写新丝绸之路的传奇。

关键词

　　区划原则；自然区划；经济区划；宁夏沿黄经济区

第一节　综合自然区划

　　综合自然区划是认识自然界自然地域差异的具体方法之一。它是根据地表自然综合体的相似性与差异性将地域加以划分，进而按区划单位来认识自然综合体的发生、发展及分布规律[①]。综合自然区划有着广泛的应用价值，可为地表自然过程与全球变化的基础研究以及环境、资源与发展的协调提供宏观的区域框架，为自然资源的合理利用、土地生产潜力的提高、先进农业技术的引进与推广、土地利用结构调整与管理、土地退化防治与生态建设、生

[①]　黄秉维：《中国自然区划的初步草案》，载《地理学报》，1958，24(4)。

物多样性保护和自然保护区的选择、改造自然规划的拟订、区域可持续发展战略和规划的制定等工作提供科学依据[1]。

一、自然区划原则

自然区划工作一般遵循发生统一性原则、相对一致性原则、空间连续性（区域共轭性）原则、综合性原则和主导因素原则[2]。

(一)发生统一性原则

任何区域单位都是在历史发展过程中形成的。因此，进行自然区划必须探讨区域分异产生的原因与过程，以形成该区域单位整体特性的发展史为区划依据。对区域单位形成和演变的研究，可以追溯到相当久远的地质时期，但与现代自然环境关系最密切的主要是第四纪，尤其是晚更新世末、全新世初以来的环境变化。现代环境主要是通过这一时期的一系列变化形成的，而且这些变化过程迄今尚未结束，仍直接影响着当代的自然环境和人类活动。

(二)相对一致性原则

在划分区域单位时，必须注意其内部特征的一致性。这种一致性也是相对的，而且不同等级的区域单位各有其一致性的标准。相对一致性原则适用于把高级地域单位划分为低级单位，同时又适用于把低级地域单位合并为高级单位。一般区划的等级单位越高，区划等级单位内部的一致性就越小，差异性就越明显；反之，则内部的一致性就越大，差异性就越小。为了全面反映区域自然地理环境的相似性和差异性，区划中采用多级划分的方法。

(三)空间连续性(区域共轭性)原则

自然区划所划分出来的必须是具有个体性的、区域上完整的自然区域，称为空间连续性原则或区域共轭性原则。任何一个区域单位必然是完整的个体，不可能存在着彼此分离的部分。根据这个原则，尽管山间盆地与其邻近山地在形态特征方面存在很大差别，但必须把两者合并为更高级的区域单位。同样的道理，尽管自然界可能存在两个自然特征很类似，而彼此隔离的区域，但不能把它们划为一个区域单位。

(四)综合性原则

在自然界中，没有纯粹的地带性的自然区域，也没有纯粹的非地带性的自然区域。因此，进行综合自然区划，必须综合分析地带性和非地带性因素之间

---

[1] 郑度、杨勤业、顾钟熊：《黄秉维地理学术思想及其实践》，见《黄秉维文集》编辑组：《地理学综合研究——黄秉维文集》，北京，商务印书馆，2003。

[2] 刘南威、郭有立、张争胜：《综合自然地理学》，北京，科学出版社，2009。

的相互作用及其表现程度和结果。任何自然区域都是由各个自然地理要素组成的整体，必须综合分析各自然地理要素相互作用的方式和过程，认识其地域分异的具体规律，才能真正掌握区域自然地理综合特征的相似性和差异性，以及相似程度和差异程度，保证划分出的区域单位是不同等级的自然综合体。

（五）主导因素原则

在形成各自然区域特征的诸要素中找出起主导作用的因素，这就是主导因素原则。抓主导因素并不忽视其他要素的作用，通过分析各自然因素之间的因果关系，找出一两个起主导作用的自然因素，并选取主导标志作为划分自然区域的依据。主导因素必须是那些对区域特征的形成、不同区域的分异有重要影响的组成要素。它们的变化不仅使区域内部组成和结构产生量的变化，而且还可导致质的变化，从而影响区域的整体特征。

主导因素原则与综合性原则并不矛盾。后者强调在进行区划时，必须全面考虑构成自然区域的各组成要素和地域分异因素；前者强调在综合分析的基础上查明某个具体自然区域形成和分异的主导因素。基于上述认识，有的学者把上两个原则合称为综合性分析与主导因素分析相结合原则。

所有上述的各项区划原则，彼此都不是相互排斥的，而是相互补充的，可以把它们归结为一条总原则，这就是：从源、从众、从主的原则。所谓"从源"指必须考虑成因、发生、发展和共轭关系，"从众"是指必须考虑综合性和完整性，"从主"是指应考虑其典型性、代表性。这些方面都是力图客观地揭示自然界的地域分异事实。

二、中国自然区划概况

中华人民共和国成立以后，随着国民经济的迅速发展，要求对全国自然条件和自然资源有全面的了解。我国曾把自然区划工作列为国家科学技术发展规划中的重点项目，并组织了三次较大力量的全国综合自然区划的研究和方案的拟订，产生了一批重大成果。数十年来，先后提出了多种全国性的自然区划方案，代表性的方案有罗开富方案、中国科学院自然区划工作委员会方案、黄秉维方案、任美锷方案、侯学煜方案、赵松乔方案、席承藩方案、全国农业区划委员会方案、赵济方案等，这些综合自然区划工作具有鲜明的时代特色，为配合当时的国家需求做出了重要贡献。

上述方案中，席承藩等人提出的中国自然区划方案受到普遍沿用①。该方案首先把中国划分为三大区域，即东部季风区域、西北干旱区域、青藏高原

---

① 席承藩、张俊民、丘宝剑：《中国自然区划概要》，北京，科学出版社，1984。

区域，再按温度状况把三个区域依次划分为9、2、3个自然带，共14个自然带(表4.1)，然后，根据地貌条件将中国划分为44个区。其中，自然区域的划分考虑了对中国最高一级地域分异起主导作用的季风和地貌两个因素。东部季风区域突出了夏季海洋季风影响显著，降水较多，气候湿润，天然植被以森林为主的特点；西北干旱区域突出了地处内陆，夏季海洋季风难以到达或影响甚微，降水稀少，干旱缺水，植被以草原和荒漠为主的特点；青藏高寒区域突出了地势高亢，气候寒冷的特点。自然带主要依据热量指标划分，故又称为热量带、温度带。自然带内，因大地貌单元(山地、高原、丘陵、平原等)不同，导致水热状况、植被、土壤等的进一步分异，形成自然区。该方案同时指出"在若干科学资料充分并有再细分需要的自然区，也可划分四级区—自然亚区"，范围小的自然区划中，亚区之下还应划分自然小区，小区内部各类自然地理要素的差异极小，其特点往往由最能综合反映区域自然条件的植被状况来体现。

表 4.1　全国自然带及其划分指标[①]

自然区域	自然带	主要指标		辅助指标		
		>10°日数/天	>10°积温/℃	最热月气温/℃	最冷月气温/℃	低温平均值/℃
东部季风区域	寒温带	<105	<1 700	<16	<−30	<−45
	中温带	106～180	1 700～3 500	16～24	−30～−10	−45～−25
	暖温带	181～225	3 500～4 500	24～30	−10～0	−25～−10
	北亚热带	226～240	4 500～5 300	24～28	0～5	−10～−5
	中亚热带	241～285	5 300～6 500	24～28	5～10	−5～0
	南亚热带	286～365	6 500～8 200	20～24	10～15	0～5
	边缘热带	365	8 200～8 700	24～28	15～20	5～10
	中热带	365	8 700～9 200	>28	20～25	10～15
	赤道热带	365	>9 200	>28	>25	>15
西北干旱区域	干旱中温带	105～180	1 700～3 500	16～24	−30～−10	−45～−25
	干旱暖温带	181～225	4 000～5 500	26～32	10～0	−25～−10
青藏高原区域	高原寒带	不连续出现		<6		
	高原亚寒带	<50		6～12		
	高原温带	50～180		12～18		

---

①　席承藩、张俊民、丘宝剑:《中国自然区划概要》，北京，科学出版社，1984。

三、宁夏自然区划

宁夏自然区划是在全国自然区划的基础上，进一步按照地貌和植被特征进行的区域划分，共划分为5个区(图4-1)，分别为贺兰山山地森林灌丛草原区、宁北平原灌溉绿洲农业区、宁中台地山地与山间平原荒漠草原区、宁南黄土丘陵干草原区和六盘山山地森林草原区。这5个区相当于全国自然区划中的四级区，即自然亚区。

(一)贺兰山山地森林灌丛草原区

贺兰山山地屹立于宁夏西北部与内蒙古交界处，走向北北东，长200余千米，宽15~60 km，面积1 855 km²，占全区总面积的3.6%*。在全国自然区划中，属西北干旱区域中温带内蒙古高原西部区。贺兰山山地以归德沟—哈不梁一线为界分为南、北两段。南段为山地主体，高耸险峻，海拔3 000 m以上的山峰连绵不断，主峰3 556 m，为宁夏最高峰。年降水量为418 mm，年平均气温−0.7℃，≥10℃积温512℃，年太阳总辐射6 119×10⁶ J/m²，年日照时数3 023 h，日照百分率68%，是宁夏北部"低温多雨"中心。植被具有温带干旱区山地植被组合的特点和垂直分布规律。有维管植物约690种，野生动物180余种，其中国家级保护动物20种。北段山体低缓破碎，海拔一般2 000 m左右，植被为旱生灌丛和荒漠草原。

贺兰山作为外流区与内流区、荒漠草原与荒漠的分界线，是我国重要的自然地理界线之一；作为温带干旱区典型山地生态系统和银川平原的生态屏障，贺兰山具有涵养水源、保护生物多样性和灌溉绿洲的重要作用。

(二)宁北平原灌溉绿洲农业区

宁北平原指银川平原和卫宁平原，面积8 591 km²，占全区总面积的16.6%。在全国自然区划中，属西北干旱区域中温带河套灌区。年降水量200 mm左右，年平均气温8℃~9℃，≥10℃积温3 000℃~3 400℃，无霜期148~168 d，年太阳总辐射5 873×10⁶~6 101×10⁶ J/m²，年日照时数2 921~3 112 h，日照百分率65%~69%。植被以人工植被为主。自然植被有荒漠草原、荒漠、草甸、沼泽等。土壤主要有灌淤土、灰钙土、潮土、盐碱土等。黄河蜿蜒于平原之上，流程397 km，多年平均年入境径流量306.8×10⁸ m³。得其灌溉之利，该区水、土、光、热等农业自然资源组合极佳。自秦汉开渠引黄河水灌溉、开发土地资源以来，逐渐形成了著名的灌溉绿洲，享有"塞上江南"之誉，是我国的农业精华之地，主产小麦、水稻、玉米。近些年

---

* 本节各自然区的面积均为实有面积，所占比例均为占全区实有总面积(5.18×10⁴ km²)的比例。

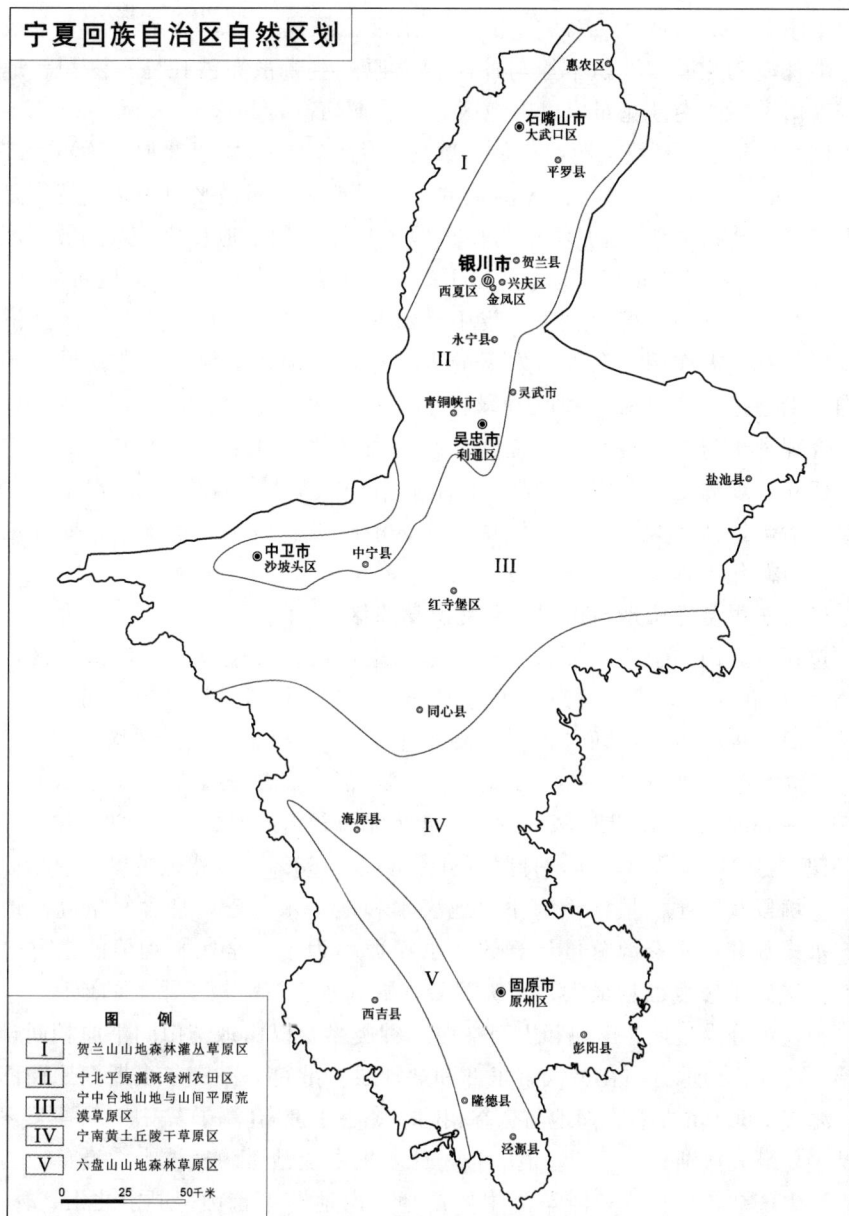

宁夏回族自治区自然区划

惠农区
石嘴山市
大武口区
平罗县

I

银川市 贺兰县
西夏区 兴庆区
金凤区

永宁县

II

灵武市
青铜峡市
吴忠市
利通区

盐池县

中卫市
沙坡头区 中宁县

III

红寺堡区

同心县

海原县 IV

V

固原市
原州区

西吉县

彭阳县

隆德县

泾源县

图　例
I　贺兰山山地森林灌丛草原区
II　宁北平原灌溉绿洲农田区
III　宁中台地山地与山间平原荒
　　漠草原区
IV　宁南黄土丘陵干草原区
V　六盘山山地森林草原区

0　　25　　50千米

图 4-1　宁夏自然区划示意图

来，养殖业发展很快。

　　宁北平原可进一步分为冲洪积平原、洪积平原和洪积台地。冲洪积平原是平原主体，系引黄灌区，海拔 1 100～1 200 m，地势平坦，沟渠纵横，农田广布，湖沼众多。洪积平原展布于贺兰山东麓，海拔 1 200～1 500 m，由西向东倾斜，地面坡度 1°～7°，前缘细土带已灌溉开发，其余部分为荒漠草原、半荒漠或荒漠。洪积平原与冲洪积平原过渡带散布沙丘地。洪积台地分布于银川平原西南部花布山以南地区，受后期切割，起伏不平。

该区主要生态环境问题：一是土壤盐渍化，尤以银川以北地区为重。二是"三废"污染。三是湖泊、沼泽等湿地的萎缩、消失。四是平原周边、特别是贺兰山东麓的山洪危害。五是灌区与周边地区过渡带的土地沙化。六是黄河河岸坍塌。七是超量开采造成的地下水位下降漏斗扩大和煤炭采空区的地面塌陷。

该区是宁夏人口聚集、工业集中、农业精华之地，对保障自治区经济社会发展具有重大作用。在谋求发展的进程中，必须切实抓好生态建设和环境保护。生态建设应以保护和改善绿洲生态系统为基本任务，核心是水、土资源的合理利用与有效保护，关键在于统筹黄河水、地下水、山洪水的科学利用和建立合理的土地利用、农业、种植业结构，既要提高农业综合生产能力，又要防治土地盐渍化、沙化，维系湖泊、沼泽等湿地生态系统，还要促进工业化、城镇化进程。

(三)宁中台地山地与山间平原荒漠草原区

包括贺兰山与卫宁平原、银川平原以南，黄土丘陵以北的广大地区，面积 2.15×10^4 km²，占全区总面积的 41.6%。在全国自然区划中，属西北干旱区域中温带内蒙古高原西部区。年降水量 247～274 mm，年平均气温 7℃～9℃，≥0℃积温 3 264℃～3 832℃，≥5℃积温 3 117℃～3 682℃，≥10℃积温 2 691℃～3 257℃，无霜期 132～160 d；年太阳总辐射 5 714℃～6 029×10^6 J/m²，年日照时数 2 881～2 963 h，日照百分率65%～68%。自然植被以荒漠草原为主，土壤以灰钙土、风沙土为主。地表水和地下水贫乏，且含氟量高。地表水产水模数和按水资源总量计算的产水模数均为宁夏全区平均值的三分之一左右。该区是宁夏面积最大、水资源最稀缺、水土资源极不平衡的地区。

地貌可分为台地、山地和山间平原三种类型，以山地与山间平原相间排列为基本特征。台地分布在灵武市东部和盐池县中北部，系鄂尔多斯高原西南一隅，海拔 1 500 m 左右。岗地与宽谷相间，宽谷中散布"海子"、盐池。惠安堡盐湖是宁夏最大盐湖。沙丘、沙地广布，且多集中成沙带。植被为荒漠草原与草原带沙生植被，是甘草和滩羊的主要产地。山地有牛首山、卫宁北山、香山、烟筒山、罗山、青龙山等，海拔一般 1 700～2 000 m，大罗山主峰 2 624 m，是宁夏中部最高峰。植被以荒漠草原和草原化荒漠为主，罗山北段分布森林，其特征与贺兰山相似。山间平原有韦州平原、红寺堡平原、清水河下游河谷平原与兴仁平原，海拔 1 300～1 700 m，散布零星沙地、沙丘；植被为荒漠草原。台地和山间平原是宁夏扬黄灌区和生态移民的主要开发地和迁入地，迄今已建有盐环定扬水、红寺堡扬水、固海扬水等工程，开发土地百余万亩。

长期以来，农牧生产处在维持生计的粗放状态，滥牧、滥垦、滥挖（以甘草为主的药用植物）、乱樵十分严重，自然植被遭受巨大破坏，土地沙化和植被退化成为突出的生态环境问题。

宁夏中部及毗邻的陕西、甘肃、内蒙古地区，即规划中的大柳树灌区，地处沙漠与黄土高原的过渡地带，属农牧交错区，是我国沙尘暴的主要源地之一。这里土地资源丰富，光热条件好，但水资源奇缺，水、土、光、热资源极不平衡。若能有可靠的水资源保证，进行土地合理开发，建设新型生态绿洲，在沙漠与黄土高原之间筑起一道生态屏障，对保障生态安全、粮食安全具有重大作用。

（四）宁南黄土丘陵干草原区

本区包括固原市和海原县的大部分地区及盐池、同心二县的南部，面积 1.61×10^4 km²，占全区总面积的 31.0%。在全国自然区划中，属东部季风区域暖温带（宁夏南部因地势较高仍为中温带）黄土高原区。年降水量 337～435 mm，年平均气温 5℃～7℃，≥0℃积温 2 741℃～3 161℃，≥5℃积温 2 578℃～2 990℃，≥10℃积温 2 113℃～2 543℃，无霜期 123～150 d，年太阳总辐射 $5\ 165 \times 10^6$～$5\ 656 \times 10^6$ J/m²，年日照时数 2 349～286 h，日照百分率 50%～61%。自然植被以干草原为主，局部地段分布草甸草原。土壤以黑垆土、黄绵土为主。

该区是宁夏河流集中分布的地区，黄河一级支流清水河、祖厉河，二级支流葫芦河、泾河等以六盘山山地为中心作放射状分布，是宁夏地表水资源相对丰富的地区。全自治区年径流总量中，以河流计，泾河干流、葫芦河与清水河上游共占 52.6%；以行政区计，固原市占 61.1%。

地貌可进一步分为墚峁丘陵、河谷川地和黄土塬三种类型。墚峁丘陵是主体，沟壑纵横，地形破碎，水蚀强烈，水土流失严重。河谷川地沿清水河、葫芦河、洪河、茹河等河流及其较大支流线状展布，断续延伸，穿插于墚峁丘陵之间。黄土塬残存于彭阳县东南部、原州区西北和南华山北麓。河谷川地与黄土塬地势平坦，土层较厚，为主要农耕地。

该区突出的生态环境问题是水土流失。侵蚀模数大于 5 000 t/(a·km²)的流失区面积达 6 640 km²。河流年平均含沙量 100～380 kg/m³，最高达 1 580 kg/m³（折死沟冯川里站，1964）。

（五）六盘山山地森林草原区

六盘山山地指六盘山、月亮山、南华山、西华山，面积 3 727 km²，占全区总面积的 7.2%。在全国自然区划中，属东部季风区域暖温带黄土高原区。

山地走向南北转西北，突兀于黄土丘陵之上，海拔 2 400 m 以上，南华山主峰 2 954 m，是宁夏南部最高峰。年降水量 600～800 mm，最多达 1 174 mm（六盘山西峡水文站，1961），年平均气温 1.2℃，≥10℃ 积温 512℃，年太阳总辐射 5 264×10⁶ J/m²，年日照时数 2 399 h，日照百分率 54%。植被为森林草原。森林主要分布在六盘山，以落叶阔叶林为主，具有温带半湿润区山地植被组合的特点和规律，垂直分带较明显。

六盘山地区高寒阴湿，宜林木生长，有黄土高原上的"湿岛"、"绿岛"和"物种基因库"之称，是清水河、泾河、葫芦河等黄河一、二级支流发源地，其涵养水源、保持水土、保护生物多样性的生态功能，远远超出宁夏辖区范围，达陕、甘二省乃至黄河中下游，具有全局意义。1980 年，国务院确定六盘山为黄土高原重要水源涵养地，1988 年，又批准其为国家级自然保护区。

第二节　综合经济区划

经济区划是根据社会劳动地域分工的规律、区域经济发展的水平和特征的相似性、经济联系的密切程度，或者依据国家经济社会的发展目标与任务分工，对国土进行的战略性区划。

一、经济区划原则

中国划分经济区的主要原则是经济原则，其内容是：国民经济全面发展与充分发挥地区经济优势相结合。划分经济区时要从总体利益出发，结合地区经济发展的需要，通过全国的和地区的综合平衡，合理地确定地区经济专业化发展的规模和综合发展的程度。地区经济的现状与远景发展相结合。划分经济区要从历史上已经形成的社会劳动地域分工的特点出发，充分考虑各地区经济发展的现状，并以对全国和各地区社会经济发展的科学预测为划分依据。地区经济中心与其经济吸引范围相结合。经济中心即全区生产、交换、消费等经济活动最集中的城市，是地区经济联系的枢纽，对周围地区具有经济上的吸引力。结合交通运输条件正确估算经济中心的经济吸引范围是划分经济区的重要依据。经济区划要与国民经济计划管理体制相适应，以利加强对宏观经济的计划指导。充分考虑建立外贸出口基地和发展国际分工合作的需要，利用国际市场促进国内各地区的经济发展。此外，划分经济区还要考虑有利于环境保护的生态原则，有利于民族自治和发展的民族原则，国防建设的需要以及促进合理的国际分工发展。

二、全国经济区划概况

中国经济区划经历过一个漫长的演变过程。新中国成立初期，中央将全国划分为东北、华北、西北、华东、中南、西南六大行政区，同时也是经济区，其职能之一是促进各行政区内各省（市、区）的分工与协作。但这一划分很快就遭到摒弃，改之以"两分法"，即将全国划分为沿海与内地。1954年又建立了东北、华北、华东、华中、华南、西南、西北七大经济协作区。1961年，华中区与华南区合并为中南区，全国划分为六大经济协作区。"七五"时期，《中共中央关于制定国民经济和社会发展第七个五年计划的建议》中提出，要"正确处理中国东部、中部、西部三个经济带的关系"，由此提出东、中、西三大经济带。与此同时，为了揭示中国不同层次的社会劳动地域分工的规律和特点，又将全国划分为十大经济区，即东北区、华北区、华东区、华中区、华南区、西南区、西北区、内蒙古区、新疆区、西藏区。"九五"期间又形成七大经济区，即东部地区、环渤海地区、长江三角地区、东南沿海地区、中部地区、西南和东南部分省区、西北地区。

1984年5月，在"中国经济发展中的地区发展战略研究"学术研讨会上，经济学家于光远先生发表了中国经济区域划分的看法，按400 mm的等降水量线把中国划分为西部和北部、东部和南部两半，并且从人口、经济发达程度等诸多方面进行辅证，支持其两分法。1985年8月，在兰州举行的"中国西部地区经济发展讨论会"上，与会学者将内蒙古、新疆、宁夏、陕西、甘肃、青海、西藏、广西、云南、贵州和四川界定为西部地区，至此"西部地区"、"西部经济"的概念和思想便形成了。与此同时，"中部地区"的构想也在酝酿之中。1985年11月，在南昌召开的"全国地区发展战略研究工作交流会"上，学术界开始提出中国经济"三分法"，即东、中、西三部分。1991年，在"八五计划和国家1991—2000年十年发展规划"中，正式采用"三个经济带"的概念，由此中国经济区划采用"三分法"。中国"中、西部地区"概念的形成及提出是相对于"东部地区"的概念而出现的，"东部地区"的概念又是由"沿海地区"的概念演进而来的，而"中、西部地区"则是由"内地"演进而来的。但是，这一时期，"东部"和"中部"的概念与界定并不很明确。直到1994年，《中国经济年鉴》才明确划分了东部、中部和西部，并编制了三个经济区的国民收入及社会发展主要指标。这一期间，对西部问题的研究目的、内容和指导思想，虽较前有所进步，但其力度尚不够，真正使之发生质的飞跃的是1997年3月"两会"中"西部大开发"概念与战略思想的明确提出。

2003年10月，考虑到东北地区作为我国经济相对发达的地区同时也是我国最重要的工业基地，但经济发展还是较慢，中央提出振兴东北老工业基地的发展战略，至此我国经济区域划分由"三分法"转变为"四分法"。

"四分法"是按照经济发展水平和地理位置相结合的原则，将全国划分为东部、中部、西部和东北部四大经济带。东部地区包括北京、天津、河北、山东、江苏、上海、浙江、福建、广东、广西和海南11个省、自治区、直辖市；中部地区包括内蒙古、山西、河南、湖北、湖南、安徽和江西7个省、自治区；西部地区包括宁夏、陕西、甘肃、青海、新疆、西藏、四川、重庆、云南和贵州10个省、自治区、直辖市；东北地区包括黑龙江、吉林、辽宁3个省。

三、宁夏经济区划

宁夏处于全国经济区划中的西部地区。按照自然地理和经济条件，宁夏可分为两大板块，即沿黄经济区和中南部经济区。

(一)宁夏沿黄经济区

宁夏沿黄经济区(图4-2)，是以黄河中上游宁夏引黄灌溉区为依托，以地缘相近、交通便利、经济关联度较高的银川为中心，石嘴山、吴忠、中卫3个地级市为主干，青铜峡市、灵武市、中宁县、永宁县、贺兰县、惠农区、平罗县和若干个建制镇以及宁东基地组成。国土面积 2.87×10^4 km^2，占全区土地面积的43.2%*。2012年总人口 415.5×10^4 人，占全区总人口的64.2%。该地区处于河套平原，资源丰富且组合条件较好，经济发展水平较高，是宁夏的精华地带和经济发展的龙头。2012年国内生产总值2 062.2亿元，占全区国内生产总值的88.1%。宁夏沿黄经济区为全国18个重点开发区域之一，其功能定位为全国重要的能源化工、新材料基地，清真食品及穆斯林用品和特色农产品加工基地，区域性商贸物流中心。这标志着宁夏沿黄经济区成为支撑全国经济增长的重要组成部分。

宁夏沿黄经济区具有以下几方面的优势。

1. 农业优势

沿黄经济区是我国西北地区重要的商品粮生产基地，河套灌区是国家保障粮食安全和食物安全的7个重点发展区域之一。该区引黄灌溉条件便利，土

---

* 本节各经济区面积由宁夏回族自治区统计局、国家统计局宁夏调查总队发布的全区行政区划面积统计而来，所占比例均为占全区行政区划总面积(6.64×10^4 km^2)的比例。

图 4-2　宁夏沿黄经济区[①]

地肥沃，有耕地 100 多万公顷，待开发荒地近 $70×10^4$ hm^2。光热条件好，昼夜温差大，工业污染少，农产品品质优良，农业优势十分明显。

　　"十一五"期间，宁夏加快调整种植结构，通过"政府推动、农民参与、市场引导、科技保障"的运行机制，在北部引黄灌区，发展以日光温室为主的高端、精品、高效设施农业；在中部干旱带和南部山区集中发展以大棚为主的设施农业。截至 2010 年年底，宁夏全区设施农业面积已达 $7×10^4$ hm^2。

　　依托"塞上江南"的独特优势，宁夏着力打造引领西北、面向全国的现代农业示范区，"沿黄经济区""四带四区三基地"现代农业格局已基本形成：以中宁为核心的枸杞特色产业带，以吴忠为核心的清真食品产业带，以银川、吴忠为核心的奶产品产业带，以吴忠、中卫为核心的特色林果产业带；以中卫为核心的压砂瓜产业区，贺兰山东麓葡萄产业区，以灵武、中卫、中宁为核心的红枣产业区，吴忠、中卫的高酸苹果产业区。建设优质商品粮基地、农作物制种基地、百姓菜篮子基地。

　　2. 能源优势

　　宁夏煤炭资源储量大、品种齐全、品质优异、开发条件好，已探明储量 $381.3×10^8$ t，远景储量 $2\,027×10^8$ t。宁夏的风能资源也比较丰富，预计总储量为 $2\,253×10^4$ kW，是全国太阳能辐射的高能区之一，全区可用于太阳能光

---

　　①　图片来源：http://tupian.baike.com/a2_10_29_01300000763638130882296114355_jpg.html。

伏发电建设的土地面积约 700 km²，太阳能光伏电站可开发约 1 750×10⁴ kW。

建设中的宁东能源化工基地，已探明煤炭储量 273×10⁸ t，远景储量 1 394.3×10⁸ t，是一个全国罕见的储量大、煤质好、地质构造简单的整装煤田，被列为国家 13 个重点开发的亿吨级矿区之一。宁东能源化工基地分为 3 个分基地，即宁东煤炭基地、宁东火电基地、宁东煤化工基地。基地核心区位于银川市灵武境内，重点发展煤、电、煤化工三大核心产业，机械加工、生物制品、建筑材料等相关产业和一大批辐射产业。宁东能源化工基地规划区总面积约 3 484 km²，东西宽 16～41 km，南北长 127 km。东以鸳鸯湖、马家滩、萌城矿区的边界为限，西与白芨滩东界接壤，延伸到积家井、韦州矿区西界，南至韦州矿区和萌城矿区的最南端延省界的连接线，北邻内蒙古自治区鄂托克前旗。规划到 2020 年，形成煤炭生产能力 1.1×10⁸ t，电力装机 2 000×10⁴ kW 以上，煤炭间接液化生产能力 1 000×10⁴ t，煤基二甲醚生产能力 200×10⁴ t，甲醇生产能力 170×10⁴ t。全部项目建成后，宁东能源重化工基地将建设成为以煤炭、电力、煤化工三大产业为支撑，全国重要的千万千瓦级火电基地、煤化工基地和煤炭基地。

3. 区位优势

宁夏地处西北内陆，具有承东启西、连南接北的区位优势。沿黄经济区既是连接西北地区与华北、东北地区的重要通道，也是新亚欧大陆桥国内段的重要交通枢纽。

4. 人文优势

近年来，宁夏内陆开放取得重大进展，吸收外商直接投资年均增长 30%。面向阿拉伯国家及其他穆斯林地区，进出口总额年均增长 30%。

宁夏历史文化源远流长，回族优秀文化、西夏遗存文化、大漠黄河生态文化等文化特色鲜明。以穆斯林文化为纽带，建设发展沿黄经济区，发展与阿拉伯国家及其他穆斯林地区的双边关系与合作，具有显著优势。

为加快实施面向伊斯兰国家和地区的"向西开放"战略，构建全方位、多层次、宽领域的内陆开放型经济新格局，努力促进世界各国特别是阿拉伯国家和其他穆斯林地区与我国各省（市、自治区）的经贸合作、项目洽谈和友好交流，由中华人民共和国商务部、中国国际贸易促进委员会、宁夏回族自治区人民政府共同举办的首届中国（宁夏）国际投资贸易洽谈会暨首届中国·阿拉伯国家经贸论坛（以下简称"中阿经贸论坛"）于 2010 年 9 月在宁夏银川成功举办。经国务院批准，自 2013 年起，中阿经贸论坛正式更名为"中国—阿拉伯国家博览会"。这是中国和阿盟国家经贸领域最高级别和最具影响力的多边、双边国际合作盛会，也是继"中国—东盟博览会""中国吉林—东北亚投资贸易博览会"之后，我国区域性对外开放的又一新平台。以"中阿"博览会为平台，沿黄经济区逐渐成为我国向西开放的前沿。

(二)宁夏中南部经济区

包括原州区、西吉县、隆德县、泾源县、彭阳县、海原县、同心县、盐池县、红寺堡区 9 个国家扶贫开发重点县(区)以及沙坡头区和中宁县的山区。区域内国土面积 $3.77×10^4 \text{ km}^2$，占全区土地面积的 56.8%。该区处于我国半干旱黄土高原向干旱风沙区过渡的农牧交错地带，生态脆弱，干旱少雨，土地瘠薄，资源贫乏，自然灾害频繁，水土流失严重。水资源极度匮乏，区域水资源总量 $2.43×10^8 \text{ m}^3$，人均水资源占有量仅为 136.5 m^3，可利用水资源总量只有 $0.758×10^8 \text{ m}^3$，为全国最干旱缺水的地区之一。

2012 年宁夏中南部地区总人口 $231.7×10^4$ 人，占全区总人口的 35.8%。2012 年国内生产总值 279.1 亿元，仅占全区国内生产总值的 11.9%。经济欠发达，以"苦瘠甲于天下"而闻名全国，是全国 11 个集中连片特殊困难地区之一。

农业方面，宁夏中南部农业生产基础薄弱，生产方式原始，生产手段落后，农村居民的收入远远低于全区和全国平均水平。2012 年，宁夏农民人均纯收入 6 180 元，而中南部山区九县的农村居民人均纯收入 4 589 元，仅为沿黄经济区农村居民人均纯收入的 65%。按照宁夏扶贫标准(农民人均年纯收入 2 300 元以下)，2010 年全区有贫困人口 $101.5×10^4$ 人，其中 90% 以上的贫困人口集中在宁夏中南部区域，贫困成为制约宁夏中南部山区经济社会发展的重大障碍。

中南部地区工业基础薄弱，工业的现代化、自动化程度很低，工业规模小、产品种类少。由于企业数量少、规模小，导致中南部山区税收数量少、财政能力差，绝大部分县区的财政支出是财政收入的几倍甚至几十倍，所有市县的财政都要靠国家补贴。2012 年，宁夏地方财政收入 263.96 亿元，中南部山区九县地方财政收入总计为 19.78 亿元，仅占宁夏地方财政收入的 7.5%，最少的泾源县、隆德县仅为 4 597 万元和 6 378 万元，最高的彭阳县也仅为 20 269 万元。2012 年，宁夏人均地方财政收入为 4 079 元，中南部地区人均地方财政收入为 854 元，仅为全区平均水平的 21%，与沿黄经济区相比，则只有后者的 14.5%。

本区可持续发展的关键，一是治理水土流失，加强农田基本建设，开展小流域综合治理，解决好农村饮水和能源问题，搞好六盘山、云雾山等自然保护区建设，促使生态环境逐步走上良性循环的轨道。二是调整农业产业结构，建设畜牧业商品基地。在坡度较大的黄土丘陵发展草业，逐步完善畜牧业的产前、产中、产后服务。三是严格控制人口数量，提高人口素质，加快发展教育，加速多途径的智力开发，鼓励部分农村劳动力逐步向多种经营以及第二、三产业转移。四是生态移民。从 20 世纪 80 年代开始，宁夏先后组织实施了吊庄移民、扶贫扬黄灌溉工程移民、易地扶贫搬迁移民，累计搬迁移民 50 余万人，在改善群众生存条件、解决温饱等方面发挥了重要作用。2008 年，宁夏在强力推进宁东能源化工基地建设、加快沿黄经济区发展的同时，把中南部地区的扶贫开发纳入全区经济社会发展全局统筹考虑，实施了以劳务创收和特色种养业为主要收入来源，以改善生产生活条件为主要目标的生态移民工程，社会效益、经济效益、生态效益十分明显。实践证明，采取传统的扶贫方式，投入巨大，难以从根本上改善贫困群众的生产生活条件，实施生态移民是彻底解决这一地区的贫困问题，逐步扭转山川差距扩大趋势的重要途径。同时，实施生态移民，有利于优化产业布局和劳动力资源配置，促进山区农村人口的有序转移，推进灌区农业开发和沿黄经济区建设，从而实现山川共建共享。由于中南部地区生态环境问题与贫困问题通常表现为相互制约、互为因果的关系，对生活在这一地区的农民实施搬迁，对恢复和保护生态环境具有重要的作用。

第二篇　分　论

第五章　宁夏平原

章前语

宁夏平原是宁夏的精华所在。秦汉时期的秦渠、汉延渠，唐代的唐徕渠，清代的惠农渠，众多闻名遐迩的古渠，使宁夏平原成为名副其实的水渠"博物馆"。宁夏平原上的黄河水利工程也因此和都江堰、灵渠、大运河并称中国古代四大水利工程。悠久的绿洲农业开发历史和卓越的黄河水利工程，哺育了宁夏平原空前繁荣的灌溉农业，二者的完美结合为宁夏平原博得了"黄河百害，唯利一套"和"天下黄河富宁夏"的美誉。久负盛名的枸杞和枸杞产业是宁夏的重要名片。本章主要介绍了宁夏平原的自然地理概况和绿洲农业的开发历史，以便读者更好地了解宁夏平原，但宁夏平原在宁夏政治、经济、文化中的重要地位远不止于此。

关键词

宁夏平原；绿洲农业；优势特色农业

第一节　区域概况

宁夏平原位于中国宁夏回族自治区中部黄河两岸。北起石嘴山，南止黄土高原，东邻鄂尔多斯高原和毛乌素沙地，西接贺兰山和茫茫的腾格里沙漠。南北长约 320 km，东西宽 10～50 km，面积 8 591 km²，占全区总面积的 16.6%。海拔 1 100～1 200 m 左右。

宁夏平原是我国八大平原之一的河套平原的组成部分。因其位于河套平原西部，故又被习称为"西河套"；内蒙古自治内的河套平原则被习称为"后套"和"前套"。得天独厚的地理条件，使宁夏平原成为发展自流灌溉的理想地区，其条件之优越，可与举世闻名的文明古国埃及的尼罗河沿岸绿洲相媲美。

一、自然地理概况

(一)地　貌

宁夏平原地势平坦,地形开阔,基本上属于河流冲积作用形成的内陆平原。海拔 1 100～1 300 m,西低于贺兰山最高峰 2 256～2 456 m,东低于鄂尔多斯台地最高地 600～800 m,南低于黄土高原 300～1 100 m,是宁夏海拔最低的地区。

以青铜峡为界,宁夏平原又分为南、北两个部分:青铜峡以北(或以东)称为银川平原,以南(或以西)称为卫宁平原。其中,银川平原相对面积较大,占宁夏平原的 82.3%。

银川平原按照地貌形态划分为黄河冲积平原和贺兰山东麓洪积倾斜平原两部分。黄河冲积平原北起石嘴山市,南至青铜峡市,长约 165 km,宽约 20～50 km,面积约 5 500 km²,由 3 级河流阶地组成(图 5-1)。其中,Ⅲ级阶地分布于新开渠以西至西干渠东,宽约 7.2 km,海拔 1 112.5～1 122.5 m,坡度 0.2‰～0.4‰,形成于晚更新世,银川市西夏区新市区主要坐落于此。Ⅱ级阶地位于金贵—掌政一线以西至新开渠,宽约 22.4 km,海拔 1 109～1 112.5 m,坡度 0.2‰,形成于全新世早期,兴庆区老城和金凤区新城坐落于此。Ⅰ级阶地位于通贵—强家庙往西至金贵—掌政一线之间,海拔 1 107～1 109 m,形成于全新世晚期。黄河冲积平原内沟渠纵横,良田广布,但相当部分地区由于地势低洼,排水不畅,沼泽化、盐碱化较为严重。贺兰山东麓洪积倾斜平原是在间歇性洪水的作用下,贺兰山的风化剥蚀物被携带到山下堆积而成的,沉积物状如扇形,离山脚越远越细。洪积倾斜平原依贺兰山东麓南北延伸,与黄河古阶地相接,南北长约 200 km,东西宽约5～30 km,面积约 2 400 km²。

卫宁平原呈条带状东西展布,西起中卫县沙坡头,东止于青铜峡市,长约 105 km,宽约 10～15 km,面积约 1 700 km²,为典型的河流冲积平原。黄河自平原中间浩浩荡荡流逝,灌渠如网,千里沃野,自西向东微微下降,坡降约三千分之一。排泄条件优于银川平原,故盐渍化程度相对较轻,农业也相当发达。

宁夏平原西侧是雄峻秀丽的贺兰山,古人称之为"朔方之保障,沙漠之咽喉",它阻挡了腾格里沙漠东移,削弱了西北寒流的侵袭,是宁夏平原的天然屏障。平原西部还有低山山地,主要分布在贺兰山中段三关口以南的浅山地区和牛首山滚泉一带,山势平缓。三关口以南至渠口农场一带浅山地区,海拔 1 300～1 687 m;牛首山滚泉一带海拔 1 316～1 526 m。这些地区山势相对

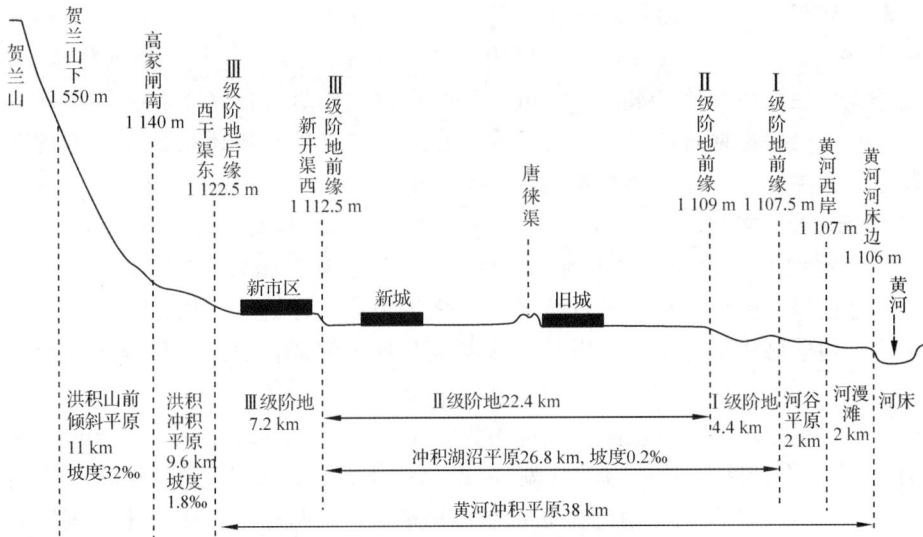

图 5-1　银川平原地形地貌示意图①

高度 70～300 m，沟谷交错，常有岩石裸露，地表破碎，并多覆盖黄土状物质和风积物。

宁夏平原西、北、东三面被腾格里沙漠、乌兰布和沙漠、毛乌素沙地环绕，自治区内包括流动沙丘、固定和半固定沙丘、覆沙地、戈壁在内的荒漠面积共有 1.26×10^4 km^2，主要分布在中卫北部（中卫沙区）、银川平原西部（平原沙区）、灵盐台地（河东沙区）、南山台子和清水河河谷平原北部及红寺堡平原西北部等地区，一般形成于全新世，沙源多为当地沙质沉积物。新月形沙丘和新月形沙丘链是流动沙丘的常见类型，中卫沙区与河东沙区还分别出现格状沙丘与蜂窝状沙丘。

(二)气　候

按照中国气候区划，宁夏平原地处中温带干旱区，冬长夏短，干旱少雨，日照充足，日较差大，属大陆性气候。按照平均气温 10℃ 作为冬季的开始，≥22℃ 作为夏季的开始，则宁夏平原冬季长逾半年，夏季仅月余。宁夏平原年均气温 8℃～9℃，为宁夏年均温最高地区。1 月均温在宁夏平原的南部为 −8℃ 左右，平原北部为 −10℃。≥10℃ 活动积温 3 200℃～3 300℃，生长期 210 d 左右，无霜期约 160 d，年日照时数 2 900～3 100 h，年太阳辐射 $5\,800 \times 10^6$～$6\,100 \times 10^6$ J/m^2。充足的日照和相对低洼的地形使得宁夏平原虽然地势较高但气候却并不寒冷。气温日较差大，平均达 13℃，有利于作物的生长发育和

① 汪一鸣：《宁夏人地关系演化研究》，银川，宁夏人民出版社，2005。

营养物质积累。但小麦易受热干风的危害。年降水量 183～223 mm，年蒸发量 1 708.7～2 512.6 mm，干燥度为 3.87～4.85，蒸发量大大超过降水量，夏季作物生长期有效降水仅 30 mm，秋季作物生长期的有效降水也只有 50～70 mm，而且此时蒸发剧烈，故降水本身无论对夏季作物还是秋季作物的实际意义都不大，本区发展农业主要依赖灌溉。

（三）水　文

宁夏平原虽然年降水量不到 250 mm，但黄河过境年径流总量为 $325×10^8$ m^3，且坡降适当，引水、输水条件优越，加之黑山峡、青铜峡河段落差大，水能丰富，便于修建水利工程，发展自流灌溉与扬水灌溉，因此虽气候干燥但土壤不旱。

宁夏平原湖泊较多，但面积都不大，总面积仅 79 km^2，大于 1 km^2 的湖泊只有 15 个，最大的淡水湖（沙湖）面积 7.09 km^2，最大的盐湖（惠安堡盐湖）面积 16.8 km^2。天然湖泊主要分布在银川平原、灵盐台地。银川平原湖泊或在沉降中心密布，如平罗—银川一带和吴忠浪湖地区；或呈串珠状湖群展布于黄河西岸，如"七十二连湖"；或散见于贺兰山东麓洪积扇群前缘。灵盐台地湖泊因长期强烈蒸发而多为盐湖。其中高庙湖面积 2.41 km^2，平均水深 1 m，蓄水量 $241×10^4$ m^3；镇朔湖面积 4.7 km^2，蓄水量 $423×10^4$ m^3；沙湖蓄水量 $922×10^4$ m^3；西大湖面积 2.12 km^2，蓄水量 $212×10^4$ m^3；鸟嘴湖面积 1.65 km^2，大湖面积 1.5 km^2，月牙湖面积 0.14 km^2，东湾湖面积 1.2 km^2；高墩湖在中卫县西园乡，泉水聚成椭圆形，面积 0.866 km^2。这些湖泊对农牧业的发展也是非常重要的。湖泊对于农田引灌黄河分洪及其周围环境的改善都有十分重要的作用。

宁夏平原的地下水位较高，其中中卫沙区在沙漠前缘丘间洼地地下水埋深一般 1 m 左右；平吉堡沙地丘间洼地地下水埋深一般在 2 m 左右；灵武—磁窑堡沙带属于河东沙区，丘间洼地多湖沼草滩，地下水埋深 1～2 m，白友滩是灵盐台地上少有的地下淡水水源地，另外还有以各种形式埋藏在地壳岩石和松散沉积物中的潜水可以作为水资源加以利用。

（四）土壤与植被

宁夏平原的土壤属于温带荒漠草原灰钙土区，但自秦汉以来，在长期的引黄灌溉的过程中，形成了肥力较高的灌淤土，其次还有草甸土、盐渍土、湖土、白僵土及部分沙地。灌淤土和草甸土是主要的农业土壤，经过长期耕作，熟化程度很高，土层深厚，熟化层为 100～150 cm，部分大于 200 cm，质地适中，富含有机质，肥力较高，是发展农业生产的良好土壤。灰钙土主要分布在贺兰山东麓洪积倾斜平原以及河流高阶地之上，是荒漠草原景观下所发育的地带性土壤。盐渍土、白僵土是人类活动形成的对农业生产不利的劣质土，主要分布于平原北部。

宁夏平原的地带性植被属荒漠草原类型，主要分布于贺兰山东麓洪积扇平原，草原覆盖度低，草层厚度较小，但牧草蛋白质、粗脂肪含量高，有利于畜牧业发展。此外，尚有荒漠、草甸、沼泽植被等。荒漠植被为强旱生或超旱生落叶或常绿小乔木、灌木、小灌木、小半灌木组成的植被类型，主要分布在卫宁北山和贺兰山北端，处于从草原向荒漠的过渡地带。草甸植被为水分适中条件下生长的以中生多年生草本植物为主体的植物群落组成的植被类型，主要分布在黄河的河漫滩和引黄灌区内的低洼湖滩地。沼泽植被是生长在过度潮湿或有积水，并有泥炭的环境中的植被类型，分木本沼泽和草本沼泽两大类。宁夏平原仅有草本沼泽，以银川地区为多。建群成分主要有芦苇、水葱、扁秆藨草、狭叶香蒲等。芦苇沼泽主要分布在永宁、银川、贺兰、平罗等县市的低洼浅水湖或积水湖浅水区域，水葱沼泽零星见于引黄灌区湖泊边缘浅水区，扁秆藨草分布在引黄灌区的浅水沟中，狭叶香蒲沼泽分布在浅水湖、浅水沟中。

二、社会经济概况

宁夏平原行政区划包括银川市、吴忠市、石嘴山市和中卫市的部分地区。

宁夏平原光、热、水、土等农业自然资源配合较好，为发展农、林、牧业提供了极有利的自然条件。目前有耕地 27×10^4 hm^2，草场 25.5×10^4 hm^2，是我国西北四大自流灌区之一，人均占有粮食在全国名列前茅。

早在 2000 年前宁夏平原就已发展灌溉农业，有秦渠、汉渠、唐徕、惠农等渠。从没间断过的引黄灌溉渠系，使宁夏平原成了黄河名副其实的水渠"博物馆"。经过历史积淀的智慧使宁夏平原上的黄河水利和都江堰、灵渠、大运河一起跻身中国古代四大水利工程，也使宁夏平原成为新中国的 12 个全国粮食基地之一。

丰沛的水资源不仅使宁夏平原成为黄河上游最早种植水稻的地区，也使这里盛产鱼虾，银川平原也因此成为西北地区重要的淡水鱼生产基地和商品鱼集散地。银川市人均水产品拥有量在西北省会城市中居于前列。

宁夏平原是宁夏畜牧业基地之一。贺兰山前广袤的草场，是宁夏滩羊的重要产区。

第二节　宁夏平原的形成

　　宁夏平原的形成经历了漫长的地质作用和演化过程。它作为一个新生代断陷盆地，第三纪、第四纪沉积物极为发育。据钻探证实，第四纪最大厚度在1 600 m以上，第三系厚度2 000～2 500 m，地层产状平缓。但是，宁夏平原曾经长期和贺兰山"相依为命"，经历了大体相似的演化历史。在燕山造山运动的作用下，宁夏平原相伴着贺兰山，再度被强烈抬升，当时宁夏平原的海拔竟比贺兰山还要高。

　　关于宁夏平原何时和何种机理导致的急剧下沉，目前学术界还有不同的认识。被大多数学者认同的观点是，夹峙在贺兰山和鄂尔多斯高原之间的宁夏平原在喜马拉雅山运动作用下，其东、西两侧产生了两条巨大的断裂，导致宁夏平原的强烈下陷，形成地堑式构造格局，地质学中将其称为"银川地堑"。一种看法认为，大约从新生代开始，宁夏平原在欧亚大陆板块与太平洋板块间被拉张而致深度下陷。还有一种意见认为银川平原应是一个深大裂谷，很可能这个裂谷一直朝南延伸至云南。尽管学术见解不一，但一个最基本的事实则是，从新生代开始宁夏平原再度剧烈下沉，下沉幅度之大在我国当属罕见。宁夏平原凹陷成为一个深数千米的峡谷后，广泛接受着从周邻隆起地区搬运来的大量泥、砂、砾石等碎屑物质，再加上在黄河冲积作用下搬运来大量沉积物广覆在表层，形成了平坦广阔的平原地貌。

第三节　绿洲农业——天下黄河富宁夏

　　宁夏平原的农业是典型的绿洲农业。土壤肥沃，热量充足，光能丰裕，黄河水利的灌溉，使得宁夏平原兼得土、水、光、热资源的优势，为发展绿洲农业提供了得天独厚的条件。

一、宁夏平原农业开发历史

　　据《史记》记载，秦始皇统一六国后，派蒙恬率大军北击匈奴，取河套地，开始在此戍边。汉武帝时期，中原数十万贫民、田卒迁往宁夏平原等地，戍边屯垦，其中"自朔方以西至令居（今内蒙古包头以西至甘肃兰州之间的黄河沿岸冲积平原），往往通渠，置田官，吏卒五六万人"，把原来的茫茫草原，改造成为我国西北最古老的灌区之一，形成稳定的人工绿洲，出现了"沃野千里，谷稼殷积……牛马衔尾，群羊塞道"的繁荣景象。宁夏平原现有的秦渠、汉渠、汉延渠、唐徕渠等干渠，其原始渠道均为秦、汉、唐时期的旧渠。以宁夏平原建立的西夏，更是凭借黄河灌溉之利，国力强盛，创造了灿烂的西夏文化。元代初叶，著名科学家郭守敬主持改建唐徕渠、汉延渠、秦渠等12条干渠、68条支渠。至明代嘉靖年间，灌溉水渠已有大小18条，全长700多千米，灌溉农田达10×10^4 hm^2。清初又新辟大清、惠农、昌润等渠，灌溉面积和灌区人口激增，宁夏平原的灌溉农业空前繁荣，凭借"黄河百害，唯利一套"和"天下黄河富宁夏"之誉名扬海内。

西汉时期是今宁夏平原大规模开发的最初阶段，当时种植的农作物比较单一，以解决军队和移民的食粮和牲畜草料为主。但是，史料中已经提到某些地方种植有果木园林。至唐朝时，水稻在灌区已有种植，果树的种植也有较大发展。唐诗描述的"贺兰山下果园成，塞北江南旧有名。水木万家朱户暗，弓刀千骑铁衣明"（韦蟾），基本反映了宁夏平原当时的农业发展和驻军的情况。至西夏时，这里种植的农作物已有小麦、大麦、荞麦、糜黍、水稻和豆类等，蔬菜、瓜果种类也较多。

新中国成立以来，特别是1958年自治区成立以来，引黄灌溉事业发生了翻天覆地的变化。青铜峡水利枢纽的建成，结束了灌区两千多年无坝引水的历史。引黄灌溉先后对5级旧渠扩整改造和节水续建配套，改善输水能力。新开西干渠、东干渠、跃进渠和第二农场渠等，最终形成今天水网纵横、渠道密布的灌区景观（图5-2）。从1977年开始，固海、盐环定、扶贫扬黄等12处大中型扬水工程相继建成，100多万异地搬迁的贫困群众走上脱贫致富的道路。目前，宁夏平原灌区干渠、支渠15条，总长度1 540 km；排水干沟32条，总长790 km；小型电力排灌站570座，排灌机井5 060多眼；各大干渠总引水能力750 m^3/s，年引水量67×10^8 m^3，净用水量32.8×10^8 m^3，总灌溉面积47.7×10^4 hm^2。

从1998年开始，相继开工建设了宁夏扶贫扬黄灌溉一期工程、黄河沙坡头水利枢纽工程、宁东供水工程、太阳山供水工程、引黄灌区续建配套与节水改造工程、农村人饮解困及饮水安全工程、病险水库除险加固工程、水土保持综合治理工程等一批重点水利项目，明显改善了区内水利基础设施条件。治理黄河几十年来，共新建整修黄河堤防500多千米，初步归顺了河势，形成相应配套的防洪体系。水土保持工程治理水土流失面积1.95×10^4 km^2，每年减少入黄泥沙$4 000 \times 10^4$ t。近几年先后建成了镇北堡拦洪库、艾伊河、星海湖、同心豫海等水资源综合利用工程。通过水权转换的理念，建成了宁东、太阳山等工业供水工程。待建的大柳树水利枢纽具有反调节、防凌防洪、兼顾发电、供水和水资源配置等功能，设计最大坝高163.5 m，装机总容量为200×10^4 kW。

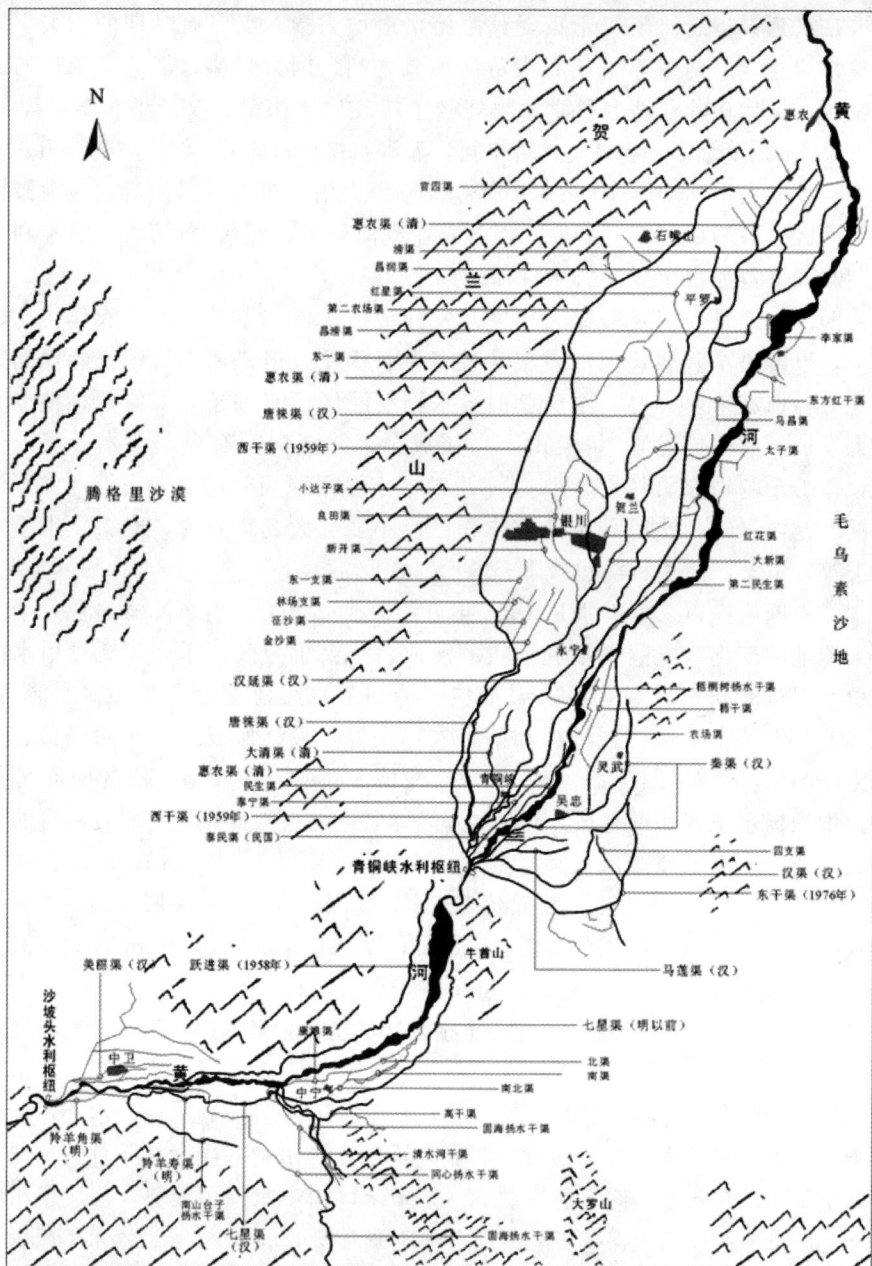

图 5-2 宁夏平原引黄灌区分布示意图[①]

---

① 汪一鸣、王杰：《这里的水利能跟都江堰媲美》，载《中国国家地理》，2010(591)。

二、宁夏平原农业经济总量、产业地位和贡献

宁夏平原农业是宁夏全区农业的主要支柱。相对于其他地区，宁夏平原对全区农业经济的贡献最大，宁夏农业总产出中，2/3 以上是由宁夏平原提供的。2012 年，宁夏平原大农业（包括农、林、牧、渔和农业综合服务业）总产值 251.29 亿元，占全区大农业总产值的 65.2%（表5.1）。其中，农、林、牧、渔和农业综合服务业总产值分别占全区相应行业总产值的 66.3%、35.8%、

表 5.1　宁夏平原 2012 年农业经济指标[①]

指标	单位	宁夏平原	宁夏全区
农林牧渔业总产值	亿元	251.29	385.15
其中：农业	亿元	159.49	240.46
林业	亿元	3.50	9.77
牧业	亿元	65.16	105.72
渔业	亿元	13.33	13.36
农业综合服务业	亿元	9.82	15.83
粮食作物总产量	10^4 t	225.54	375.03
其中：小麦	10^4 t	34.01	62.04
稻谷	10^4 t	71.33	71.33
玉米	10^4 t	119.20	191.18
主要经济作物产量	10^4 t	468.33	682.24
其中：蔬菜	10^4 t	311.06	471.11
瓜果	10^4 t	144.36	170.06
主要牲畜出栏量			
其中：牛	10^4 头	21.30	57.00
猪	10^4 头	75.60	103.30
羊	10^4 只	223.70	474.90
肉类总产量	10^4 t	13.80	26.50
牛奶总产量	10^4 t	103.00	103.50

---

① 宁夏回族自治区统计局、国家统计局宁夏调查总队：《宁夏统计年鉴——2013》，北京，中国统计出版社，2013。

61.6%、99.8%和62.0%，渔业生产几乎集中了宁夏全区的渔业产值。由于平原农业具有很高的稳定性，自然灾害影响较小，农、林、牧、渔业总产值处于长期稳定增长状态。

宁夏平原种植业包括粮食和经济作物两大部分。粮食作物主要有小麦、水稻、玉米；经济作物主要有瓜果、蔬菜。这五大类农作物对全区农业产量的贡献非常突出，占全区五大类农作物产量的65.6%。

宁夏平原畜牧业在宁夏全区畜牧业中同样占有很大比重。2012年，牛、猪、羊出栏量分别占全区对应指标的37.4%、73.2%和47.1%。奶牛存栏量达 32.7×10^4 头，占全区的99.4%。肉类总产量 13.8×10^4 t，占全区肉类总产量的52.1%，牛奶产量则几乎占到全区的100%。自我国实施西部大开发以来，宁夏南部山区和中部干旱带普遍实行退耕还林和封山禁牧，推行舍饲畜牧业，宁夏平原充分发挥其种植业发达和农副产业资源丰富的优势，还可利用其他优越条件，如种植优质饲草、利用市场机制等，畜牧业发展潜力很大。

三、优势特色农业

枸杞、奶牛、清真牛羊肉、优质稻麦、无公害蔬菜、淡水渔业、葡萄、红枣、高酸苹果等都是宁夏平原具有明显优势的特色农业项目。以下简单介绍枸杞、水稻、淡水渔业和无公害蔬菜产业。

（一）枸　杞

宁夏是人工栽培枸杞的原产地，素有"世界枸杞在中国，中国枸杞在宁夏，中宁枸杞甲天下"之说，枸杞和枸杞产业已成为宁夏的重要名片。2012年，宁夏平原枸杞种植面积约 5.3×10^4 hm^2，约占全国种植面积的53%。干果总产量约 15×10^4 t，占全国枸杞产量的60%，直接产值超过48亿元。2004年5月，宁夏枸杞被国家质检总局批准为地理标志保护产品，保护范围即为银川平原和卫宁灌区所组成的宁夏平原。中宁县是宁夏枸杞的核心产区。

宁夏枸杞的营养成分和药理活性成分颇为丰富，富含多糖、糖肽以及多种人体必需的氨基酸、维生素和微量元素，具有很高的医药价值和保健功能。《本草纲目》将宁夏枸杞列为上品——"全国入药杞子，皆宁产也。春采叶，名天精草；夏采花，名长生草；秋采子，名枸杞籽；冬采根，名地骨皮，收实无弃物。"

宁夏枸杞产业有如下优势。

第一，生态要素禀赋优越。宁夏平原自然条件优越，昼夜温差大，日照充足，灌溉用水富含枸杞生长所需的多种矿物质。独特的光、热、水、土条件，使宁夏平原成为枸杞生长的最佳生态区。

第二，枸杞产品品质极佳。宁夏枸杞的各种有效成分高于其他产区，尤其是多糖含量在8％左右，是其他产区枸杞的2.7～4倍，确立了宁夏枸杞在市场竞争中的独有优势。

第三，基本资源供给充足。枸杞生产属于园艺式和劳动密集型生产，采摘枸杞所需的劳动力有充足保障。灌溉利用黄河水自流灌溉，生产和加工的动力消耗很低。

第四，具有历史人文传统和精湛的生产技艺。宁夏平原人工栽培枸杞已有大约六百年历史。中宁县家家户户建有枸杞园，有"中国枸杞之乡"的美誉。

第五，宁夏枸杞以皮薄、肉厚、籽少著称，被誉为"东方神草"，以"红宝"驰名中外。中宁枸杞获得原产地认证，已成为枸杞产品的名牌，在国内享有盛誉。

第六，具有较高的市场占有率。宁夏枸杞干果流通量占国内市场总规模的46％，中宁枸杞专业批发市场是全国最大的枸杞集散地。各省区均有宁夏枸杞的销售网点，已形成庞大的销售网络。

(二)水　稻

水稻生产是宁夏平原的基础性优势产业。受惠于优越的自然条件和灌溉之利，宁夏平原水稻种植具有非常悠久的历史，早在一千多年前，宁夏平原就已种植水稻。宁夏平原稻区水稻灌浆结实期日平均气温20℃～24℃，平均日照时数8 h以上。8～9月平均日太阳辐射量$15.6 \times 10^6 \sim 20.2 \times 10^6$ J/m^2，相对湿度65％～70％，从优质稻米最佳灌浆气候生态条件来看，属于气候生态最适宜区。水稻一年一熟，多与旱作物轮种，实行稻旱三段轮作制或两段轮作制，局部低洼盐碱地实行连作种稻。

宁夏水稻以高产和上乘的品质著称。据《宋史·夏国传下》记载，"其地饶五谷，尤宜稻麦……"。清代乾隆年间修成的《宁夏府志·物产》记载，"物产最著者，夏朔之稻……所产大米如珠似玉晶莹剔透。"宁夏优质大米元、明年间就成为宫廷贡米。目前，推行的宁粳27特优品种，稻谷裂纹米率极低，加工时整精米率高，且加工品质稳定，外观和食味品质俱佳。此外，宁夏平原水稻具有绿色食品的生产条件，产业化发展大有可为。2012年，水稻种植面积8.43×10^4 hm^2，占全区粮食播种面积的10.2％，产量占全区粮食总产量的19％。

(三)淡水渔业

宁夏平原是著名的"鱼米之乡"，现已形成沿黄河淡水渔业产业带。2012年，养殖面积4.43×10^4 hm^2，水产品总量12.3×10^4 t。水产品以鲜活产品销售为主，70％以上外销周边省区及西藏等地，是西北地区重要的渔业生产基地和水产品集散中心。产业特点是充分挖掘灌区宜渔低洼盐碱地、湖泊湿地资源优势，合理开发利用盐碱地资源，遵循"以渔改碱"、"以渔养水"、"以渔保水"等原则，已形成一个生态渔业产业体系。目前，宁夏平原普遍推行渔业规模化和标准化生产，朝着养殖生态化、产品品牌化、经营产业化方向发展。

（四）无公害蔬菜

蔬菜产业是宁夏平原农民增收的绿色高效产业。蔬菜生产设施已实现日光温室、移动温棚、大中小拱棚并举。2012年，蔬菜种植面积近 7×10^4 hm²，总产量 311×10^4 t。有脱水蔬菜加工企业124家，70％以上的蔬菜产品销往周边及南方省区，出口多个国家和地区。蔬菜产业的发展方向是，实施"冬菜北上、夏菜南下"战略，推进生产、加工、销售经营一体化，重点建设以中卫市、吴忠市、银川市为核心的设施蔬菜产业带，以平罗县、贺兰县、农垦农场为核心的露地蔬菜产业带，以石嘴山市为核心的脱水蔬菜产业带，积极建立蔬菜和脱水蔬菜加工产品的出口外销基地。

第六章　宁夏中部干旱带

章前语

从自然地理的角度讲，宁夏中部干旱带是荒漠草原和干草原的过渡带；从经济地理的角度看，这里是我国北方农牧业交错区，生态环境极其脆弱敏感，以荒漠化为主的环境演化过程持续发展，严重威胁着区域生态安全，制约着社会经济可持续发展。该区矿产资源丰富，是晋陕蒙宁国家能源重化工基地的组成部分，其开发具有全国意义。因此，协调资源开发与生态建设的关系，是宁夏中部干旱带实现区域可持续发展的关键。

关键词

中部干旱带；土地荒漠化；生态环境修复；资源开发

第一节　区域概况

宁夏中部干旱带是指宁夏中部多年平均降水量 200～400 mm，引黄灌区以南，六盘山以北的区域。行政区域涉及宁夏四市的 11 个县（区），包括吴忠市的盐池县、同心县、红寺堡开发区和利通区山区部分，中卫市的海原县、中宁县山区部分和中卫山区部分，固原市的原州区北部、西吉县西部、彭阳县北部及银川市的灵武市山区部分，土地总面积 2.15×10^4 km²，占全区总面积的 41.6％。该区域是宁夏回族自治区内水资源最缺乏，自然灾害最频繁，生态环境最脆弱，农业生产最不稳定，经济发展较落后的地区，同时也是我国土地荒漠化最严重，生态系统最脆弱的地区之一。

宁夏中部干旱带居于黄河冲积平原、黄土高原、鄂尔多斯台地、腾格里沙漠及毛乌素沙地等地形单元的交接过渡地带，自然区划大部属于盐（池）同（心）荒漠草原区。地处宁南山区向宁北银川平原的过渡区，海拔 1 300～2 400 m，地貌类型表现为台地、山地与山间平原、盆地交错分布。大致以苦水河为界，东为灵盐台地，是鄂尔多斯高原的西缘，地面经过长期剥蚀，形成波状高原景观；西为牛首山、青龙山、罗山、香山等低中山地及镶嵌于山间的清水河、苦水河等河谷平原和盆地，地势比较平坦。

该区自南向北由中温带半干旱区向干旱区过渡，有明显的大陆性气候特征：冬寒长、春暖迟、夏热短、秋凉早；日照充足，干旱少雨，降雨集中，蒸发强烈，风多沙大。光照资源丰富，年日照时数在 3 000 h 以上，年辐射量达 $5\,800\times10^6\sim6\,700\times10^6$ J/m^2。多年平均降水量自南向北由 400 mm 递减到不足 200 mm，7～9 月降水量约占全年总降水量的 60％～70％，并多以暴雨、冰雹等灾害形式出现。年蒸发量高达 2 200 mm，是年降水量的 7 倍多，干旱指数为 4～8。全年大风日数 24～44 d，其中沙尘暴日数 12～34 d，平均风速 3.4 m/s，并常伴有干旱、冰雹、霜冻等自然灾害。

该区水资源严重匮乏，是我国最干旱缺水的地区之一，历史上曾多次出现连年大旱。2000 年以来，出现 2000 年、2001 年、2003 年、2004 年和 2005 年的持续干旱现象，特别是 2005 年降水只有 100 mm 左右，2006 年春季仍然雨水稀少，出现了近 51 年有气象记录以来的特大干旱。2006 年 4 月上旬，该区有 47 个乡镇 464 个行政村，23.5×10^4 人，43.7×10^4 头（只）牲畜不同程度缺水，7.5×10^4 人依靠远距离拉水维持生计。

区内 14 条河流均为季节性河流，多年平均径流深在 25 mm 以下，水资源量为 2.428×10^8 m^3，仅为全区的 20.8％，可利用量只有 0.760×10^8 m^3，人均水资源占有量仅为全国平均值的 8％左右。此外，水资源水质较差，矿化度一般高达 2 g/L，清水河下游、苦水河、盐池内流区等流域的矿化度大于 5 g/L，不能饮用和灌溉，灵武台地的地下水含氟量较高。因此，中部干旱带是典型的资源型缺水和水质型缺水区。香山、牛首山、大小罗山等山麓地带以及一些洼地地下水较丰富，可以进行机井抽水饮灌。长期以来，干旱缺水严重困扰着本地区经济社会的稳步发展和生态环境的良性循环，成为制约并阻碍生产、生活和生态可持续发展的"瓶颈因素"。

由于气候干旱以及风沙侵蚀，该区植被覆盖率仅为 10％～15％，植被类型为荒漠草原，多以小型旱生多年生的草本植物及强旱生小灌木或小半灌木为主，植物种属较少，群落结构简单。本地区是宁夏森林资源最贫乏的地区，仅有罗山分布少量森林，其他地区基本无天然林存在，森林覆盖率仅 2.9％。草原分布面积约占全区天然草场的 60％。所有草被耐旱性极强，营养丰富，毒草较少，较有利于牧业发展。但产草量低，且几乎全部不同程度发生退化。

地带性土壤为棕钙土和灰钙土，土壤质地较粗，腐殖质层较薄，耕作层有机质含量大部分只有 0.6％～1％，土壤极其贫瘠，只在山地林区有褐土分布。植被稀少，土壤蓄水量小，加之降水集中等原因，造成中部干旱带水源涵养能力差，水土流失严重。从原州区城区以北到同心、海原县一带，河流年输沙模数为 $2\,000\sim12\,000$ t/km^2，年均含沙量在 $100\sim380$ kg/m^3。

宁夏中部干旱带基本上属于中朝准地台和昆仑—秦岭地槽褶皱区的交接部位，西部为中朝准地台的鄂尔多斯西缘拗陷带，地壳运动活跃，具有槽台过渡带的特征；从盐池县至彭阳县以东的大面积地区属于中朝准地台的鄂尔多斯台拗地带，基底稳定，从中生代开始接受沉积，褶皱微弱，为形成沉积矿床打下基础。宁夏整体从二叠纪开始隆起成陆，从晚石炭—早二叠世时期至侏罗纪，中部干旱带经历了气候湿润、植物繁茂的时期，因此形成了丰富的石炭纪、二叠纪及侏罗纪煤炭层。该地带内金属矿产资源相对较少，已发现的铁、铜等，主要分布在中卫市山区。能源矿产和非金属矿产储量较丰富，现已探明矿产资源有煤、石膏、石油、天然气、溶剂用石灰岩、溶剂用白云岩、硅石、耐火黏土、玻璃用砂、水泥配料黏土、陶黏土等。特别是煤炭资源，宁东煤区占宁夏全区探明储量的 88.63%，开发潜力大。

宁夏中部干旱带具有大面积宜农荒地资源，据宁夏农业区划办调查，宁夏全区现有各类荒地资源 8.144×10^5 hm^2，中部干旱带占 77%。有宜农荒地资源 4.655×10^5 hm^2，占全区宜农荒地资源面积的 84.3%，仅盐池、灵武、同心三县(市)就集中了全区宜农荒地资源的 65%。开发宜农荒地资源是今后宁夏中部干旱带增加耕地，增产粮食的重要途径之一。

长期以来，宁夏中部干旱带由于自然条件比较苛刻，加之人为地对自然资源的不合理利用，经济发展水平落后，畜牧业在很长一段时期内是本地带的经济主体。但是近十年来，由于各县市积极调整产业结构，发展优势产业，特别是对于优势能源矿产的开发利用，在本区正在形成新的产业链，社会经济发展迅速。

第二节　生态环境修复和区域可持续发展

一、生态环境问题与修复

宁夏中部干旱带主要生态环境问题是土地荒漠化和植被退化。在气候变化、人口压力和政策因素影响下，该区生态环境总体上朝着退化的方向发展，土地荒漠化是其主要表现形式。20 世纪 50 年代至 70 年代，三次较大规模的草原开荒，致使大片草原被农田侵占；七八十年代末，大面积的农田又被摞荒，土地逐渐沙化。与此同时，中部干旱带载畜量不断增加，不合理的放牧措施导致草地质量下降。20 世纪 80 年代以来，中部干旱带植被覆盖有所好转，但环境恶化趋势依然严峻，局部改善主要得益于自流灌区的扩大和扬黄灌区的发展以及各种治理工程的开展。据第三次荒漠化和沙化监测数据，2004年宁夏荒漠化土地总面积297×10^4 hm^2，比1999年减少23.29×10^4 hm^2，其中沙化土地（沙质荒漠化土地）面积118×10^4 hm^2，比1999年减少2.54×10^4 hm^2；根据第四次荒漠化和沙化监测数据，2009年宁夏荒漠化土地总面积289.43×10^4 hm^2，比2004年进一步减少了7.57×10^4 hm^2，沙化面积115.96×10^4 hm^2，比2004年减少了2.04×10^4 hm^2。中部干旱带的盐池、灵武、同心、中卫等县市，是宁夏沙化土地集中分布的区域，沙化土地约占全区沙化土地总面积的3/4。土地荒漠化虽然整体得到初步遏制，荒漠化土地持续减少，但局部仍呈扩展和加剧的趋势。同时必须认识到，该区植被总体上仍处于初步恢复阶段，自我调节能力仍较弱，稳定性仍较差，难以在短期内形成稳定的生态系统；人为活动对荒漠植被的负面影响远未消除，超载放牧、盲目开垦、滥采滥挖和不合理利用水资源等破坏植被行为依然存在；气候变化导致极端气象灾害（如持续干旱等）频繁发生，对植被建设和恢复影响甚大，土地荒漠化、沙化的危险仍然存在。因此，土地荒漠化、沙化仍是中部干旱带的主要生态环境问题，严重威胁区域生态安全，制约社会经济可持续发展，荒漠化和沙化防治刻不容缓。

不仅是荒漠草原植被受沙化影响而严重退化，该区弥足珍贵的森林植被也在过去几十年中遭受到气候干旱化和人为破坏的重创。地处干旱地带的罗山，20世纪60年代初，有森林1.2×10^4 hm^2，分布着多种野生动植物资源，尤以松、杉、枸子、豹、狼、黄羊、山鸡有名，几乎沟沟有水，仅山顶明泉流水就有三十多处。到了70年代，由于人口增多，山坡开垦耕种，罗山森林资源被盲目砍伐，小罗山植被遭到毁灭性破坏，5.4×10^3 hm^{2}森林不复存在，大罗山森林线则不断抬升。由于森林资源的破坏，罗山气候明显变干，野生生物资源种类减少，数量下降，同时罗山沟沟流水，明泉众多的景象从此消失，代之以干涸贫瘠的土地及山体水土流失的加剧。因此总体来看，宁夏中部干旱带的发展始终处于贫困—人口膨胀—环境破坏的恶性循环之中，其中贫困又集中体现在经济贫困和人文贫困两个方面。

生态环境修复是指通过人工干预措施消除生态破坏后果，使退化的生态系统得以恢复，并防止生态系统的继续恶化，以实现资源环境的良性循环和持续利用，体现人与自然的和谐。生态环境修复的途径，首先是协调人与自然的关系，恢复合理的植被覆盖。林草植被作为重要的生态因子在生态环境中具有极其重要的地位，在生态环境修复和建设过程中，可以起到防风固沙、涵养水源、保持水土、改良土壤、调节气候的重要作用。土地退化的发生、发展伴随着植物群落的演替和生物多样性的变化过程，只有恢复、建设好植被，才能使生态系统步入良性循环。宁夏中部干旱带绝大部分区域适于旱生草、灌木生长，乔木只能生长在高海拔山地，或有地上、地下或人工补充水源的地方。人工林的建设一般都是跨越多个植被演替阶段，需要人类不断干预和投入一定的物质能量来维持，其生长是一个逐渐消耗土壤水分的过程。由于降水和地表水满足不了干旱地区造林种草的需要，必须依靠抽取深层地下水来进行灌溉，这无疑会激化人与自然的矛盾。同时，林草种植的单一性是普遍存在的问题。这类植被虽然可以发挥一定程度的防护效益，但生态系统稳定性较差，防护林病虫害经常发生。宁夏中部干旱带的生态重建，必须结合当地实际，以退耕、封山、禁牧为主，以人工造林为辅，充分利用植被的自我修复能力，同时需要人类的积极干预，以基本恢复自然植被景观。

宁夏于 2000 年开始逐步在全区推行退耕还林（草）政策，2003 年 5 月 1 日起实行封山禁牧、封育草原政策，中部干旱带生态环境得到明显改善，近 6×10^4 hm² 流动、半流动沙丘变为固定沙丘，草原植被覆盖率和产草能力得到很大提高，生态效益显著。同时，伴随着生态环境修复工程的推进，当地群众的生态文明理念也在不断提高，初步形成了坚持可持续发展，促进人与自然和谐相处的基本观念。

二、可持续发展对策

较小的人口密度与丰富的自然资源，使得宁夏中部干旱带成为全区有广阔发展空间的重点开发区域。同时，该区也是晋陕蒙宁国家能源重化工基地的组成部分，其开发具有全国意义。但是，由于该区域处在我国北方生态脆弱带上，其生态环境具有强烈的过渡性、复杂性和脆弱性，任何一类开发活动都对当地生态环境产生一些不利影响，如森林退缩、草场退化、土地沙漠化、水土流失、土壤盐渍化等生态环境问题。协调资源开发与生态建设的关系，对于实现区域可持续发展至关重要。

从区域人口、资源、环境与社会经济可持续发展来看，自然资源是否得到合理利用并具有持续性，是衡量区域是否可持续发展的重要标志。可持续发展对自然资源的开发利用提出了两个基本要求：一是以较低的资源代价获得较高的经济、社会发展水平；二是促进资源的可持续利用以满足经济、社会不断发展的需要。前者的关键是实现经济增长方式由粗放型向集约型转变，后者的关键是加强资源的保护，合理开发利用和发展资源产业。

宁夏中部干旱带在自然资源开发中，由于资金、技术投入不足，缺乏综合性意识、环境意识以及成本效益意识，重眼前利益、局部利益等，已造成众多环境问题，使自然资源开发的同时环境被破坏，影响资源开发的效益和可持续利用，因此必须转变观念，坚持自然资源与环境整治相结合的原则。当前重点是要在自然资源开发的同时防治土地荒漠化，增加地表植被覆盖，加强生态建设，改善生态环境，确保资源的可持续利用和资源开发中以较低消耗获得最佳的效益。具体对策如下。

(一)控制人口数量，减轻资源环境压力

宁夏中部干旱带自解放后人口增长速度快，对环境、资源的压力持续增大，必须采取强有力的措施控制人口数量，减轻资源环境压力，缓解人地关系的紧张状况，为资源持续利用创造较为宽松的环境。

(二)积极发展节水灌溉，最大限度地利用丰富的光能资源

宁夏中部干旱带水资源极为贫乏，已成为制约资源可持续利用和区域可持续发展的重要因素。因此，在水资源利用中应节流与开源并重，合理开发，节约使用，防止水污染，并以节水为重点。水资源开发方面，一是充分合理地利用现有水资源，发展节水产业，二是加强水利工程建设，合理抽取黄河水，寻找地下水，以补充中部资源开发中所短缺的水资源。大力发展节水灌溉，最大限度地利用丰富的光热资源是宁夏中部干旱带资源可持续利用的战略选择，它对于降低资源消耗，转变生产经营方式，促进沙区水土等自然资源的合理利用具有重要意义。宁夏中部干旱带一方面水资源缺乏；另一方面资源浪费现象又非常严重，所消耗的水资源总量中，灌溉用水占95%以上，而实际利用率仅38%。因此，大力发展节水农业，不仅可为区域自然资源开发提供必需的水资源，同时可减轻因不合理用水造成的环境问题。

(三)合理有效地开发优势矿产资源

中部干旱带是宁夏矿产资源最丰富的地区，合理有效地开发这些优势资源是区域可持续发展的要求。应增加资金、技术投入，加大煤和石膏的开发规模。同时，在深加工和提高开发效益上下功夫，在资源开发的同时，遵循节约、高效的原则，以中卫、青铜峡、灵武、同心为中心建设以资源为依托的产业带。对因矿产开发导致的土地沙化、污染等应及时处理，以免影响其他资源的开发。

(四)注重宜农荒地资源的开发

结合中部干旱带实际和全自治区协调发展的需要，适度开发宜农荒地资源，以水定地，合理规划，采用先进的节水灌溉方式，加大畜、林比重，使宜农荒地不仅得到合理开发，而且确保中部干旱带不因荒地资源开发而导致生态环境恶化。宁夏中部干旱带有丰富的宜农荒地资源，主要分布于风沙区，大部分尚未开发。宜农荒地资源的开发对区域可持续发展以及整个自治区的

发展都有重要意义。宜农荒地分布区人口较为稀少，是实施南部山区生态移民开发的良好场所。

(五)积极发展科技、教育事业

大力发展民族教育、职业技术教育，以迅速提高生产者、管理者的文化、科技素质，为资源深加工和合理利用提供良好的条件。宁夏中部干旱带尤其是风沙区的教育、科技事业落后，已严重制约资源的开发，特别是对资源深加工和高技术投入产生了不利影响。

第三节　资源开发与产业布局

由于中部干旱带的地理位置、政治、军事地位特殊，本地带的区域开发一直受制于政治的变化，是典型的政策主导型开发模式。历史上在政局动荡、民族矛盾激烈或游牧民族统治的时期，这里通常以畜牧业为主。在中原王朝政治稳定并向外扩张的时代，灌溉农业往往深受重视而蓬勃发展。新中国成立以后，宁夏中部干旱带的经济、社会进入一个全新的发展时代。

宁夏中部干旱带在历史上处于中原王朝的边地，是政权更替频繁、民族交锋激烈的区域，在生产方式上，往往是"出之于本族的习俗和利益，而不顾对于自然生态平衡的影响，因而就难免引起若干副作用，还往往贻患于后世"[①]。

秦汉以前，宁夏中部干旱带基本保持自然状态，其景观是在草原背景上镶嵌分布湖沼与森林。西汉初期，在"屯田耕战，移民实边"的边地开发政策之下，该区域得到了大规模的军垦，平原地区兴修水利发展灌溉农业，丘陵台地辟为牧场，原来的自然生态系统开始发生变化。自汉代至元代，宁夏中部干旱带基本维持着这样的农牧业格局，只是农业与牧业此消彼长，时有兴废。明朝在边疆地区大力实施屯田，明太祖"命天下卫所军卒自今以十之七屯田，十之三守城，务尽力开垦，以足军食……"[②]。宁夏中部干旱带自此进入了大规模农耕开发阶段，丘陵台地也被大规模开垦。尽管如此，为了保证军事上对马匹的需要，畜牧业规模依旧浩大。清王朝前期推行禁垦政策，但中期以后随着人口的快速增加，清廷一改初衷，倡导"借地养民"政策，农牧业生产一度有过繁荣景象。但是，由于不合理开发与战乱破坏，及至清末与民国时期，民生凋敝，田地荒芜。

---

① 史念海、曹尔琴、朱士光：《黄土高原森林与草原的变迁》，西安，陕西人民出版社，1985。
② 陈育宁：《宁夏通史》，银川，宁夏人民出版社，1993。

新中国成立以后，宁夏中部干旱带的开发进程明显加快。1949 年，该区域人口总数为 40×10^4 人，耕地面积为 19×10^4 hm^2。目前，人口总数已达到 147×10^4 人，耕地面积也达到 35.1×10^4 hm^2，增加了近一倍。作为资源相对富集区，本地区的煤炭、石油、石膏等非金属矿业资源从 20 世纪 70 年代以来也得到大规模的开发。其中，煤炭的开采量已超过 $2\,000 \times 10^4$ t，占全区煤炭产量的近一半。此外，自 20 世纪 80 年代实行吊庄移民扶贫模式以来，本区域已建成 8 个扬黄新灌区，安置移民 18×10^4 人。宁夏中部干旱带的台地或山间平原，建成了南山台子、固海、盐环定、红寺堡等大规模的扬黄灌区，在荒漠草原地区再造了一个个新绿洲。

目前，在中部干旱带产业结构中，第二、第三产业占有绝对重要的地位。根据 2012 年的统计数据，中部干旱带第一产业比重仅为 7.8%，第二产业比重则高达 74.5%，第三产业占 17.7%。第一产业中种植业主要分布在扬黄灌区和荒漠绿洲灌区，其他零星分布于半干旱丘陵区和阴湿区，以抗旱性较强的小麦、玉米、糜、谷、马铃薯、大麻、胡麻等为主。畜牧业是本带传统优势农业部门，目前形成了盐同香山半荒漠裘皮羊区和西海固黄土丘陵细毛羊、兔、蜂区，以牧为主，牧林农结合，建成牧业和养蜂业基地，畜产品商品化率有了很大提高。此外，具有明显区域特征的特色农业产业部门近年也迅速发展起来，如清真牛羊肉专业市场、乳制品加工、枸杞生产及其产品开发、葡萄产业、马铃薯生产及加工以及脱水蔬菜产业等已初具规模。在宁夏农业战略布局中，中部干旱带将按照节水、生态、特色、避灾的原则，建设由优质小麦、玉米产业带，优质葡萄、红枣、枸杞、苹果为主的林果产业带，以及硒砂瓜、马铃薯、滩羊、油料、甘草等优势特色产业组成的旱作节水农业示范区。

中部干旱带第二产业依托丰富的矿产资源发展迅速，目前已形成以宁东能源基地为龙头的煤炭工业基地，以水力和火力发电为主的电力工业系统，以高科技稀有金属为先导、高载能冶金产品为主导的冶金工业体系和依托灵盐台地油气资源发展起来的石化工业、依托丰富的建材资源发展起来的原材料工业体系等工业部门，成为区域国民经济的主导部门和拉动经济增长的主要力量。

第七章　宁南黄土丘陵区

章前语

宁南黄土丘陵地处我国水土流失剧烈的黄河中游黄土高原丘陵沟壑区，由于自然和历史的原因，长期以来形成贫困、人口和环境之间的恶性循环，人地矛盾积重难返。本章介绍了该区人地关系演化的历史与现状，指出开展生态移民和劳务输出，实施退耕还林还草和小流域综合治理，发展具有优势特色和巨大潜力的草畜产业和马铃薯产业，是减轻土地压力，改善生态环境，摆脱贫困，实现人口、资源、环境协调发展的重要途径。实践证明这些措施是行之有效的。

关键词

宁南黄土丘陵；人地关系；贫困；草畜产业；马铃薯产业

宁夏南部黄土丘陵是黄土高原的一部分，黄土覆盖厚的地方可达100 m，大致由南向北厚度渐减。区内凡有河流流过的地方，经河流的冲积，形成较宽阔的河谷平原，宜于发展农业生产，是重要的粮油产地。低丘缓坡多被开垦成农田。区内沟壑纵横，坡陡沟深，侵蚀强烈，属于黄土高原水土流失最严重的地区。

第一节　区域概况

该区地处北纬 $34°14'\sim37°04'$，东经 $105°9'\sim106°58'$，总面积 1.61×10^4 km²，占全区总面积的 31.0%，涉及原州区、西吉县、隆德县、彭阳县、泾源县、海原县、同心县南部及盐池县麻黄山等地区，是我国黄土高原的组成部分，北接宁中台地、山间盆地区，东、西、南与甘肃为邻。主要地貌类型为黄土丘陵和丘陵间洼地、谷地，平均海拔 $1\,600\sim2\,000$ m。六盘山以北的地区，由于降水少，流水对地表切割作用较小，除少数突出于黄土瀚海之上，状如孤岛的山峰之外，还有低丘浅谷，相对高度在 150 m 左右。六盘山主峰以南流水切割作用显著，地势起伏较大，山高沟深。自中更新世以来，这些地区接受了大量黄土的堆积，黄土厚度数十米至百余米，厚者可达300 m。

本区气候属于温带大陆性季风气候，四季分明，冬春干旱少雨，夏秋湿热多雨，年均气温 $5.3℃\sim7.3℃$，年降水量 $300\sim500$ mm，$\geqslant10℃$ 积温 2 500℃左右，降水年际变率大，降水量年内分配不均，雨季集中在 $7\sim9$ 月，占年降水量的 70% 以上，降雨多以洪水的形式流走，降水的利用率不足 40%。

农业气象灾害主要有干旱、霜冻、冰雹、干热风、暴雨。干旱是危害最重、范围最广、发生频率最高的灾害，平均每年受灾面积 5.13×10^4 hm^2。冰雹仅次于干旱，且每年都有发生，平均每年受灾面积 1.87×10^4 hm^2，降雹时间 $3\sim9$ 月都会出现，$4\sim8$ 月为多发时段。秋霜冻对本区晚秋粮食作物的收成影响很大。例如，1972 年 9 月 4 日出现的霜冻，由于发生时间早，致使当年秋作物大幅减产，荞麦甚至颗粒无收。干热风是影响小麦收成的主要气象灾害之一，出现的时间每年大都在 6 月上旬至 7 月下旬，危害最严重的是 6 月下旬至 7 月中旬，此时段正值灌浆乳熟期。暴雨集中在 $7\sim9$ 月，不仅给当地人民生命财产带来严重威胁，而且会造成严重的水土流失，致使冲沟延伸，塬面破坏，地形支离破碎。

本区无外来径流汇入，水资源来自降雨。由于大气降水少，地下水又主要依赖降雨补给，导致水资源贫乏，且空间分布差异很大，绝大部分水资源集中分布在南部，北部水资源奇缺。主要河流有清水河、葫芦河、红河、茹河、祖厉河等，年均地表径流量 6.87×10^8 m^3。河流输沙量都很大，其中清水河输沙量最大，约 $7\ 241\times10^4$ 吨每年，输沙量的 95% 集中在雨季汛期，一遇暴雨，黄土易被冲刷，水土流失严重。水质较好，矿化度基本在 2 g/L 以下，适于饮用和灌溉。但地表水和地下水的水质都具有南部淡、北部苦的特点，三营以南的清水河干流和南部的红河、茹河、葫芦河及其支流（除滥泥河矿化度在 3 g/L 左右）均为淡水，三营以北的清水河水质渐苦，矿化度为 $3\sim6$ g/L。地下水资源储量约 3.24×10^8 m^3，其中，约 0.8×10^8 m^3 因埋藏较深或矿化度高于 5 g/L 而难以利用，可开采利用的地下水仅 2.44×10^8 m^3。大部分地区地下水呈点、线状分布，局部地下水较丰富，如葫芦河河谷平原、红茹河川、固原北川、南华山山前盆地、干盐池盆地等淡水富集地段。

地带性植被类型为干草原，植被稀疏，植被种类较少，主要分布有长芒草、角蒿、百里香、糙隐子草、星毛萎陵菜、冷蒿等。其次还有中生和中旱生的落叶阔叶灌丛、落叶阔叶林、草甸。植被覆盖度在 50% 以下，固土能力较差。在干旱少雨的背景下，该区植被稳定性差，抗干扰能力弱。植被一旦遭到破坏，水土流失便会加剧，生态系统就会沿着逆向演替的方向逐渐演变成为生态服务功能较低的退化生态系统。

土壤类型以黄绵土、黑垆土、灰钙土为主，分别占耕地总面积的 56.5%、16.4% 和 15.4%。此外，尚分布红黏土、新积土、粗骨土、潮土、盐土、灰褐土、石质土等土类。土壤肥力特点是缺氮、少磷、有机质偏低，中低产旱地占 90% 以上。由于黄土结构疏松，孔隙度大，透水性强，遇水易崩解，抗冲抗蚀性弱，水土流失极为严重，土壤侵蚀模数高达 $5\,000 \sim 10\,000$ t/(km^2·a)。受水土流失影响，土壤养分不断流失，区域生态功能衰退。

本区 2012 年年底总人口 130.4×10^4 人，其中回族人口 87.3×10^4 人。国内生产总值 187.8 亿元，其中，第一产业 47.2 亿元，第二产业 48.1 亿元，第三产业 92.5 亿元。人均 GDP 为 14 403 元，约为宁夏全区人均 GDP 的 40%。

宁南黄土高原地区是全国主要贫困地区之一。目前，仍以自给半自给经济为主，耕作粗放，广种薄收，经济落后，产业结构单一，主要以农业生产为主，农民收入主要来源于农业。产业结构的低层次和农业生产的低效率导致区域经济发展十分缓慢，地方财力十分薄弱。本区贫困人口的贫困类型以"生存型"为主，人口多，耕地少，生活困难，是典型的"靠天吃饭"，一旦遇到自然灾害，一部分人饱而复饥，温而复寒，脱贫难度大，返贫率高。人口年龄构成以"年轻型"为主，适龄劳动人口比重过高，城镇化水平低。第二、第三产业发展缓慢，加之劳动力市场不健全等原因，能吸纳的劳动力资源非常有限，无法满足就业需求，大量劳动人口滞留在农村，造成第一产业从业人员占三大产业从业人员总数的 70% 以上，农村存在大量剩余劳动力。本区从事乡办、村办、户办等第二产业的劳动力占 4.5%，从事建筑、交通、商业、服务业等第三产业的劳动力仅占 5.5%。农村劳动力的文化程度普遍很低，初中以下文化程度的剩余劳动力占剩余劳动力总数的 80%，劳动力在转移过程中门路非常窄，缺乏竞争能力。各类专业技术人员不足总人口的 5%，专业人才非常缺乏。

本区土地利用的特点是，耕地面积比例最大，林地和牧草地比例较低。2012 年各类土地面积及比例如下：耕地 50.24×10^4 hm^2，占土地总面积的 29.9%；林地 39.29×10^4 hm^2，占 23.4%；牧草地 44.69×10^4 hm^2，占 26.6%；园地 0.54×10^4 hm^2，占 0.3%；其他农用地 7.98×10^4 hm^2，占 4.8%；居民及工矿用地 5.33×10^4 hm^2，占 3.2%；交通运输用地面积 0.5×10^4 hm^2，占 0.3%；水利设施用地面积为 0.42×10^4 hm^2，占 0.3%；未利用地面积为

$18.76 \times 10^4 \ hm^2$，占 11.2%。

第二节　人地关系

　　人地关系地域系统是以地球表层一定地域为基础的人地关系系统，也就是人与地理环境在特定的地域中相互联系、相互作用而形成的一种动态结构。人地关系地域系统的核心领域是土地利用及其变化。就宁南黄土丘陵区而言，人口增长、经济社会发展及对土地资源的过度依赖，使其生态系统结构发生改变，引发了水土流失、草场退化、水资源短缺等一系列变化，而生态的变化又反过来影响着人类生存环境和社会经济发展。

一、宁南黄土丘陵区人地关系现状

(一)人口增长速度过快，人口素质较低

　　在人地关系中，人是主导的最有活力的因子，在区域可持续发展中，关键的因子仍然是人。宁南黄土丘陵区发展滞缓的重要原因就是人口数量的过快增长和人口素质的低层次性。一方面，这里长期受严酷自然条件的制约，人类的不合理行为已使土地承载力日趋下降。由于地理位置偏僻，经济落后，当地群众思想保守，传统观念根深蒂固，把儿孙满堂看成是"家业兴隆"的标志，养儿防老意识很深。同时，清苦的生活使抚养孩子的成本极低，多数人至今仍然把多生育、生男孩作为摆脱贫困的重要途径，导致本区超生现象严重，人口出生率一直居高不下，是全国生育率较高的地区之一。各县人口自然增长率均高于宁夏全区水平。另一方面，作为宁夏乃至全国回族人口最集中的地区之一，回族人口增长速度明显快于汉族，这是本区人口自然增长率高的重要原因。2012 年，宁南黄土丘陵区人口密度为 78 人每平方千米，远高于联合国划定的干旱地区人口承载的水平(20 人每平方千米)。而且目前该区域人口出生率和自然增长率分别达到 19.4‰ 和 11.8‰，远高于全国平均水平。

　　宁南黄土丘陵区生产力发展水平低，导致教育文化落后，群众文化科技素质较低。2000 年第五次人口普查表明，本区人均受教育年限仅为 6.37 年每人，宁夏引黄灌区为 9.55 年每人。宁南山区具有小学、初中、高中和大学学生的人数分别为引黄灌区的 94%、39%、40% 和 20%，高学历人力资源严重不足。15 岁以上文盲人数高达 346 631 人，占宁夏全区文盲人口的 56.12%，回族人口多的西吉、泾源文盲人口分别为 63.6% 和 62.94%。这一群体往往思想趋于传统、保守，只图生计而劳作，不善于接受新观念、新知识和新技

术，主观能动性差，在资源开发利用上很难从可持续发展的理念去认识和思考问题，同时还造成传统生产方式难以改变，工业文明、生态文明的思想难以确立。

(二)贫困人口比重高，剩余劳动力多

参照国家新的扶贫标准，宁夏将扶贫标准提高到农民人均年纯收入 2 300 元。按此标准，宁夏现有 97 个贫困乡。其中，宁南黄土丘陵区有 80 个，占 82.5%。本区贫困人口的贫困类型以"生存型"为主，人口多，耕地少，生活困难。

由于科技文化素质低，相当部分的人只能从事简单的农业劳动，农业生产的季节性特点造成了农闲时期多达四五十万的剩余劳动力。本区人口城镇化水平低，劳动力市场不健全，发展缓慢的第二、第三产业所能吸纳的劳动力资源非常有限。当地就业困难，而文化素质较低，市场适应能力差，又使得他们无法迅速向外地转移，难以同其他生产资料有效结合，成为真正的生产者。

(三)人口与资源环境、社会经济发展不协调，人地关系紧张

宁南黄土丘陵区处于我国水土流失剧烈的黄河中游黄土高原丘陵沟壑区，多属自然环境恶劣、交通不便的山区或半山区，地形起伏较大，生态环境十分脆弱，突出表现在以下两个方面。

1. 水土流失严重

由于自然及人为因素影响，本区以水力侵蚀为主的水土流失十分严重，侵蚀强度以中度、强度和极强度为主。据统计，宁南黄土丘陵区水土流失面积 8 385 km²，其中极强度侵蚀面积达 654 km²，强度水土流失面积 2 870 km²，中度水土流失面积 2 817 km²。水土流失致使该区塬、峁、丘陵、沟壑遍布，其中沟壑面积是该区总土地面积的 10.4% 左右。水土流失造成每年流失土壤超过 $1.2×10^8$ t，剥蚀表土近 1.5 cm，沟头以每年 10 m 的速度向前延伸，每年破坏耕地约 30 hm²。土壤侵蚀带走大量的养分物质。据估算，本区域每年流失有机质 $126×10^4$ t，全氮 $9.45×10^4$ t，全磷 $26.04×10^4$ t，尿素 $26.54×10^4$ t，普通过磷酸钙 $105×10^4$ t。水土流失严重破坏了土地资源，也降低了水利设施的利用效率，并使当地可用水资源减少，对农业生产极为不利。

2. 频繁的旱涝和其他自然灾害

本区水资源严重短缺，旱灾频繁且持续性非常强，有季节连旱(如春夏、夏秋连旱)和年际连旱(五年连旱、八年连旱)等，对农业生产的危害特别严重，例如，1991~1995 年的连续大旱，就使很多脱贫农户返贫，甚至出现了人缺口粮，畜缺饲草，地缺籽种的危急局面。此外，雨涝、冰雹、大风等自

然灾害在本区也经常发生，这些灾害的影响范围和程度虽然不如旱灾，但也给当地群众的生产和生活带来众多负面影响，如暴雨引发山洪侵蚀土壤，造成水土流失的同时，还冲毁道路、桥涵，促使河岸坍塌，蚕食农田等。

在农业生产技术手段没有较大改变的情况下，宁南黄土丘陵区脆弱的生态环境难以承受超负荷的人口压力之重。人口的快速增长使区域人均耕地、草场、森林、水等资源负荷过重，人口自身增长速度远远超过物质再生产的速度，给区域经济发展和社会进步等带来许多难以克服的问题，从而造成难以在短时间内消除的贫困。为了生存，当地群众在延续旧有的粗放型生产模式的基础上，不惜采取"有水快流"，"竭泽而渔"的手段，过垦、滥伐、过牧，其结果只能造成对资源和生态环境的更大破坏，降低植被覆盖率，加剧水土流失，频频诱发自然灾害，引起严重的生态环境危机。在诸多限制性因素的制约下，贫困、人口剧增、生态环境恶化导致人口、资源、环境和社会经济发展严重失调，矛盾积重难返，并形成贫困、人口和环境之间互为因果的"PPE 怪圈"，制约区域的可持续发展。

二、宁南黄土丘陵区人地关系的历史演变

宁南黄土丘陵区经历了长期的生态演进过程，近千年的基本演进趋势是趋向恶化，其原因既有自然方面的，也有人类活动的不良影响。到了近现代，人们对资源和环境的掠夺式开发更加速了区域生态环境的恶化，而不断恶化的生态环境又直接威胁人们的生活甚至生存。脆弱生态环境的恶化和人口经济的极度贫困落后便成为制约区域社会经济发展的瓶颈。

宁南黄土丘陵区一直是农牧交错过渡区域，区域文化自然而然地具有农耕文化和牧业文化交错过渡的特征。农牧交错过渡性的文化特点表现为畜牧业粗放的游牧形式，不利于草场资源的合理利用；而传统农耕方式则为一种自给自足的自然经济形势，粗放经营，广种薄收，过度开垦引起严重的水土流失。农耕文化与畜牧文化交错过渡所表现出来的生产方式的二元性，受历史时期气候波动、人口迁移等因素的影响，不断交替和消长，是导致当地生态环境恶化的直接原因，并深刻影响着现今人们的生产方式和生态环境状况。

本区先秦时期为游牧民族占据，人烟稀少，生态环境基本处于自然状态。自秦汉至元明，农耕和畜牧两种土地利用方式随着政局的变换而不断交迭。汉朝时期农牧兼收，两晋至五代十国以牧马为主，唐朝亦重牧轻农，宋朝时期则推行军垦政策，农业成为主要的生产方式。大规模的弃牧屯垦可追溯到元明时期。元代这里成为政府移民屯垦的中心区域。进入明代，随着人口的增加，屯垦剧增，林草锐减。据《明经世文编》卷 63 载，自洪武始，"天下卫

所州县军民皆事垦辟，以尽地力，以实军需，以苏发困"[1]。屯垦推动了此地经济的发展，官府民间多有存粮，但此时也正是该地森林植被遭受大规模破坏的盛期，掠夺式人地关系自此形成。进入清代，历史上汉牧民族的军事对抗已经结束，宁南山区由原来的"边塞"变成了"内地"。随着南下西进的汉族人口不断移入，加之清政府的"降低赋税，摊丁入亩"的政策引导，持续长久、规模更大的开荒种地在这一地区形成。据《固原州志》估算，1616年，固原地区(含固原、海原、西吉、彭阳、泾源、隆德6县)有耕地 68.94×10^4 亩，但到了1734年(清雍正十二年)耕地已达 200×10^4 亩[2]。耕作业的发展和人头税的取消，使该地区人口增长迅速。到乾隆年间，川源平地的耕作收益已无法满足日益增长的人口需求，政府再次鼓励垦荒。清乾隆五年(1740年)，朝廷告布"凡边省、内地，零星地上可以开垦者，嗣后悉听本该地夷垦种，免其升科"。由此诱发了更大规模的开荒浪潮，耕殖由川源平地推广到坡地，大批林地、草地被毁，植被由原来的宿根性草被和多年生疏林、灌丛为易替性农作物代替，生态日渐脆弱退化。到清代中叶，这一地区的生态环境已步入相当恶化的状态，2/3以上的森林、草原被拓垦，野生动物锐减，水土流失严重，自然灾害频发。据公元1805年清代《万里行程记》记载，当时六盘山已是"童山如秃，求一木不可得"，掠夺式人地关系愈演愈烈。

同治年间，陕、甘、宁回民多次起义失败后，大量回民被清政府胁迫迁入宁南山区，强制开垦。据史料记载，仅当时宁夏"金积堡就1.2万余人解赴固原城外，分拨荒地安插。""关中回民被强行迁入山深林密的化平(今泾源县)等地后，为求生存，大量毁林开垦，伐木烧炭，六盘山深部森林也受到严重破坏"。1906年，固原知州王学伊在其《劝种树株示》中写道，"固郡自连遭兵灾以来，元气未复，官树砍伐罄尽，山则童山，野则旷野"[3]。随着生态环境的恶化，大自然对人类的报复日渐明显。清末宁南山区水土流失已相当严重，许多沟塘被泥沙淤积堵截，滑坡、泥石流常有发生。同时，干旱、暴雨、冰雹、霜冻等自然灾害频频发生，土地生产力锐减，人民生活困苦不堪。人类掠夺式垦殖最终殃祸了自身。这种互为报复式的人地关系一旦形成，将会长时期地使人与自然两败俱伤，元气难复[4]。

可见，历史上宁南黄土丘陵区在以农为主时，往往植被破坏，水土流失加剧，生态环境恶化；以牧为主的时期，则林草有所恢复，生态有所好转。

---

① 陈育宁：《宁夏通史》，银川，宁夏人民出版社，1993。

② 陈育宁：《宁夏通史》，银川，宁夏人民出版社，1993。

③ 固原县地方志办公室：《民国固原县志》，银川，宁夏人民出版社，1992。

④ 陈忠祥：《宁夏南部回族社区人地关系及可持续发展研究》，载《人文地理》，2002，17(1)。

而战乱和大兴土木，往往会对本区的自然植被和生态环境造成破坏。

新中国成立后，以种草种树恢复植被，修复梯田保持水土为主要内容的生态环境治理从未停止过，但终因原生态问题积重难返，加之人口压力过大，边治理、边破坏，甚至破坏大于治理，而生态环境的演替既缓慢，又难以逆转，互为报复式的人地关系没有改变。

三、新中国成立后的生态环境建设

新中国成立后，由于种种因素制约，宁南山区生态环境恶化的趋势仍在继续并加剧，成为制约该地区社会经济发展的关键因素。在总结沉痛历史教训后，以退耕还林还草为主要内容的生态重建，成为宁夏南部黄土丘陵区摆脱贫困，发展经济的必然选择，但由于受认识水平和经济发展阶段等综合因素的影响，退耕还林还草长期处在波动状态，退耕、复耕，边建设边破坏的现象交替出现。新中国成立以来的宁夏南部黄土丘陵区生态重建发展大体经历四个阶段。

第一阶段为1949～1983年，这一阶段实施以植树造林为主要内容的生态建设。1978年以前，生态重建以营造用材林和薪炭林为主。1956年，在延安召开"西北五省区植树造林大会"，拉开了西北植树造林的序幕。1966年成立的中国人民解放军西北林业建设兵团，对以六盘山林区为主体的林业建设进行了卓有成效的改造。1978年以后，进入了以营造商品林为主的时期。1978年，国家实施"三北"防护林建设工程，整个西北纳入这一浩大的工程范围。固原市实行了"乔灌草，带片网，多林种，多树种相结合"的绿色建设工程。

第二阶段为1983～1993年，这一阶段实施以林草和农村能源为主要内容的生态建设。1983～1988年是"三西农业建设"第一个十年的前六年。当时在国家"种草种树、发展畜牧、改造山河、治穷致富"和宁夏"大力种草种树，兴牧促农，农林牧全面发展"的农业建设方针的指导下，南部山区掀起了大规模的林草和能源建设热潮。荒山营造以灌木为主的薪炭林，兴办小水电，开发太阳能、风能、沼气能，推广节柴炕灶等，这一建设项目的实施，基本停止了对林草植被的破坏，缓解了群众的生活压力。基于以往的经验教训，"三西"建设将传统的救济型扶贫改为开发式扶贫，实施以工代赈，把救济同长远建设结合起来。

第三阶段为1993～1997年，这一阶段实施以小流域综合治理和打井打窖为主要内容的生态建设。1993年开始，宁夏南部黄土丘陵区加大了农田基本建设的力度，农田基本建设实行以小流域为单元，形成了西吉黄家二岔、原州区上黄、彭阳白岔、海原冯川等典型的小流域治理模式。农业科技人员在农民雨水窖蓄灌地的基础上，通过试验示范，把雨水集流窖蓄节灌高效农业变成了现实，有效防止了水的无效蒸发和渗流，提高了水的利用率，减少了水土流失，局部地区生态环境开始步入良性循环，并为生态重建提供了较好的条件。

第四阶段为 1998 年至今，这一阶段大规模实施以退耕还林还草为重点的生态重建。从 1998 年起，宁夏南部 8 个县（区）先后被列为国家"生态环境重点治理县"。2000 年，全面开展了退耕还林还草工作，当年退耕还林还草 20×10^4 亩，以后每年有 $40 \times 10^4 \sim 60 \times 10^4$ 亩耕地退耕，十年内退耕还林还草面积达到 500×10^4 亩。对年降水量在 400 mm 以上的地区以还林为主，低于 400 mm 的地区则林草结合。25°以上的坡耕地一律退耕，水土流失严重区域超过 15°的坡耕地也坚持退耕，除退耕坡地还林外，还对荒山、荒坡造林，从而加速绿化步伐。政府对退耕还林每年每亩补贴粮食 100 kg，连续补助 10 年。退耕地经营承包权 30 年不变，谁承包，谁经营，谁受益，且可以继承。这些政策和措施对退耕还林还草给予了有力保证。

综观宁南黄土丘陵区几十年生态重建的历程，一个显然的事实是，生态重建必须得到农民的支持，必须有较为雄厚的经济基础作保障，经济发展必须变国家"输血式"扶贫为农民"造血式"致富，变传统的"生态建设"、"经济建设"为"生态经济建设"。宁南黄土丘陵区脆弱的生态环境决定了经济的发展必须以生态产业为主，只有发展生态产业才可以达到农民致富与生态好转的"双赢"局面，并最终实现生态、经济、社会的可持续发展。

四、人地关系调控与可持续发展对策

实施可持续发展战略，促进人和自然的协调与和谐是 21 世纪的主题。宁南黄土丘陵区属老少边穷地区，一方面存在社会经济持续快速发展的需求压力；另一方面又受到脆弱生态环境的严重制约，人地关系矛盾突出，人口、资源、环境、发展（PRED 系统）极不协调。人地系统是由地理环境和人类活动两个子系统交错构成的复杂开放的巨系统。根据系统科学理论，协调人地关系必须使地理环境和人类活动两个子系统各组成要素之间在结构和功能联系上保持相对平衡，使系统达到优化。同时，要实现区域可持续发展，就必须在区域可持续发展理论指导下实施地理工程。针对本区域 PRED 系统的特点，人地关系调控和可持续发展对策包括如下几个方面。

（一）控制人口增长，提高人口素质

宁南黄土丘陵区人口密度已经超过了半干旱区人口承载力的临界值。人

口的持续增长是生态环境压力过大，人地关系严重失衡的主要驱动力。因此，控制人口增长是缓解人地关系矛盾，促进宁南黄土丘陵区生态建设和经济发展的关键。同时，应培养、造就全方位、多层次的人才，提高人口素质，促进人力资本的积累，为协调人地关系和提升区域可持续发展水平提供动力。

生态移民是控制宁南黄土丘陵区人口数量，减轻资源、环境压力行之有效的人口分流工程，即把本区人口稠密、经济贫困地区的人口，有计划地搬迁至北部人口稀疏区和引黄灌区，开发宜农土地资源，加强山区和川区的交流。已有的成功经验表明，生态移民工程是宁南黄土丘陵区协调区域 PRED 的有效途径。此外，组织本区剩余劳动力进行劳务输出也是实现区域可持续发展的有效措施。该措施一方面可以减轻本地人口压力；另一方面可以促进农民转变观念，学习新技术，提高市场竞争意识和商品意识，增加农民收入，为本地区发展积累财富。

(二)加快区域经济建设

贫困是实现区域可持续发展的主要障碍，可持续发展的基本目标首先是消除贫困。自 1983 年中央把宁南山区列为国家"三西"扶贫区之后，已在该地区实施了一系列的扶贫开发工程，如扬黄灌溉工程、吊庄移民工程、生态建设工程等，并取得了巨大成效。今后的扶贫开发方略应以增强区域造血功能为主旨，培植和扩大经济增长点，彻底改变其生产方式。重点是调整优化产业结构，大力培植拓宽第二、第三产业；调整农业内部结构，提升林、牧比例，培养和建立面向土地可持续利用的耕作、畜牧制度。一是加强土地资源管理，把土地资源开发利用、保护治理与资产增值有机结合起来。二是大力推行生态农业，发展集约化高产优质高效农业，推广品种改良、地膜覆盖、节水灌溉等农业技术项目，解决粮食自给。三是瞄准市场，培植地方支柱产业，如煤炭深加工、建材、制药以及果品、枸杞、土豆、毛皮、蚕丝、清真食品和绿色食品加工等。应扩大经济效益明显的水果、药材、桑等经济作物栽培，引导发展庭院经济。同时，大力发展商业、运输业、服务业，积极组织劳务输出，以增加农民收入。并从改变当地最基本的生产、生活条件入手，实施山、水、田、林、草、路、住综合治理，确保扶贫的深入性和实效性。

旱地农业由于降水不稳定，导致农业生产水平低而不稳，发展以高效生态持续农业为目标的引黄灌溉工程和节水窖灌工程，是宁南黄土丘陵区重复利用水资源，提高水资源利用率，提高土地生产力的重要途径。

此外，宁南黄土丘陵区地处偏僻，受银川、兰州、西安等中心城市文化、科技、信息的影响小，这成为其长期以来贫困与落后的重要原因之一。因此，要实现本区域的可持续发展，就必须将其置于以发达城市为中心的区域经济发展框架之中，加强其与周围地区尤其是发达地区及中心城市在资源、技术和经济等方面的联系，强化物质、能量和信息的输入输出，使区域 PRED 系统内部各要素协调和优化，增强其内在的发展动力。

(三)大力开展生态环境建设

水土流失和干旱是影响宁南黄土丘陵区脱贫和可持续发展的重要因素，因此要积极开展小流域综合治理工程，以改善生态环境，保持水土，提高土地生产能力。西吉县黄家二岔小流域综合治理的典型范例表明，采用小流域综合治理，可有效控制水土流失，改善生态环境，提高土地生产能力。此外，宁南黄土丘陵区由于长期以来盲目开垦导致土地利用方式不合理，垦殖率高，耕地所占比重大。因此，应积极调整土地利用结构，减少耕地比重，提高集约化水平，增加林、牧业用地，以改善环境状况。

生态环境建设是一项庞大的、科学性很强的系统工程，其效益需要较长时间才能显现。因此，生态建设容易陷入"一面治理、一面恶化"的局面，也容易出现因资金、政策的不到位而半途而废的现象，更容易发生因生活贫困而导致的生态环境的逆向发展①。深化生态环境建设的关键，其一是按经济规律办事，以市场经济的思路创立生态建设的新机制，使建设者有较丰厚的收益，以调动广大群众的积极性。在退耕还林还草项目中，应注意生态林、经济林共济，解决好农民因退耕而引起的生活问题。其二是尊重科学，遵循生态学规律。本区生态建设前后历经六十年，但实际上是"年年种树不见树，处处种草不见绿"。其重要原因就是没有按生态学规律办事，如树种、草种单一，适宜性差；草灌乔结构失调；阳坡、阴坡、沟坡、沟头植被类同等，造成植物多样性不够，因地形和气候的分异使林草成活率低，难以形成稳定的植物群落，容易诱发病虫害等问题。生态环境修复和重建的指导理论有：植被演替规律、多样性导致稳定性规律、地形和气候对植被类型的分异规律、生态系统的物质循环规律等。

---

① 陈忠祥：《宁夏南部回族社区人地关系及可持续发展研究》，载《人文地理》，2002，17(1)。

第三节 优势特色产业

一、草畜产业[①]

畜牧业是宁南黄土丘陵区的传统产业，也是较有特色和比较优势的产业。在国家实行西部大开发战略和退耕还林还草政策以后，畜牧业生产由原来的自然放牧改为广种牧草，舍饲圈养。这是一种集约化的现代畜牧业生产方式，其内涵包括两个相互关联、相互依托、相互制约的产业，即以牧草种植和饲料生产为主的草产业，和以养殖和畜产品加工为主的畜产业，二者合而为一，就是草畜产业。

(一)草畜产业发展优势和潜力

1. 区域优势

宁南黄土丘陵区是传统的草原牧区。历史上，这里曾经是绿草绵延、植被繁茂的辽阔草原，明代以前是以牧业为主的牧区，明中叶以后，由于人口激增，毁林毁草开荒逐渐增多，到清代更是实行了"招民开垦，按亩收租"政策，致使大片草原被毁。清末大面积草原已不复存在，原来典型的草原牧区退化为以农为主、农牧业并存的地区。在经过长期超载过牧和开垦破坏后，国家实行的退耕还林还草政策才为草畜产业的蓬勃发展打开了方便之门，本区草畜产业发展的区域优势得以显现。

本区自然条件利于牧草的生产和存贮。区内黄土土层深厚，土质疏松，易于耕作，土壤保墒条件较好，在半干旱气候条件下，全区都适宜于种植优质牧草。在牧草收割季节，本区气候普遍比较干燥，宜于牧草自然晾晒。在干旱少雨期，牧草存贮条件好。

本区种植业相对比较发达，可为草产业发展提供丰富的草料资源。玉米、小麦、高粱等农作物秸秆都可以作为重要的饲料原料。

本区是全国主要的回族群众聚居区之一，回族农牧民家家都有饲养牛羊的习惯，并且具有丰富的养殖经验，发展草畜产业具有良好的群众基础，传统产业优势明显。

固原市是宁夏清真牛羊肉主产区，畜产品加工业具有一定的产业基础，拥有"清真"品牌优势，市场前景非常广阔。当地居民的饮食习惯偏好牛羊肉，

---

① 朱善利、梁鸿飞：《产业选择与农民利益——宁夏固原扶贫与可持续发展研究》，北京，经济科学出版社，2010。

这为畜产品加工业的发展提供了良好的本地市场条件。由于工矿企业少，环境质量好，本区所产牛羊肉品质上乘，"清真"、"绿色"、"优质"是其走向区外市场的显著优势。

2. 政策扶持优势

(1)退耕还林还草政策

2000 年，国务院发布了《关于进一步做好退耕还林还草试点工作的若干意见》，规定"每亩退耕地补助粮食(原粮)的标准，长江上游地区为 300 斤，黄河中上游地区为 200 斤"。为了落实上述政策，财政部、农业部、国家林业局等部门还制定发布了一系列后续规定、办法等，这些规定和办法从政策层面上保障、促进了各地退耕还林还草工作的健康发展。2002 年、2007 年国务院又连续发布了关于完善退耕还林政策的意见和通知。宁南黄土丘陵区属于黄河上游地区，位于退耕还林还草政策覆盖区域，上述退耕还林还草政策彰显了本区生态保护和恢复草原的重要性，扭转了过去相当长一段时间内当地群众"重农轻牧、重粮轻草"的思想，在保障退耕农户基本生活的同时，推动了当地草畜产业的发展。

(2)国家扶贫开发政策和宁夏产业政策

我国的扶贫开发特别注重对于贫困地区的产业扶持，《中国农村扶贫开发纲要(2001～2010)》指出："因地制宜发展种养业，是贫困地区增加收入、脱贫致富最有效、最可靠的途径"，要求把发展种养业作为扶贫开发的重点，集中力量帮助贫困群众发展有特色、有市场的种养业项目。在贯彻落实西部大开发战略和退耕还林、退牧还草政策过程中，宁夏在全区范围内推行天然草原禁牧封育、恢复生态和大力发展草畜产业的政策。2003 年，宁夏回族自治区政府发布了《关于"南部山区草产业工程"实施意见的通知》，全面实施"百万亩人工种草工程"，通过人工种草建立了多元化饲草料供应体系，加快草畜转化，实现草畜双赢。2006 年，宁夏制订了《关于全面推进宁南山区草畜产业发展的若干意见》，通过良种繁育、棚圈建设、饲草基地建设、服务体系建设、技术推广等措施，大力发展肉牛产业、肉羊产业和草产业，显著提高了宁南山区草畜产业的发展水平。宁南黄土丘陵区草畜产业是全区草畜产业发展的重要组成部分，也是上述政策的落实主体。

3. 市场前景

草畜产业的优势归根结底取决于草、畜市场的发展。只有形成畜牧业拉动草产业，草产业促进畜牧业发展的良性互动格局，才能带动草畜产业健康发展。在市场开放条件下，草畜产业的发展与区内外、国内外大市场密不可分。草产品市场方面，我国畜牧业发展对草产品的需求量非常大，在相当长的时期内将存在供不应求的局面。我国属于优质饲料资源短缺的国家，每年仅用于配合饲料的牧草产品潜在市场需求就达 $650\times10^4\sim800\times10^4$ t，同时，随着我国配合饲料产量以每年 10％ 的增长速度，对牧草产品的需求也将以每年 70×10^4 t 左右的速度增长。而我国目前优质牧草产量只能满足需求量的 2/3 左右。畜产品市场方面，随着我国城乡居民生活水平的提高，对畜产品的消费需求也在快速上升，近年来出现了牛羊肉和奶产品产销两旺的势头。宁南黄土丘陵区是宁夏清真羊肉的主产区，清真牛羊肉市场潜力巨大。

（二）草畜产业发展现状

鉴于资料不够完整，同时考虑到固原市是宁南黄土丘陵区的主体部分，此处以固原市为例，来说明宁南黄土丘陵区草畜产业发展现状。统计资料显示，在开展退耕还林还草之前的 1999 年，固原市牧草面积只有 5.6×10^4 hm²，草场退化非常严重。退耕还林还草之后，2000 年末，固原牧草面积已达 7.3×10^4 hm²，此后连年增长，2005 年达到 20×10^4 hm²，2007 年达到 25.6×10^4 hm²。其中，首蓿留床面积 21.3×10^4 hm²，占全区首蓿总面积的 56％，是宁夏优质牧草产业的核心区。年产首蓿干草约 20.08×10^8 kg，农作物秸秆可提供饲料 6.09×10^8 kg，其他饲料 1.65×10^8 kg，全市饲草总容量约 505×10^4 个羊单位。

2002 年，宁夏扶贫办、财政厅、农牧厅、农垦局共同提出了"十万贫困户养殖业工程"，以此为契机，固原市畜牧业作为优势产业得到快速发展。该项工程实施的第三年即 2004 年，固原市畜牧业规模和结构即发生了明显变化，与 2000 年相比，牛存栏数由 20.55×10^4 头上升到 30.29×10^4 头，羊存栏数由 29.95×10^4 只上升到 59.05×10^4 只，猪存栏数由 22.88×10^4 头下降到 20.81×10^4 头，以牛羊养殖为主的畜牧业特征逐步显现。2012 年，全市牛、羊、猪存栏分别为 37.3×10^4 头、79.0×10^4 只和 16.1×10^4 头，牧业产值达到 21.11 亿元。

二、马铃薯产业①

马铃薯是宁南山区与民众生活息息相关的重要粮食作物。这里自然条件非常适合马铃薯生长，在人们温饱问题尚未解决的时候，马铃薯产业是重要的扶贫产业。在温饱问题解决后，马铃薯又成为当地农民实现增收的特色高效产业得到重视和发展。

---

① 朱善利，梁鸿飞：《产业选择与农民利益——宁夏固原扶贫与可持续发展研究》，载《人文地理》，2002，17(1)。

(一)产业发展优势和潜力

宁南黄土丘陵区自然条件非常适合种植马铃薯。马铃薯是喜凉作物,本区大部分地区海拔 1 500~2 200 m,气候冷凉,年平均气温 6℃~8℃,光照条件好,全年日照时数超过 2 500 h。本区属干旱半干旱气候,除南部六盘山周边区域降水量超过 600 mm 外,中部半干旱地区年降水量为 400~600 mm,只有北部地区年降水量不足 300 mm。全年降水量的 70% 集中在 7~9 月,这一期间当地日照最充分,是马铃薯块茎膨大和淀粉积累期,对水分需求量较大。同时,本区昼夜温差大,有利于马铃薯吸收和储存营养成分,利于马铃薯干物质(淀粉)的合成和积累。此外,本区土地资源丰富,黄土土层深厚,土质疏松,通透性好,土壤中富含钾,肥力较大,有利于高品质马铃薯的生长。可见,宁南黄土丘陵区自然条件对于种植马铃薯具有得天独厚的优势。不仅如此,本区气象灾害较多,而马铃薯抗击风、雹、寒的能力也比其他农作物强,种植马铃薯可以趋利避害。

马铃薯产业具有明显的市场优势。在许多国家,马铃薯是主要的食物来源,人均消费量很大。我国马铃薯消费也在迅速增长,市场需求量不断扩大。有关统计表明,每年全世界人均马铃薯消费量为 32.1 kg,我国人均消费量为31.3 kg。随着以马铃薯为原料的方便食品越来越多地走进普通百姓的生活,马铃薯的需求量将会越来越大,市场前景广阔。近年来,马铃薯的经济价值也越来越受到重视。在 2008 年 4 月 6 日北京召开的"世界马铃薯大会"上,时任农业部副部长指出,发展马铃薯产业对保障我国粮食安全,促进农民增收和推动农业及农村经济健康发展意义重大。区位方面,本区距离西安、兰州、银川三大城市都相对较远,但马铃薯产业的两大类产品即鲜薯和淀粉,都是适合远途运销的,现有高等级公路能够将马铃薯快速运输到这三个城市,甚至由于本区马铃薯的高品质而远销到其他中心大城市。

除一般的市场优势外,本区马铃薯产业还具有种薯市场优势。与南方其他马铃薯产区相比,本区气候对马铃薯种薯的培育十分有利。近年来,南方马铃薯产区纷纷从北方调运种薯,为本区种薯发展提供了广阔的市场。2007年,固原马铃薯种薯培育基地向南方省份供应种薯 500 多吨,同时还向甘肃、新疆等省(区)供应大批种薯。

(二)产业发展现状

20 世纪 80 年代,宁南山区马铃薯种植面积约为 6.7×10^4 hm²,90 年代种植面积逐步扩大,2001 年达到 12.3×10^4 hm²,2007 年突破 20×10^4 hm²,占粮食作物播种总面积的 38%,成为山区的第一大农作物。其中,固原市马铃薯种植面积 13.92×10^4 hm²,占当年全市粮食播种面积的 47.1%,马铃薯

产量 33.1×10^4 t，占当年全市粮食产量的 56.6%。宁南黄土丘陵区中，马铃薯种植面积最大的县是西吉县。统计数据显示，2000 年西吉县马铃薯种植面积已达 3.67×10^4 hm^2，占当年固原马铃薯种植面积的 45%。到 2007 年，西吉县马铃薯种植面积跃升到 8.35×10^4 hm^2，在当年全市马铃薯种植面积所占的比例达到 60%。不仅种植面积大，西吉县整个马铃薯产业发展迅猛，在宁夏乃至全国马铃薯产业领域都具有较大影响。2003 年，西吉马铃薯被列入宁夏四大战略性主导产业之一。2004 年，西吉县被中国特产之乡推荐暨宣传活动组委会命名为"中国马铃薯之乡"。2006 年，西吉马铃薯种植面积达到 7.56×10^4 hm^2，成为全国马铃薯种植面积第一大县，"西吉马铃薯"商标通过国家工商总局注册，西吉县被农业部确定为全国绿色食品原料（马铃薯）标准化生产基地。

马铃薯加工业是宁南黄土丘陵区马铃薯产业的重要组成部分，也是马铃薯种植业实现产业延伸和价值增值的重要途径。1990 年，引进具有世界先进水平的马铃薯淀粉加工设备和工艺技术，建成当时全国规模最大的西吉、隆德两家精淀粉加工厂，标志着本区马铃薯加工业的正式起步。截至 2007 年，宁南山区已有马铃薯淀粉加工企业 3 200 多家，其中规模以上企业 50 家，具有年加工精淀粉 10×10^4 t、粗淀粉 5×10^4 t、糊化淀粉 2.5×10^4 t 的生产能力。马铃薯淀粉加工业产值占山区工业总产值的 23%，成为主导产业。其中，西吉县马铃薯加工企业 140 家，淀粉加工工业产值占全县工业产值的 86%。当前，本区已成为全国马铃薯精淀粉的重要生产基地之一，其淀粉产销量占全国同类产品的 30% 以上，同时也是鲜薯的重要生产基地之一。马铃薯种植正朝着品种专用化、种薯脱毒化方向发展，生产和加工技术水平逐步提高，产业发展水平不断提升，成为宁南黄土丘陵区最有发展潜力的农业产业。

第八章　贺兰山

章前语

贺兰山地处银川平原和阿拉善高原之间，是银川平原重要的生态屏障，鄂尔多斯高原和阿拉善高原的天然分界线，我国东南季风区与内陆非季风区的分界线。贺兰山还是我国六大生物多样性中心之一——"阿拉善—鄂尔多斯中心"的核心区域，生物资源丰富，且具有广泛的地域代表性和区域分界特点，在我国西北地区具有举足轻重的生态意义。1988 年国务院正式批准贺兰山为国家级自然保护区。

本章介绍了贺兰山区的自然概况，着重阐述了宁夏贺兰山自然保护区的基本特点、生物多样性和保护价值。

关键词

生态屏障；地理分界线；宁夏贺兰山国家级自然保护区；生物多样性

第一节　自然概况

贺兰山坐落于宁夏回族自治区和内蒙古自治区交界处，位于宁夏银川平原与内蒙古阿拉善高原之间，北纬 38°19′～39°08′，东经 105°40′～105°58′，南北绵延 250 km，宽约 30 km，海拔 1 600～3 000 m，最高峰敖包疙瘩 3 556.1 m，属阴山山脉。山脉呈北东—南西走向，南起中卫，北至磴口，是北温带草原向荒漠过渡的地带，鄂尔多斯高原和阿拉善高原的天然分界线，我国东南季风区与内陆非季风区的分界线，也是宁夏和内蒙古两个自治区的分界，总面积约 1 855 km²，占宁夏总面积的 3.6%。贺兰山是银川平原的天然屏障，为温带半干旱—干旱地区山地生态系统的典型代表，其自然环境复杂多样，生物多样性丰富，植被垂直分带明显。

一、地质地貌

(一)地　质

　　贺兰山为地垒式山地，东西麓均有巨大的山前隐伏断裂。其地质基础是由一系列南北走向的复式或单式褶皱、压性断裂构成的经向构造体系，与南部的牛首山褶断带、清水河—六盘山褶断带、罗山—云雾山隆起带等构成山字形的脊部，构造形迹是一系列背向斜的断层。受新华夏系干扰，表面较破碎。

　　贺兰山是一座形成较晚却有悠久地质历史的山体。地层除青白口系、志留系、泥盆系外，其余发育比较齐全。前寒武纪的太古界和中新元古界的片麻岩、变质碎屑岩和石英岩主要出露在贺兰山北段和中段的南部，见于柳条沟、大武口沟等处。下古生界寒武系和奥陶系的石灰岩、砂岩、页岩发育良好，分布广。上古生界则以石炭系与二叠系同等发育为特点，以页岩、砂岩等为主，且含有煤层，见于石炭井、苏峪口、石嘴山等地。中生界三叠系地层广泛分布在北部，侏罗系次之，前者以紫红色砂岩、砾岩、页岩为主，是构成贺兰山中段北部山体的主要地层之一，后者以各种灰色页岩、砂岩为主，并为本山区主要产煤地层之一，主要见于汝箕沟、古拉本等地。白垩系和第三系地层都不发育。山前地带和山间低地广泛分布着第四系冲积物、洪积物、风积物和山麓堆积物等。

　　贺兰山地质历史时期，气候多变，曾数次处于冰期，形成冰川，因此贺兰山遗存有多次冰川遗迹。贺兰山保存最古老的冰川遗迹是震旦系正目观组冰碛砾岩，该冰碛砾岩位处山地中段，是黄褐、灰色为主的杂色钙质砾岩、泥砾岩、砂泥质砾岩，含微古植物化石，厚度达 144 m，冰碛层不具层理。砾石分选极差，排列无序，大小混杂。冰碛砾石形状多样而奇特，多为多角形。砾石具擦痕、磨光面、拉长、压坑等现象。上述冰碛砾岩特征显示贺兰山在震旦纪晚期因气候变寒，曾遭受过冰川作用。此外，新生代第四纪期间因气候变动，在气候寒冷期贺兰山主峰附近地区发育冰川，形成冰川地貌及冰碛物。新生代后期以来，贺兰山新构造运动活跃，留下众多遗迹，最典型的有两处：一是红果子沟的明代石砌长城及附近洪积扇晚更新世浅红色砂质黏土层被断裂活动错断，此为中外学者所熟知。调查资料表明，因地壳运动造成明长城水平错位 1.45 m，垂直错位 0.35~0.95 m。另一处是苏峪口外洪积扇因新构造运动造成极为明显的断层陡坎，陡坎平均高 6~9 m，延伸超过20km。以上多种多样的地质地貌现象，为研究贺兰山的地质历史提供了重要证据。

(二)地貌

贺兰山的地貌属于基本形态成因类型,是一条较典型的拉张或剪切拉张型断块山地。贺兰山呈东仰西倾的形态,东坡有众多古老岩层出露的断崖,使得东壁岩石远比西坡陡峭险峻。受内外营力作用的影响,贺兰山北、中段在地貌形态上存在较大差异。北段东坡山体最宽处 21 km,海拔不超过 2 000 m,主要由花岗岩组成且边际有少量沉积岩,物理风化强烈而形成球状风化地貌。中段是贺兰山主体部分,海拔 3 000 m 左右。这里山体庞大,地势陡峻,峰峦起伏,峭岩危耸,沟谷下切很深,在海拔 2 000 m 左右有一段相对较平缓的山坡,出现小型山沟洼地或山间台地,山坡风化物较厚,甚至出现小型山间积水洼地。中段东坡南狭北宽,最宽处 21 km,以苏峪口为界,向南宽度不足 14 km,山势较和缓,向北山体较宽,一般大于 14 km,到汝箕沟一带可达 20 千米,中生代地层较为发育并含有优质煤炭资源。

由于地势较高,外力地质作用的垂直分带性明显,自上而下可将贺兰山分为寒冻风化山地、流水侵蚀山地和干燥剥蚀山地以及山前洪积倾斜平原—洪积扇、洪积裙。

1. 寒冻风化山地

海拔高 3 000～3 500 m,寒冻风化强烈,冰融现象明显。每年 11 月至翌年 5 月处于积雪冰冻期。谷沟切割深度在 500 m 左右,纵坡降大。根据物质成分可划分为碎屑岩构成的寒冻风化山地和碳酸盐岩构成的寒冻风化山地两种类型。前者山体由砾岩、砂岩及少许页岩构成,山脊呈梳状;后者山体由石灰岩、白云岩及其过渡型岩石构成,多呈锯齿状山脊。当岩层倾向与坡向一致时,多呈直线状或凸状山坡,相反时则为悬崖峭壁,且屡见倒石堆。

2. 流水侵蚀山地

海拔 2 000～3 000 m 范围内,是贺兰山次生天然林的主要分布地区。年降雨量一般达 420 mm,流水侵蚀强烈。山坡陡峻,沟谷呈"V"字形,切割深度为 500～1 000 m,峡谷幽深,纵坡降大。

3. 干燥剥蚀山地

该地貌单元分布于海拔 1 500～2 000 m 内,基岩裸露,年降雨量约 200 mm,物理风化强烈,岩石的残坡积碎屑发育。沟谷宽缓,纵坡降较小,切割深度 500～800 m。一般发育有Ⅰ～Ⅱ级阶地。碎屑岩山地呈梳状,碳酸盐岩山脊多为锯齿状。小口子—黄旗口—百寺口(拜寺口)一带的花岗岩区山脊则呈浑圆状。

4. 山前洪积倾斜平原—洪积扇、洪积裙

贺兰山东坡沟道颇为发育,多数自西而东延伸,呈梳状分布。共有大小沟道 180 余条。其中，三关至苦水沟之间有主要沟道 21 条，具代表性的有三关口、榆树沟、甘沟、大口子沟、龟头沟、黄旗口沟、苏峪口沟、贺兰口沟、插旗口沟、大水沟、汝箕沟、大峰沟、石炭井沟、大武口沟、苦水沟等，都是黄河水系的外流区。其中，最大者为大武口沟，集水面积为 574 km²。沟道一般在中、上部下切较深，呈"V"字形，沟道部则较为宽阔，砾石遍布沟底。山前形成一个个洪积扇，许多洪积扇连接起来构成"洪积裾"。

东麓山前由洪积扇、洪积裾构成的洪积倾斜平原十分发育。自花布山至插旗口一带，宽 15～25 km，暖泉以北变窄，仅 4～8 km。构成洪积扇的洪积物十分典型，每一个沟谷自沟口向外，分为三个相带，彼此平行，逐渐过渡。扇顶地面倾斜 5°～7°，坎坷不平，巨砾累累，草木罕见，荒无生机。中部地面倾斜 3°左右，散布扇状沟，砂砾混杂，植被稀疏。前缘以砂、沙质黏土为主，地势平坦，间有洼地，或成沼泽，或成龟裂盐碱地。

二、气 候

贺兰山地处宁夏西北部，属中温带干旱气候，具有典型的大陆性季风气候特点。冬季受蒙古冷高压控制，寒冷而漫长，夏季炎热而短暂，春季气温回升快，大风及沙尘天气频繁，秋季凉爽。无霜期短，终年雨雪稀少，气候干燥，日照时间较长，大雾天气多。

贺兰山日照充足，热量资源比较丰富。年平均日照时数在 3 000 h 以上。年平均气温稳定≥10℃的日数，在海拔 2 900 m 处为 38.2 d，积温 478℃；海拔 1 112 m 的银川平均气温稳定≥10℃的天数为 172 d，积温为 3 298.1℃，平均无霜期 122～170 d。由于山势陡峭、地形复杂，贺兰山山地气候特点明显。南北段基带年平均温度差别不大，但从基带向高山则明显递减，由基带的 8.5℃降至 2 900 m 的−0.8℃，平均每升高 100m，温度下降 0.62℃。气温的年、日变化也比较大，山麓平均年较差 32℃左右，日较差 9℃左右；高山地带的年较差为 26℃左右，日较差 8℃左右。据贺兰山高山气象站 1961～1990 年的观测资料记载，贺兰山年平均气温为−0.7℃，极端最高气温为 25.4℃，极端最低气温为−32.6℃。贺兰山区出现雾及雷暴天气的日数明显高于平原地区，年平均雾日数达到 88.7 d，雷暴日数达 22.3 d。

贺兰山山区年平均降水量 418.1 mm，降水日数为 94 d，大雨（日降水量大于等于 25 mm）以上的降水日数年均 2.6 d，日最大降水量达 211.5 mm。降水的季节变化大，6～9 月降水量达 260.2 mm，占全年降水量的 62%，是一年中降水量最集中、降水次数最多的时期，也是该区山洪、泥石流及山体滑坡等地质灾害的多发期。降水量具有明显的垂直分异现象，平均每上升100 m，降水量增加 13.2 mm。降水量年际变化很大，在山体上部，丰雨年降水量可达 600 mm，欠雨年则不足 200 mm。降水的年内分配也极不均匀，但随海拔升高年内降水分布趋于均匀，如山地中段海拔 2 000 m 以上的林区，6～8 月降水量占全年总量的 60%～70%，2 000 m 以下到山麓地带则占 70%～75%。贺兰山东坡多风且风速较大，年平均风速为 7.5 m/s。主风向在山体上部为偏西风，中下部为偏北风，其中冬、春、秋三季的主导风向均为西北偏西风，夏季主导风向转为东南偏东风。随海拔升高，大风日数增多，由平均 54 d 增加到 158 d。贺兰山高山气象站曾记录到风速＞40 m/s 的大风。年平均沙尘暴天气日数为 2.2 d。

三、水　文

贺兰山东麓水系属黄河水系黄河上游下段宁夏黄河左岸分区，东麓有大小沟道 67 条，多数沟道为季节性河流，植被较好的沟道径流深 20 mm。流域面积大于 50 km² 的沟道有 13 条，大武口沟是贺兰山区最大的河流，流域面积 574 km²。贺兰山东麓年平均降水量 255.6 mm，其中山地 426 mm，坡地 180.5 mm。贺兰山东坡径流量为 7 120×10⁴ m³，年径流系数为 0.12～0.15，径流深度平均 22.4 mm；长流水占 40.5%，径流量为 2 550×10⁴ m³，平均径流深度 10.8 mm。在乱石堆积、植被郁闭的沟谷中长流水处于地表以下 0.5～1.0 m 并呈潜流状态，往往在地形突然变化时出露地表。中段高寒山地区降水多而蒸发相对低，又有基岩裂隙水补给，长流水丰富且形成大小不等的跌水、小瀑布等。汝箕沟、大武口沟一带的地表径流深度大于中段，但长流水的径流深度小于中段，约为中段的 0.69 和 0.38。贺兰山土壤含水量因植被状况不同而有很大变化，植被覆盖度最好的中段插旗口沟平均含水量为 10.4%，以此向北和向南呈递减趋势。

贺兰山暴雨通常发生在 7～8 月，暴雨期常常出现洪水，大面积发洪的情况较少，局部地区或沟道发生较多，历时短且涨落急剧。贺兰山东麓坡面侵蚀主要来自暴雨冲刷，年平均输沙量为 176×10⁴ t，侵蚀模数较大的区段为大武口沟流域一带，年侵蚀模数平均值超过 1 000 t/km²，中段的苏峪口、插旗口一带则为 500 t/km² 左右。贺兰山东坡大多数沟道，特别是中段沟道水质很好，pH 值 7.5 左右，矿化度不高，为轻度软水或适度硬水，适宜饮用。北段沟道水质状况复杂，除少量可饮用外，大部分沟道或区段水质差，仅可供林牧业和农田灌溉用。

四、土壤与植被

贺兰山地形复杂，植被多样，受海拔高度影响，水热条件发生规律性变化，土壤类型也较复杂，包括高山土纲、半淋溶土纲、干旱土纲、初育土纲、钙层土纲和漠土纲6个土纲，有9个土类、14个亚类和30个土属。9个土类分别为高山与亚高山草甸土、灰褐土、栗钙土、棕钙土、灰钙土、新积土、石质土、粗骨土和灰漠土，以粗骨土、山地灰钙土、山地灰褐土、山地草甸土为主。

粗骨土是一种石块为主、土石混合的非地带性（隐域性）土壤，分布于低山区中段的陡坡和北段各坡面上。坡度多在30°以上，局部缓坡坡度也在20°左右。土壤可溶性盐含量为0.02%～0.048%，pH值8.2～8.6，有机质含量一般在1%以上，少部分不足1%。主要生长灰榆、锦鸡儿、刺叶柄棘豆和白莲蒿，坡度平缓处有针茅生长。

山地灰钙土：为荒漠草原气候带的地带性土壤，分布于海拔1 400～1 900 m的浅山和山麓地带，汝箕沟以北可达2 000 m的高度，多见于阴坡、半阴坡。坡度一般为30°～40°，较缓处为15°左右。母岩多为砂岩、片岩和石灰岩，平缓处多为坡积物和洪积物。土层较薄，一般20～40 cm，厚者50～60 cm，而侵蚀严重的汝箕沟以北地区厚度仅为10 cm左右。土壤质地为砂质壤土，有紧实的钙积层。表土含盐量平均为0.038%，pH值8.1～8.4，有机质含量3%左右，缓坡及接近上部林缘地带土壤有机质含量较高。分布地带为典型大陆性气候，干旱少雨，温差大，日照强，只能生长一些耐旱的植物，主要有灰榆、蒙古扁桃、锦鸡儿、刺叶柄棘豆、白莲蒿、灌木亚菊和针茅等。

山地灰褐土主要分布在中段山地海拔1 900～3 100 m的阴坡与半阴坡，阳坡也有小面积的分布，坡度为30°左右。在地形缓和、林木茂盛、气候湿润的小环境下，分布高度可下延到1 900 m以下。包括山地淋溶灰褐土和山地普通灰褐土两个亚类，山地淋溶灰褐土分布在海拔2 400～3 100 m的范围内，土体较湿润，地表层有1～2 cm的苔藓层，表土有机质层厚20 cm左右，有机质含量8.3%，pH值7.2，可溶性盐含量0.032%。下部为褐色或棕色土层，有机质含量大于1%，有明显黏化现象并有一定的钙质沉积，地表植被为青海云杉林。山地普通灰褐土分布于海拔1 900～2 600 m的山地，土体干燥，地面有1 cm左右的枯枝落叶层，表土层有机质层厚20 cm，有机质含量平均为7.74%。心土层具有黏化现象，并有明显的钙斑沉积。全剖面含盐量为0.023%～0.045%，pH值8～8.4，且有石灰反应。地面生长油松林或油松、山杨混交林。

山地草甸土为贺兰山高寒灌丛、草甸植被下发育的土壤，分布于海拔3 000～3 100 m以上，即贺兰山主峰一带。由于地形较为平缓，温度低，降水量多，土壤的相对湿度大。表土层 10～20 cm 中根系密布盘结；有机质层厚度 30 cm 左右，颜色深暗，结构良好；有机质层下为棕色土层，厚度大于 30 cm，有一定的盐类淋溶。全剖面可溶性盐含量低，均在 0.06％以下，有机质含量 7％～10％，pH 值随土层加深而由表土的 7～7.5 增大到中下部土层的 8～8.4，全剖面无石灰反应。

贺兰山山麓到岭峰相对高差 2 000 m 左右，从山体基带到主峰形成完整的植被垂直带谱(图 8-1)。(1)山地草原和荒漠草原带，分布海拔 1 400～1 600 m，为垂直带谱的基带。该带气候比较温暖而干旱，年均温 8℃左右，年降水量 200～300 mm，土壤为山地灰钙土。植被以短花针茅和灌木亚菊为建群种，荒漠草原占绝大部分面积。该带植被旱生化现象十分明显，种类贫乏，以蒙古草原成分为主，还含有亚洲中部荒漠成分和少量地中海成分。(2)山地疏林草原带，海拔 1 600～2 000 m，与基带相比，气温稍有下降，降水量约 250～350 mm，土壤为山地灰钙土。植被以耐旱的灰榆与大量蒙古草原区系植物相结合，形成疏林草原带。该带内有大量蒙古扁桃灌丛。(3)山地针叶林带。分布于海拔 1 900～3 100 m 的中山和亚高山地带，年均温-0.8℃，年降水量 429.9 mm。土壤从下部向上分别是山地灰褐土和山地淋溶灰褐土，土层深厚富含有机质。水分条件为乔木生存提供了条件。该带内海拔 1 900～2 350 m 间为油松林亚带，以油松纯林、山杨油松林面积最大。另有片状山杨林及少量的油松、青海云杉林；海拔 2 350～3 100 m 为青海云杉林亚带，下部局部地段有山杨林。山地针叶林带是贺兰山植被垂直带谱的核心和关键部分。(4)亚高山灌丛草甸带。分布于海拔 3 100 m 以上的贺兰山主峰周围地区，这里气候严寒，风力强劲，限制了乔木的生存，冷湿的气候有利于耐寒的中生灌丛和多年生草本植物生存。该带分别以毛蕊杯腺柳、鬼箭锦鸡儿、多种嵩草、珠芽蓼等为建群种形成亚高山灌丛与高寒草甸，在分布上呈现相互穿插的镶嵌状况。总之，贺兰山山地垂直带分异明显，带谱完整，汇集了多种植物地理成分，显示了半干旱与干旱山地环境的过渡性和复杂性特征。

与气候和植被垂直带相适应，土壤也呈现出明显的垂直分布特点(图 8-2)。阳坡从下到上大致分为山前灰漠土—山麓棕钙土—栗钙土—山地石质土、新积土、粗骨土—亚高山、高山灌丛草甸土；阴坡大致表现为山前灰漠土—山麓棕钙土—山地灰褐土—亚高山、高山灌丛草甸土。大的土壤带可简化为棕钙土—灰褐土—亚高山、高山灌丛草甸土 3 个带。

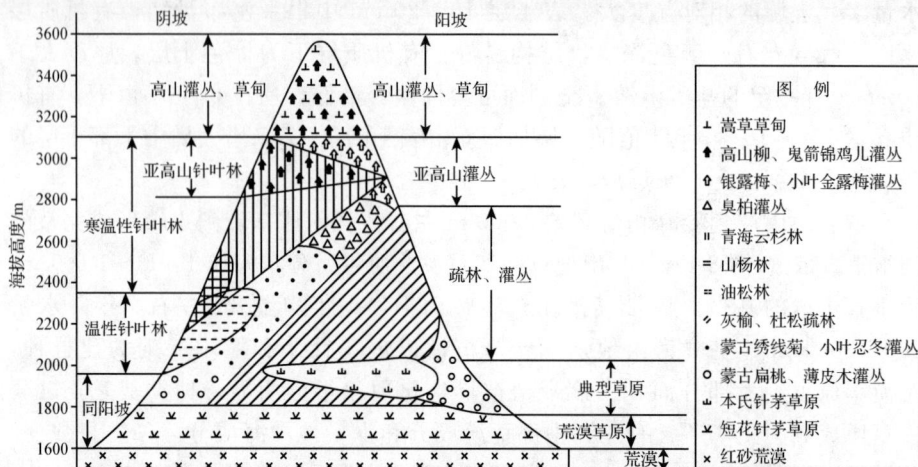

图 8-1　贺兰山山地植被垂直分布结构①

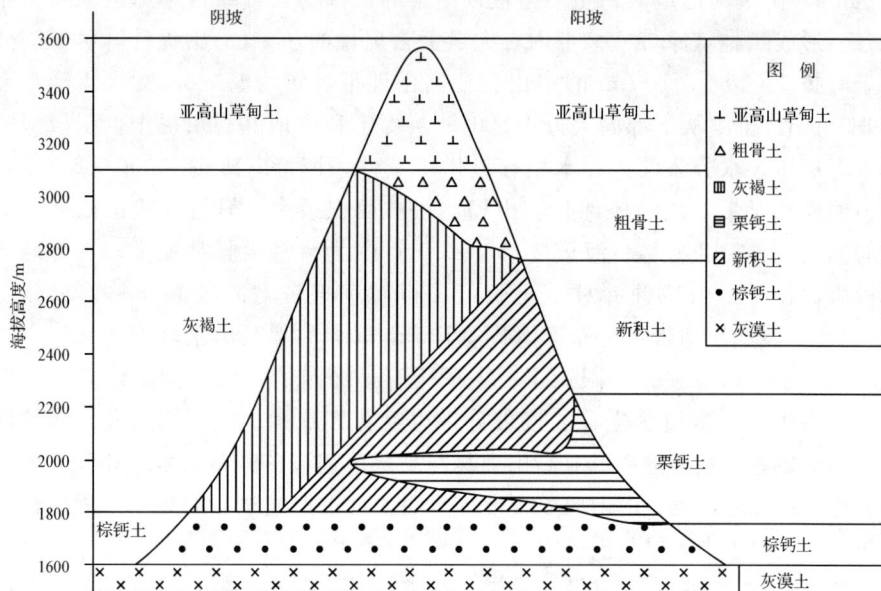

图 8-2　贺兰山土壤垂直分布图②

---

① 王小明、刘振生、李志刚等：《宁夏贺兰山国家级自然保护区综合科学考察》，银川，阳光出版社，2011。

② 王小明、刘振生、李志刚等：《宁夏贺兰山国家级自然保护区综合科学考察》，银川，阳光出版社，2011。

五、矿产资源

贺兰山矿藏丰富、品种众多，其中10种矿产资源已被列入矿产平衡表。贺兰山的北段生成于距今20多亿年前，其变质岩系广泛发育且构造变动剧烈，同时还伴有火成岩侵入。这种地质环境有利于内生金属矿产的形成。

当前在贺兰山还没有发现一定规模的矿床，但与其有关的铬、钛、铜、银、铍、铌、钽、铀、锂以及云母、长石、水晶等矿化现象普遍存在。而在贺兰山中段和南段以及北段部分地区，十几亿年以来，长期处于海相、陆相或海陆交替相的沉积环境中，火成活动相对微弱，形成了以外生矿床为主的一系列矿产资源，如煤、磷、硅石、各种用途的石灰岩和白云岩、黏土等。已探明的有熔剂用石灰岩、白云岩、硅石、耐火黏土、磷、化工用石灰岩、玻璃用砂岩7种矿产的储量。贺兰山中的煤炭储量所占的比例虽然较小，但其开采量却占宁夏煤炭产量的87%，而100%的焦煤储量蕴藏在贺兰山，享誉中外的"太西煤"仅产于贺兰山中。该区的主要矿产资源有以下几种。

(一)贺兰石

贺兰石因产于宁夏的贺兰山而得名，形成于地质时期的震旦纪中前期(距今约18亿年)，其结构均匀、质地细腻、刚柔相济，色泽清雅莹润，石质镶玉带、云纹、眉子、石眼等形，是雕刻名砚等工艺品的上乘原料。贺兰石产于宁夏贺兰山小口子一带。贺兰砚是以贺兰石雕刻的名砚，艺人用贺兰石雕出的仿形、随形、盖砚、素砚、油珍砚五类精品，图案新颖，形象生动，古朴典雅，千姿百态，具有不吸水、不损毫、易发墨以及加盖后砚内余墨可保持数月不干不臭等优点，被誉为宁夏的"五宝"之一。

(二)黏土矿

主要分布在石嘴山、石炭井等地。含矿地层为上石炭统太原群和下二叠统山西组且与煤共生，矿层主要由软质黏土、硬质黏土及半硬质黏土组成，现已探明石嘴山及平罗浸水沟矿床两处。

(三)硅石和石英砂岩

主要分布于贺兰山中段和北段，属浅海硅质碎屑岩建造。矿层赋存于中元古界长城系黄旗口群下部，主要由灰白、浅紫、粉红色石英岩、石英岩状砂岩夹杂色板岩组成。矿石质纯，出露甚好。现已查明的矿区有石嘴山正谊关、红果子玻璃石英砂岩矿床及银川市大口子熔剂硅石矿床。岩性稳定，质地纯净，层厚宜采，是良好的玻璃、硅铁合金及冶金辅助原料，目前已探明储量在 $1\,700 \times 10^4$ t 以上。

(四)白云岩

主要分布于贺兰山中段，含矿地层为下寒武统苏峪口组下部，与磷矿共生。矿层厚度大，出露良好，纵横分布稳定，矿石质地优良，多已达冶金熔剂级。目前，仅对紫花沟等地进行了地质勘探工作，证实其属大型矿床。由苏峪口经紫花沟至井子泉一带，在长 40 余千米的范围内，均有白云岩矿层分布，蕴藏量丰富，资源可观。

(五)煤

贺兰山地区的煤矿主要集中在贺兰山北部的石嘴山地区。石嘴山地区煤形成于石炭纪晚期至二叠纪早期，含煤层厚度 30 m，以气煤、肥煤为主，汝箕沟、大武口的煤形成于侏罗纪早期，煤层在 5～14 层之间，总厚度为 20～30 m。汝箕沟矿区无烟煤是宝中之宝，它的特点是低灰、低硫、低磷、高发热量、高强度、高精煤回收率、高块煤率、高化学活性，是国内最好的无烟煤，出口称"太西煤"，为国际市场争购的原料。

(六)磷

宁夏唯一具有工业价值的磷矿，位于贺兰山苏峪口一带，矿床赋存于下寒武统中部。含矿地层分布的范围，北起苏峪口，经黄旗口、紫花沟，南到井子泉，南北断续延伸超过 40 km，面积约 400 km²。矿床的矿石类型为砾状磷块岩、砂质磷块岩和细粉砂质磷块岩三种。磷矿呈层状和似层状产出，含量一般为 14%～18%，最高达 20%。现已探明苏峪口、苏峪口南部扩建区、紫花沟 3 个矿床，累计探明储量为 1.33×10^4 t。

第二节　宁夏贺兰山国家级自然保护区

宁夏贺兰山自然保护区位于贺兰山东侧的中北段，北纬 38°21′～39°22′，东经 105°49′～106°41′，南北长约 140 km，东西宽约 10～40 km，面积 1 578 km²。位于中温带半干旱—干旱地区草原与荒漠的过渡地带，处于内蒙古、华北、青藏高原三大植物区系交会处，物种复杂多样，具有明显的过渡特征。植物区系组成复杂，生态系统多样，动植物种类丰富，是中温带生物多样性的保留地和生物资源宝库。

一、植物多样性

贺兰山是我国西部重要的气候和植被分界线，以东是草原气候和草原植被，以西则是荒漠气候和荒漠植被。贺兰山还是连接青藏高原、蒙古高原和华北植物区系的枢纽。特殊的地理位置和地理环境塑造了贺兰山特有的植物类群与群落。

保护区地处蒙古高原中部的南缘，西北部接阿拉善荒漠，东临黄河，南部被腾格里沙漠阻隔，环境破碎化严重，森林分布集中，树种单一，是西北乃至全国罕见而又典型的森林岛屿。保护区地跨温带草原与荒漠两大植被区域，是我国风沙干旱区中山地森林生态系统的典型代表，同时也是我国生物多样性中心之一的阿拉善—鄂尔多斯中心的核心区域。保护区内自然资源较为丰富，是我国生态环境严酷的荒漠与半荒漠地带重要的生物种质资源库。

（一）植物多样性特征

1. 植物分类群的多样性

宁夏贺兰山自然保护区内有野生维管植物 84 科，329 属，647 种，17 变种。其中，蕨类植物有 10 科，10 属，16 种，裸子植物有 3 科，5 属，7 种，被子植物有 71 科，314 属，624 种，17 变种，单子叶植物 10 科，66 属，148种。维管植物种类以菊科和禾本科最多，其次是豆科、蔷薇科、藜科、毛茛科、莎草科、十字花科、石竹科、百合科。

2. 植物区系成分多样性

根据吴征镒等对我国种子植物区系地理成分的划分[①]，宁夏贺兰山自然保护区种子植物 319 属可划分为 14 个分布型，12 个变型，共 26 个分布区类型，显示了贺兰山东坡植物区系的多样性。其中，温带分布类型数量最多，为 180属，占种子植物总属数的 56.4%，显示出贺兰山植物区系的温带特征；其次是世界分布，共 48 属，占 15%。地中海—西亚—中亚分布 41 属，占 12.9%。泛热带—热带分布类型 31 属，占 9.7%。东亚分布类型 11 属，占 3.4%。中国特有分布 4 属，占 1.3%。29 个分布区类型中代表荒漠特征的中亚和亚洲中部共 16 属，占 4.9%，反映了荒漠植物区系对贺兰山的深刻影响。同时，代表东亚森林特征的东亚分布类型有 11 属，说明贺兰山虽然地处中国西部荒漠区，但仍然受东部植物区系的影响。

贺兰山保护区维管植物种的区系组成较为复杂，664 种及变种中除 88 种尚未确定成分外，已确定成分的 576 种初步可划分为 9 大类 73 个类型，其植物区系特点主要表现在以下几个方面：包含较高的温带广布成分和世界成分；受东亚植物区系的深刻影响；有显著的古地中海及亚洲中部等荒漠成分；欧洲西伯利亚成分、青藏高原成分及亚洲中部草原成分的广泛渗透以及特有性强等。

---

① 吴征镒、周浙昆、孙航等：《中国种子植物分布区类型及其起源与分化》，昆明，云南科技出版社，2006。

3. 植物分类群的特有性

宁夏贺兰山自然保护区维管植物没有仅分布于贺兰山的特有属，但有贺兰山所在的阿拉善—鄂尔多斯地区特有属或亚洲中部荒漠特有属，主要包括1个鄂尔多斯特有属，即蒺藜科的四合木属，分布于贺兰山北段西麓。有1个阿拉善—鄂尔多斯特有属，即菊科的革苞菊属，分布于宁夏贺兰山自然保护区南段。上述2属，均为单种属。此外，还有2个亚洲中部荒漠特有属：豆科的沙冬青属，本属含2种，宁夏贺兰山自然保护区1种，分布于汝箕沟以北山地沟谷；菊科的紊蒿属，为2种属，宁夏贺兰山自然保护区有1种，分布于北段山麓。此外，宁夏贺兰山自然保护区分布有中国华北特有属：虎榛子属；中国华北—东北特有属：文冠果属；中国华北—西南特有属：阴山荞属。

目前，发现宁夏贺兰山自然保护区种子植物有贺兰山特有和近特有种47个。其中，仅分布于贺兰山的特有种21个。以贺兰山为中心，分布区可扩展到周边临近地区的贺兰山近特有种26个。这些特有和近特有种隶属于26科37属，占种子植物的7.1%。石竹科、菊科种类最多，均为7种。其次是豆科4种。其他科仅含1~2种。

4. 植物生态类型的多样性

虽然贺兰山处于干旱区，但贺兰山有海拔3 000 m以上的高大山地，极大地丰富了该地区的生物多样性，并提高了中生植物类型的比例，中生与旱生植物达到61.3%，但旱生类型，包括中旱生、旱生及强旱生类型仍占32.4%，由此可见该地区植物区系的强烈旱化特征。

(二)主要植被类型

贺兰山是我国温带草原区与荒漠区的分界线，植被类型比较复杂，包括草原和荒漠、针叶林和疏林草原、各种灌丛、草甸和落叶阔叶林。

山地草原分为典型草原和荒漠草原两个亚类。典型草原以长芒草、大针茅和阿尔泰针茅分别为建群种，由60余种植物组成，每个植物群落中出现的种数差别很大，最少的仅有4种，最多的达21种。荒漠草原以短花针茅、戈壁针茅、中亚细柄茅、灌木亚菊为建群种或共建种，在山麓地带形成纵贯南北的荒漠草原亚带。该类草原的植物种类比较复杂，每个群落中有植物5~19种，多为10种左右。

荒漠是一类旱生特征比草原更强烈的植被类型，主要分布于山前平原地带，仅见于石炭井周围，主要为红砂、珍珠猪毛菜和松叶猪毛菜组成的小灌木或半灌木荒漠，局部地方有以霸王或沙冬青为建群种的灌木荒漠分布，组成本地区荒漠植被的植物约59种。

　　疏林草原是一类分布于贺兰山低山半干旱地带的重要植被类型，它是由草原植物如短花针茅、长芒草、灌木亚菊、刺叶柄棘豆等组成的草被层与稀疏生长的耐旱小乔木灰榆共同组成的一种植物群落。它既不同于落叶阔叶林，也不属于草原，是一种具有独特区系组成、结构特点和外貌的植被类型。分布区海拔 1 600～2 000 m，介于山地草原带与山地针叶林带之间，形成一个完整的山地疏林草原带。

　　低山区干旱，中山区与亚高山温度低，限制了落叶阔叶林的发育，所以本类植被面积小，分布零散，且很局限，群落中树种单一，结构比较简单。主要类型为分布于山地针叶林带中的山杨林，多系油松林或青海云杉林破坏后出现的次生纯林。

二、动物多样性

（一）多样性特征

　　宁夏贺兰山国家级自然保护区的野生动物在地理区划上属于蒙新区西部荒漠亚区的东端，除与东部草原亚区相邻外，还与青藏区、华北区相距不远，因而动物区系成分混杂，有高山森林动物，也有荒漠草原动物。

　　该保护区内共有野生脊椎动物 179 种。其中，鸟类 115 种和 5 个亚种，分属于 10 目，30 科；兽类 51 种，分属 10 目，14 科；爬行类 8 种，分属 2 目 4 科；两栖类 3 种，分属 1 目 2 科；鱼类 2 种，分属于 2 科。在 179 种野生动物中，有经济动物 104 种，分属于两栖类 3 种，爬行类 8 种，鸟类 63 种，兽类 30 种。保护区内鸟类新记录有黑鹳、雀鹰、金雕、鹊鹞、游隼、长耳鸮等 38 种。属国家规定的重点保护动物有 16 种，其中一级保护的 3 种，二级保护的 13 种。

（二）主要野生动物

1. 蓝马鸡

　　蓝马鸡属马鸡属，共有三种，是中国特有属。它耳羽延长伸向头后，其形似角或耳，因而被称为"角鸡"或"耳鸡"。头顶具卷形绒羽，两颊裸出为红色，翅圆且中央尾羽披散如马尾，故称马鸡。蓝马鸡栖息于青海云杉林、油松林和混交林中。春冬季到阳坡草地觅食，夏末开始群集活动。4 月开始产卵，每窝 8～12 枚卵，孵化期一般为 25～26 d。蓝马鸡羽色亮丽，性格温和，为观赏鸟类，被列为国家二级保护动物。1982 年被自治区人民政府确定为宁夏的"区鸟"。蓝马鸡在贺兰山以插旗口及其附近的有林地分布最多，其他区域也有一定数量的分布。据 1996～1998 年全国动物普查，蓝马鸡种群数量为 738～1 155 只。

2. 岩 羊

岩羊是贺兰山的主要经济动物，属于中等兽类。肩高 900 mm 左右，体形大小似家羊，尾短，雌雄均有角。冬毛密厚，通体青灰色，部分毛尖为黑色。岩羊为典型的高山动物，栖息于 2 400 m 左右的高山裸岩地带、高山草甸和山谷草滩。行动敏捷，善于登高走险，跳跃力强。多群集，以各种灌木的枝叶、杂草为食。雌羊妊娠期为 10 个月，多在第二年 6～7 月产仔。岩羊为国家二级重点保护动物，自然保护区的建立使岩羊数量增长十分迅速。据1996～1998 年全国动物普查结果，岩羊种群数量为 5 321～9 510 只。

3. 马 麝

马麝是中国名贵药材——麝香的母体，为我国 4 种麝之一。马麝无角，雄性上犬齿呈獠牙状，腹部有麝香囊。属于中型兽类，体长达900 mm，体重大者达 15 kg。毛呈黄褐色，后部呈棕褐色。栖息于海拔 1 700～3 500 m 的裸露山地、云杉林缘灌丛及针阔混交林之间，多晨昏活动，白天隐于干燥能避风而又温暖的地方静卧休息。马麝性胆怯、孤独，除配偶期外，多单独活动。行动轻快敏捷，但不宜跑下坡，在无干扰情况下，外出寻食、排粪和休息，均有固定的路线和场所。每年繁殖一次，5～6 月产仔。喜食嫩枝、柔叶、草茎、苔藓、蘑菇等。主要分布于贺兰山的大水沟、插旗口、苏峪口、黄渠口等地。

4. 马 鹿

马鹿是贺兰山大型兽类，体长 2 m，肩高 1 m 以上，体重 100～180 kg。雌鹿比雄鹿稍小，尾短，四肢长，雄鹿有角，雌鹿无角。主要以插旗口为中心，栖息活动于高山针阔混交林、林间草地、稀疏灌丛和溪谷沿岸。随季节不同有垂直迁移习性。夏季多在阴坡林中和林缘地带活动，冬季和早春在向阳坡较暖的地方活动。一般都是在早晚出来觅食，中午在山坡或山谷休息。主要以杨、桦、胡榛子的嫩枝、芽、叶为食，也啃食树皮和杂草。马鹿在贺兰山分布数量有一定的局限性，多分布在大水沟、插旗口、苏峪口、镇木关、红石峡、黄渠口以及草滩等地。据 1996～1998 年全国动物普查，马鹿在贺兰山(东坡)种群数量为 840～1 804 头。

其他稀有动物如大鸨、黑鹳、金雕等国家一级保护动物由于人为活动频繁和适栖生境遭到破坏，数量已变得非常稀少，目前处于濒危状态。

三、保护区的保护价值

贺兰山自然保护区自然、文化景观丰富多样，其保护价值体现在两个方面：一是自然环境的意义；二是社会历史意义[①]。

独特的位置、典型的山地生态系统、分明的垂直带以及丰富的生物资源，使贺兰山成为我国北方干旱半干旱地区重要的天然物种基因库。生态系统的脆弱性，加之人类活动的巨大压力，致使干旱半干旱地区大量物种灭绝。贺兰山有良好的自然条件，山地自然生态系统比较稳定，有较多的动植物种类，特别是有许多我国特有的极古老的孑遗种类和濒危、稀有、珍贵的种类，对其进行保护具有重要的生态学意义。

贺兰山分布的山地针叶林，保存完整，覆盖率高，保护这片山地针叶林有利于维持贺兰山整个生态系统的稳定以及贺兰山水源的涵养。

贺兰山众多的地质遗迹，是贺兰山地质历史变迁的证据，也是华北地台西部地史的研究材料，这些遗迹的保护为研究贺兰山地区进而了解我国北方地壳演化规律、古气候变迁和未来发展趋势提供了重要的证据和研究基地。

贺兰山是西夏文化遗迹分布最广的地区。丰富的遗迹为研究西夏学特别是研究西夏皇家园林建筑提供了大量素材。贺兰山岩画是古代游牧民族创造的艺术珍品，其分布之广，数量之多以及内容之丰富为国内所少见。这批岩画记录了贺兰山的自然生态和北方游牧民族的生产方式，反映了他们的社会形态、生活习俗和宗教信仰，为研究贺兰山的植被演替及我国古代少数民族的发展史，提供了珍贵的实物资料。同时，贺兰山岩画对于我国古代岩画艺术也提供了不可多得的素材。因此，综合保护贺兰山文化景观具有重要的价值。

贺兰山的自然、文化遗迹所组成的综合景观，为我们进行地质、地理、生物、考古等多学科的科学研究和野外教学实习提供了重要的基地和场所。同时，这些不同的景观，也构成了重要的风景名胜旅游资源。综合保护这些景观，对于促进宁夏科学研究、教育及旅游事业的发展也具有重要意义。

第三节 生态屏障和地理分界线

贺兰山是我国西北干旱地区的著名山地之一，它绵亘于宁夏的西北部，南北长超过 200 km，东西宽约 40 km。山脉呈北东 30°方向延伸，山地海拔 1 600～3 000 m，主峰达 3 556 m。贺兰山山势巍峨雄伟，既削弱了西北寒风的侵袭，又阻挡了腾格里沙漠流沙的东移，并且明显地减弱了山地水土流失

---

① 米文宝，李龙堂：《贺兰山自然保护区的特点及保护价值》，载《宁夏大学学报》（自然科学版），1994，15(6)。

与洪水暴发，既涵养水源，又调节气候，成为银川平原的天然屏障。宁夏人称"没有贺兰山就没有宁夏川"，阿拉善人则称"没有贺兰山就没有阿拉善"。

　　贺兰山是我国东部季风区域与西北干旱区域、外流区与内流区、温带草原与温带荒漠以及农牧交错区与牧区之间的自然界线，也是农耕文化和游牧文化的交接带，在中国地理上占有极其重要的地位。古人称之为"朔方之保障，沙漠之咽喉"。山岭中间，也有一些较低矮的山口，为东西交通要道。其中，三关口是银川通往内蒙古阿拉善的重要通道。

第九章　六盘山

章前语

六盘山是中国最年轻的山脉之一，地处宁夏南部的黄土高原之上，呈北西—南东走向，是关中平原的天然屏障，也是北方地区重要的分水岭，黄河水系的泾河、清水河、葫芦河均发源于此。六盘山气候较为湿润，植物多样性丰富，植被类型多样，森林覆盖率高，是黄土高原上的"绿岛"。六盘山还是一座天然的动物园，其中属国家一类保护的动物有金钱豹，二类保护的动物有林麝、红腹锦鸡、勺鸡和金雕等。丰富的动植物资源使其成为一个具有特殊价值的生物资源"基因库"。1980 年被国务院确定为黄土高原重要的水源涵养林地，1988 年又被批准为国家级森林生态型自然保护区。

本章介绍了六盘山自然环境状况，重点阐述了六盘山作为国家级自然保护区的生物多样性特征，在此基础上，简要阐述了六盘山森林生态系统的功能。

关键词

六盘山国家级自然保护区；黄土高原"绿岛"；生物多样性；物种遗传基因库；水源涵养

第一节　自然环境

六盘山古称"高山"、"陇山"，处在华北地台与祁连山地槽之间的过渡带上，耸立于黄土高原之上，作为我国为数不多的南北走向的石质褶皱山脉屹立于宁夏南部。六盘山北起海原南华山，南经甘肃华亭至陕西陇县，连绵 240 多千米，宽 30~60 km，面积 3 727 km²，占全区总面积的 7.2%。由大小关山、马东山和月亮山三大支脉构成，属于宁夏南部地区最高的山系，主峰米缸山位于和尚铺以南的美高山，海拔 2 942 m。山势高峻，峡谷深邃，对东南季风有着一定的阻挡作用，像巨大的绿色长城把黄土高原分成东西两大部分，成为泾河与渭河的分水岭，也是气候、植被的天然分界线与河流发源地。山体主要由白垩纪页岩、砂岩构成，山顶浑圆，山坡略成阶梯状，东坡陡峭，西坡较缓和。其山路曲折险狭，须经六重盘道才能到达顶峰，六盘山因此得名。

六盘山处于东亚季风区边缘，夏季受东南季风影响，冬季受干冷的蒙古高压气流控制，形成四季分明、年温差和日温差较大的大陆性季风气候。冬季寒冷干燥，夏季高温多雨，春季升温快，秋季降温快。按全国气候区划，六盘山属暖温带半湿润区向半干旱区过渡的地带。年日照时数为 2 100～2 400 h，年平均气温为 5.8℃，最热月（7月）平均气温为 17.4℃，最冷月（1月）平均气温为 −7℃，极端最高温为 30℃，极端最低温为 −26℃，≥10℃积温为 1 846.6℃，无霜期 90～130 d。山脉走向南北，有利于截留东南来的暖湿气流，成云致雨，使六盘山地区成为中国西北多雨地区。年平均降水量 676 mm，主要集中在夏秋季，6～9月的降水量占全年降水量的 73.3%；年平均蒸发量 1 426 mm，年平均相对湿度 68%。最大降水区位于二龙河一带，年降水量在 820 mm 以上。每当夏秋季节，阴雨连绵，山峰白云缭绕，山间雾色茫茫，被称为黄土高原的"湿岛"，是宁夏最潮湿的地区。受局地地形的影响，六盘山的东南坡降水量较大，随着海拔高程的增加其增加率也在加大；但是，在六盘山的西北坡水汽较少，降水量相应减少，随海拔高程的变化增加率相对较小。

六盘山上森林茂密，草木郁郁葱葱，森林面积为 $3×10^4$ hm²。山腰地带降雨较多，气候较为湿润，宜于林木生长，有较繁茂的天然次生阔叶林，使六盘山成为突起于黄土高原之上的一个"绿岛"，也是宁夏重要的林区之一。山坡上生长着各类杂草和灌木丛。1 900 m 以上的山坡，分布着落叶阔叶林带，主要生长有白桦林、红桦林、山杨林、辽东栎林等，林中还生长着少脉椴、槭、柳等，仅药用植物就多达 300 多种。党参、黄芪、羽叶三七等珍贵药材在这里都有生长。

气候和地形地貌的多变，形成了六盘山复杂的地貌类型和不同的土壤、植被带，尤其是受海拔高度的影响，植被和土壤的垂直分布特征明显。从我国的自然地理分布部位来看，该区属于草原区域范围，但在黄土高原西部则处于典型草原向森林草原或草甸草原的过渡带。因此，该山系植被的垂直分布具有温带半湿润区植被组合的特点和规律。海拔 1 700～1 900 m 的阳坡山地，主要为低山典型草原植被带，土壤为山地灰褐土，植被类型的组成以灌丛和草本植物为主，由于受人为活动及长期过度放牧利用的影响，90%以上的植被类型都有不同程度的退化并引起了严重的水土流失；海拔 1 700～

1 900 m的阴坡和1 750～2 200 m的阳坡坡地上，主要为中低山山地草甸草原植被带，植被类型以灌丛和草甸草原为主，该地带植被生长较好，地表水土流失轻微。海拔1 800～2 600m的阴坡和2 000～2 500 m的阳坡坡地上，主要为中低山地落叶阔叶林带，分布着落叶阔叶乔木、灌木和少量的草本植物，土壤为山地灰褐土和山地棕壤，森林植被类型以辽东栎林、山杨林、白桦林为主混交分布，该区的森林抚育和植被的开发利用主要以水土保持为主。而在海拔2 600～2 900 m的阴坡和2 700～2 900 m的阳坡，主要为亚高山杂类草草甸植被带，土壤为山地草甸土，优势种植物以珠芽蓼，紫羊茅等为主组成草甸植被并伴生一些中生草甸植被。

六盘山土壤类型带有明显的山地特征，海拔和气候条件的差异，使土壤类型呈现较规律的垂直分布。林区的主要土壤类型有：亚高山草甸土、灰褐土、新积土、红土、潮土和粗骨土。其中以灰褐土的分布面积最广，占土壤总面积的94.44%，多分布在海拔1 700～2 700 m的二龙河、龙潭、西峡、红峡、秋千架、苏台、东山坡等林场，总面积约63 059 hm^2，成土母质为沙质泥岩、页岩、灰岩风化的残积物和坡积物，土体一般含有残余石灰。红土和高山草甸土分别占土壤总面积的2.34%和1.11%，其他土壤均在1%以下。六盘山边缘地区呈现出森林土与黄土相互镶嵌的分布格局。

六盘山是西北重要的水源涵养林地，也是泾河、清水河、葫芦河的发源地，平均每平方千米产水20.5×10^4 m^3，年径流总量2.1×10^8 m^3。区内有四季流水的大小河流65条，森林总调蓄能力为2 840×10^4 t，相当于径流总量的3.5%，地下径流量的2.0%。这里既有著名景点，如野荷谷、二龙河、鬼门关、凉殿峡、小南川、白云山等60多处，又有金钱豹、林麝、金雕、红腹锦鸡等30多种国家珍稀动物。良好的生态环境、富集的动植物资源和积淀深厚的历史文化底蕴使之被称为黄土高原上的"绿色明珠"和清凉胜境。

第二节　六盘山国家级自然保护区

该自然保护区地处北纬35°15′～35°41′，东经106°09′～106°30′，位于宁夏最南端，是西北地区重要水源涵养林地和风景名胜区。保护区横跨泾源、固原、隆德3县，南北长110 km，东西宽5～12 km。东南与甘肃平凉、华亭、庄浪3县(市)接壤，总面积9×10^4 hm^2，森林覆盖率为65.4%，平均海拔2 300 m左右。

一、植物多样性

(一)植物区系特征

六盘山植物区系组成中起源较古老的裸子植物分类群十分贫乏，被子植物占绝对优势。据野外调查与标本鉴定分析统计，六盘山自然保护区共有野生维管植物110科，441属，1 069种，其中蕨类植物11科，18属，32种；裸子植物3科，3属，5种；被子植物96科，420属，1 032种。

该区植物组成表现出以下特点：植物科的组成中，大科(≥20种)数量少，仅占13.1%，但却包含了植物种类的55.3%之多，大多数优势科植物包含的种数超过宁夏对应科包含种数的一半，其中虎耳草科植物种数所占比例最高，禾本科植物分布的种类相对较少，这与区域的气候变化、海拔高度及其天然植被恢复时间有直接关系。莎草科植物种数接近宁夏同科植物的一半。植物属的组成中，仅包含一种植物的属有215个，占总属数的50.8%，所包含的种数占总种数的20.7%。也就是说，六盘山植物属中单种属的数量很多，约占总属数的一半，但包含的植物种数很少。

植物区系的地理分布可以为植被的分类、植被区划、自然地理区划等提供参考。植物科的地理分布和对气候的忍耐力是受遗传因子控制的，因此，具有较稳定的分布范围，并与一定的气候条件相适应。本区的世界广布科所占比例最大，占本区种子植物科的44.9%；热带分布科和温带分布科也是本区比例较大的科，分别占种子植物科总数的29.7%和25.8%。该区同一属的植物常具有相同起源和相似的进化趋势，其分类特征相对稳定，并占有比较稳定的分布区域，在进化过程中，随着地理环境的变化产生一定的分异，而呈现出比较明显的地区性特征。热带分布属以泛热带分布属为主，在六盘山地区分布较少，约占总属数的10%。温带分布类型包括北温带分布、东亚和北美间断分布、旧世界温带分布和温带亚洲分布，共有269属，占除世界分布属外总属数的72.7%，占绝对优势，这与六盘山地区地处典型的温带区域有密切关系。地中海、西亚至中亚分布属在本区共有10个，大部分为草本属，少种型属较多，中亚分布在六盘山仅有13属，约占3.5%。东亚分布型共27属，占总属数的7.3%，多为单型属和植物种类。

(二)植被类型

本区植被类型、群系及群丛情况见表9.1。

表 9.1　六盘山自然保护区植被类型表①

植被型	植被型组	群系	群丛
温带针叶林	山地松林	华山松林	华山松—箭竹群丛
			华山松+华椴—箭竹群丛
			华山松+红桦—箭竹—苔藓群丛
			华山松+辽东栎群丛
			华山松+糙皮桦—箭竹—苔藓群丛
		油松林	油松—灰栒子+虎榛子群丛
			油松—沙冬青群丛
			油松—太平花群丛
夏绿阔叶林	山地栎林	辽东栎林	辽东栎—榛—点叶薹草群丛
			辽东栎—榛群丛
			辽东栎—箭竹群丛
			辽东栎群丛
			辽东栎—点叶薹草群丛
			辽东栎—栓翅卫矛+甘肃山楂—短柄草群丛
			辽东栎—榛—箭竹群丛
			辽东栎+少脉椴—榛群丛
			辽东栎+山杨—榛群丛
			辽东栎+山杨—箭竹群丛
	山地杨林	山杨林	山杨—榛—苔藓群丛
			山杨—榛群丛
			山杨—土庄绣线菊—点叶薹草群丛
			山杨+辽东栎—榛群丛
			山杨—箭竹—苔藓群丛
			山杨+辽东栎—箭竹　苔藓群丛
			山杨+少脉椴—箭竹—苔藓群丛
			山杨+白桦—箭竹群丛
			山杨—蕨类群丛
	山地桦林	白桦林	白桦—榛—点叶薹草群丛
			白桦—甘肃山楂—淫羊藿群丛
			白桦+山杨—榛群丛

①　程积民、余治家、朱仁斌等：《六盘山国家级自然保护区综合科学考察报告》，北京：科学出版社，2013。

植被型	植被型组	群　系	群　丛
			白桦—箭竹—苔藓群丛
			白桦—箭竹群丛
			白桦＋辽东栎—箭竹群丛
			白桦＋红桦—箭竹群丛
			白桦＋五蕊柳—箭竹群丛
		红桦林	红桦—箭竹—苔藓群丛
			红桦＋白桦—箭竹—苔藓群丛
			红桦＋华山松—箭竹—苔藓群丛
			红桦＋陕甘花楸—箭竹—苔藓群丛
		糙皮桦林	糙皮桦—箭竹—苔藓群丛
			糙皮桦＋华山松—箭竹—苔藓群丛
			糙皮桦＋红桦—箭竹—苔藓群丛
			糙皮桦—纤齿卫矛—合瓣鹿药—苔藓群丛
常绿竹类灌丛	山地灌丛	箭竹灌丛	箭竹—苔藓群丛
落叶阔叶灌丛	河谷落叶阔叶灌丛	乌柳灌丛	乌柳—华扁穗草—小花草玉梅群丛
			乌柳—柳兰群丛
	山地落叶阔叶灌丛	沙棘灌丛	沙棘—白莲蒿＋华北米蒿群丛
			沙棘—短柄草＋薹草群丛
			沙棘—凤毛菊群丛
		虎榛子灌丛	虎榛子—白莲蒿＋华北米蒿群丛
			虎榛子—短柄草＋薹草群丛
		榛灌丛	榛—薹草＋火草群丛
		峨眉蔷薇灌丛	峨眉蔷薇—短柄草群丛
			峨眉蔷薇＋陕甘花楸—卷耳群丛
		秦岭小檗灌丛	秦岭小檗—细叶亚菊群丛
			秦岭小檗—薹草群丛
		中华柳灌丛	中华柳—短柄草—苔藓群丛
			中华柳—柳叶凤毛菊群丛
			中华柳—大披针薹草—苔藓群丛
			中华柳—羊茅—苔藓群丛
		灰栒子灌丛	灰栒子—白莲蒿群丛

续表

植被型	植被型组	群　系	群　丛
			灰栒子—三尖子＋三脉紫菀群丛
		秀丽莓灌丛	秀丽莓群丛
			秀丽莓—风毛菊群丛
		岩生忍冬灌丛	岩生忍冬群丛
			岩生忍冬—短柄草—风毛菊群丛
		糖茶藨子灌丛	糖茶藨子群丛
			糖茶藨子—条裂黄堇—风毛菊群丛
		银露梅灌丛	银露梅＋高山绣线菊—风毛菊群丛
			银露梅—疏齿银莲花群丛
		陇东海棠灌丛	陇东海棠—短柄草群丛
			陇东海棠—无毛牛尾蒿群丛
		高山绣线菊灌丛	高山绣线菊—紫羊茅群丛
			高山绣线菊—肋脉野豌豆群丛
			高山绣线菊＋银露梅—风毛菊群丛
草原	典型草原	本氏针茅草原	本氏针茅群丛
			本氏针茅—百里香群丛
	草甸草原	狼针草草原	狼针草＋短柄草群丛
			狼针草＋白莲蒿＋华北米蒿群丛
		甘青针茅草原	甘青针茅＋白莲蒿群丛
			甘青针茅＋狼针茅群丛
			甘青针茅＋落芒草群丛
		白羊草草原	白羊草＋狼针茅群丛
			白羊草＋白莲蒿＋华北米蒿群丛
	小半灌木草原	白莲蒿草原	白莲蒿＋短柄草群丛
			白莲蒿＋华北米蒿群丛
			白莲蒿＋甘青针茅群丛
			白莲蒿＋百里香群丛
			白莲蒿＋狼针茅群丛
			白莲蒿＋阿尔泰狗娃花群丛
		华北米蒿草原	华北米蒿＋百里香群丛
			华北米蒿＋短柄草群丛

植被型	植被型组	群　系	群　丛
			华北米蒿＋白莲蒿群丛
			华北米蒿＋本氏针茅群丛
	垫状草原	冷蒿草原	冷蒿群丛
			冷蒿＋百里香群丛
荒漠	草原化荒漠	沙冬青荒漠	沙冬青—戈壁针茅群丛
草甸	禾草草甸	短柄草草甸	短柄草＋白莲蒿群丛
			短柄草＋蕨＋薹草群丛
			短柄草＋薹草群丛
		紫穗披碱草草甸	紫穗披碱草＋短柄草群丛
			紫穗披碱草＋紫苞雪莲群丛
		薹草草原	薹草＋禾叶凤毛菊群丛
			薹草＋蟹甲草群丛
			薹草群丛
	杂类草草原	蕨草甸	蕨＋短柄草＋薹草群丛
		凤毛菊草原	大耳叶凤毛菊＋紫苞雪莲＋蕨群丛

1. 温性针叶林

温性针叶林是指主要分布于温暖平原、丘陵及低山的针叶林，还包括亚热带和热带中的针叶林。生境要求夏季温暖湿润、冬季寒冷、四季分明的气候条件。该区温性针叶林仅包括华山松林和油松林。该区为华山松分布的北部边缘地带，在六盘山和商铺林场以北无分布。林区内华山松林长期遭受人为砍伐和采种的破坏，森林分布的面积越来越小，仅残存在一些偏僻的山地和悬崖陡壁上。一般多分布于海拔 2 000～2 500 m 的阴坡和半阴坡，多为中幼龄林，林龄以 30～50 a 为主，单层林。华山松林遭受破坏后，多处被次生灌丛或次生草甸代替。油松是我国特有种，在六盘山只分布于固原市须弥山海拔 1 700～2 100 m 的阴坡。油松生长生境温湿，年降水量 500 mm 以上，土壤为山地灰褐土。对本区出土的古木和孢粉分析结果及邻近山地油松林的分布规律等进行分析，可以论证在历史时期六盘山曾有较大面积的油松林。

2. 夏绿阔叶林

夏绿阔叶林在山地下部，分布于阴坡，与阴坡的草原植被构成森林草原带。林内较温湿，林下土壤为山地灰褐土。组成本区夏绿阔叶林的乔木树种以栎属、杨属、柳属、桦属、椴属的树种为主。林中乔木都是冬季落叶的阳性树种，林下的灌木也多是冬季落叶的种类。草本植物到了冬季地上部分枯死或以种子越冬，群落季相十分明显。群落结构简单，分层明显，一般可分为乔木层、灌木层和草本层，而苔藓层仅在海拔高处或生境阴湿地段才有良好发育。林中少见藤本植物和附生植物。

本区夏绿阔叶林由于遭受人为砍伐或破坏，目前多为幼龄林和中龄林的次生林，有的甚至被次生灌木丛或次生草甸类型所代替。因此，各类型之间多呈小斑块状镶嵌分布。

3. 常绿竹类灌丛

由箭竹形成的群落，在结构、种类组成、生态外貌和地理分布等方面，均较特殊，所以把这一灌丛划分在灌丛植被类型中。它是森林被破坏后的次生灌丛，包括一个群系——箭竹灌丛，仅分布在海拔 1 900～2 000 m 以上的阴坡、半阴坡和半阳坡。土壤为普通灰褐土和淋溶灰褐土。

4. 落叶阔叶灌丛

落叶阔叶灌丛指由冬季落叶的阔叶灌木所组成的植物群落。它广泛分布于我国高原、山地、丘陵、河谷和平原。本区的落叶阔叶灌丛属于温带气候下发育的山地灌丛和河谷灌丛，且多属森林被严重破坏后形成的次生类型，但也有较稳定的原生类型。这些灌丛如果继续遭到破坏，将进一步被次生草甸所代替。本区落叶灌丛的生活型组成以高位芽植物为主，地面芽植物次之，其他依次为地下芽植物、地上芽植物和一年生植物。群落结构简单，一般仅有灌木层和草本层。植物种类也较少，一般每平方米饱和度仅 15～20 种。

5. 草 原

草原是由低温、旱生、多年生草本植物(有时为旱生小半灌木)组成的植物群落，为温带大陆性气候下的一种地带性植被类型。本区处于草原区南缘的森林草原地带，属于草甸草原，分布在海拔 1 700～2 500 m 的阳坡和半阳坡，并与阴坡的落叶阔叶林等组成山地森林草原带。

6. 荒 漠

荒漠指的是超旱生的半乔木、半灌木、小半灌木和灌木占优势的稀疏植被，在我国主要分布于西北各省区，包括准噶尔盆地、塔里木盆地、柴达木盆地、河西走廊、阿拉善高原和鄂尔多斯台地西部。本区仅见于固原市须弥山海拔 1 700 m 左右的阳坡、半阳坡和半阴坡，植物以沙冬青为主，这是目前关于沙冬青及其组成的群落类型分布群的最南界线。群落总盖度只有 30%～40%，高度 20～50 cm。

7. 草 甸

草甸是以多年生中生草本植物为主的植物群落，是在中度湿润条件下形成和发展起来的。本区草甸植被属典型草甸，主要由典型中生植物组成，也含有一定数量的旱生植物和中生植物，多属于森林或灌丛遭受破坏后形成的次生类型，其下土壤为森林土壤，但具有生草化的特点。植被结构简单，仅草本一层，偶有亚层分化。主要优势层片有根茎禾草层片和多年生杂草层片，从而组成不同类型的群落。

8. 人工森林群落

本区人工林树种主要有华北落叶松、油松和青海云杉，其中华北落叶松人工林面积最大。华北落叶松为落叶树种，林下枯枝落叶层厚，其他植物生长困难，在部分密林区，林下几乎不见其他植物生长。油松林伴生树种有辽东栎、椴木、春榆、椴树等；林下灌木主要有甘肃山楂、刺蔷薇、针刺悬钩子、杜梨等；林下草本有东方草莓、紫斑风铃草、日本续断、大火草等。青海云杉林除部分与华北落叶松混交外，其余都为纯林，结构简单，林下植物稀少，灌木主要有刺蔷薇、岩生忍冬、高山绣线菊等，草本有曲花紫堇等。

二、动物多样性

(一)多样性特征

六盘山地区共有陆栖脊椎动物 220 种，隶属于 24 目，59 科，水生脊椎动物 6 种，隶属于 1 目，2 科。脊椎动物大多分布在泾源县内，在隆德县境内也有少量分布。居留种类 116 种，占陆栖脊椎动物总数的 52.73%；夏候鸟 71 种，占陆栖脊椎动物总数的 32.27%；冬候鸟 6 种，占陆栖脊椎动物总数的 2.73%；旅鸟 27 种，占陆栖脊椎动物总数的 12.27%。在这一地区繁殖的陆栖脊椎动物种类共计 187 种，占陆栖脊椎动物总数的 85%。

(二)动物种类

1. 哺乳类

六盘山国家级自然保护区哺乳类物种丰富，共有 6 目，16 科，33 属，47 种，其中食虫目 3 科，3 属，4 种，占哺乳类总种数的 8.51%；翼手目 1 科，1 属，1 种，占哺乳类总数的 2.13%，为食虫动物；兔形目 2 科，2 属，2 种，为食草动物，占哺乳类总数的 4.26%，主要分布在泾源、隆德，固原也有少量分布；啮齿目 4 科，17 属，27 种，占哺乳类总数的 57.45%，皆为食草动物，隆德地区分布极广，泾源地区分布较多，固原地区偶尔也会见到；食肉目 4 科，8 属，10 种，占哺乳类总数的 21.28%，主要分布于泾源、隆德地区的林区内，其中金钱豹为国家一级重点保护野生动物，豺为国家二级重点保护野生动物；偶蹄目 2 科，3 属，3 种，占哺乳类总数的 6.38%，都为食草动物，大多分布在泾源、隆德林区，固原林区分布较少，其中林麝为国家一级重点保护野生动物。

六盘山国家级自然保护区内的 47 种哺乳类动物中，濒危物种有金钱豹、林麝、豺等。我国特有种有四川林跳鼠、中华鼢鼠、北社鼠、岩松鼠、甘肃鼢鼠、洮州绒鼠。

2. 鸟　类

鸟类的分布情况与森林植被的丰富程度以及人为侵扰因素等密切相关，六盘山主脉南段森林植被分布较为集中，以二龙河、龙潭、泾河源、雪山等林区组成的核心区气候四季分明，雨量充沛，孕育了丰富的野生鸟类资源。该区共有鸟类 15 目，36 科，155 种，属国家一级重点保护野生鸟类的有金雕，属国家二级重点保护野生鸟类的有鸢、大鵟、兀鹫、红隼等 15 种，国家重点保护野生鸟类占保护区鸟类总数的 10.0%，省级重点保护野生鸟类有豆雁、大石鸡、金腰燕等 30 种，占总种数的 18.8%。中国与日本共同保护的候鸟有草鹭、大杜鹃、黑枕黄鹂等 33 种，占总种数的 20.6%。中国与澳大利亚共同保护的候鸟有白腰草鹬、白鹡鸰等 6 种，占总种数的 3.8%。

从鸟类分布情况来看，由二龙河、泾河源、雪山、龙潭等林区组成的核心区内，森林茂盛，植被保存良好，人类活动较少，分布有 109 种鸟类，占保护区鸟类总数的 70.32%。其中，二龙河林区观测到的鸟类有 76 种，雪山林区鸟类有 14 种，泾河源的鸟类有 10 种。区内繁殖的鸟类占大多数，为 122 种，占保护区鸟类总数的 78.71%。而在保护区繁殖的鸟类中居留种有 52 种，夏候鸟有 70 种，分别占保护区繁殖鸟类的 42.62%、57.38%。这 122 种繁殖鸟类中，我国特有种有大石鸡、山噪鹛、橙翅噪鹛、黄腹山雀、银脸长尾山雀及白眶鸦雀 6 种，占 4.92%。其中，银脸长尾山雀及白眶鸦雀以前只发现于秦岭以南的狭窄山区，在秦岭以北还是首次发现。区内的珍稀濒危保护鸟类有金雕、雀鹰、大鵟、白尾鹞、燕隼、红隼、红脚隼、勺鸡、雉鸡、雕鸮等。

3. 爬行动物

本区共有爬行类动物 2 目，4 科，6 属，8 种，占宁夏回族自治区爬行动物总种数的 42%。其中蜥蜴目有 2 科，3 种，有鳞目 2 科，5 种，其中北方型种类有秦岭滑蜥、白条锦蛇、中介蝮及蝮蛇 4 种，广布种只有双斑锦蛇 1 种且数量不多，高地型也只高原蝮 1 种分布在该地区，中亚型则有丽斑麻蜥 2 种，数量不多。白条锦蛇和中介蝮是优势类群。六盘山保护区的爬行动物主要分布在泾源县内，隆德县也偶有分布。8 种爬行动物中有 3 种仅分布于古北界，2 种仅分布于东洋界，另外 3 种在古北界和东洋界都有分布。其中，蜥蜴目的爬行动物中秦岭滑蜥、高原蝮、双斑锦蛇和蝮蛇 4 种在六盘山保护区较常见，主要分布于保护区内海拔低于 2 200 m 的地方，常出现在建筑物缝隙、岩缝、石块下、杂草灌丛、林区边缘、林中空地、路边、农田、荒坡草皮下、乱石堆、山区草丛、石缝、石堆等生境中。白条锦蛇的分布范围广泛，几乎分布于保护区的任何海拔，是该区的优势种。其他几类爬行动物虽然出现的生境很多，但却比以上几种爬行动物少见。在垂直分布上，该保护区的爬行动物分布于 2 100 m 以上区域的种类达到了半数，其中高原蝮蛇分布区域最为宽泛，从保护区海拔 1 750 m 到最高海拔区 2 800 m 均有分布。

4. 两栖类

六盘山国家级自然保护区内仅有 5 种两栖类动物，隶属于 1 目，3 科，3 属，分别占宁夏全区 1 目，3 科，3 属，6 种的 100%、100%、100%、83%。其中六盘齿突蟾属于锄足蟾科，是该区的优势种，属高地型动物，它不仅是我国的特产种类，也是六盘山保护区的特有种，本属目前记录有 10 种；岷山蟾蜍和花背蟾蜍属于蟾蜍科，都是北方型种类，其中岷山蟾蜍属于当地优势类群；中国林蛙和黑斑蛙属于蛙科，其中中国林蛙属于北方型种类，黑斑蛙属于广布型种类，中国林蛙是优势类群。

六盘山保护区位于秦岭以北，其南北走向的山地位置相当重要，从东来的海洋气流沿秦岭西进，在北部受到六盘山的阻挡；从西来的干旱气流也受到六盘山的阻挡，从而造成山地两侧气候条件的差异，形成六盘山两栖动物特殊的区系特点。该保护区的两栖类动物主要分布在泾源县内，隆德县偶有分布。5 种两栖动物中，有 2 种仅分布于古北界，广泛分布于东洋界和古北界的物种有 3 种。

5. 鱼 类

六盘山地区的水体都处在河流的源头，落差大，流速急，水量小而流浅，冬季覆冰期长，没有良好的越冬场所，因此六盘山国家级自然保护区内鱼类不多，仅有 6 种，隶属于 1 目，2 科，5 属，其中鲤科 4 种，分别为鲤、鲫、拉氏鲅、白鲢，其中白鲢为引进种。鳅科 2 种，占 33.3%，分别为后鳍高原鳅和背斑高原鳅。六盘山国家级自然保护区的鱼类都属于全北区或者古北区，鱼类种类虽少但区系复合成分复杂。保护区内的 6 种鱼在我国淡水鱼分布区划上属北地界、全北区、中亚高山亚区、陇西分区，但在区系复合成分上，鲤、鲫则是古代第三纪区系复合成分；拉氏鲅为北方山区区系复合成分；白鲢为中国江河平原区系复合成分；后鳍高原鳅和背斑高原鳅是中亚高原区系复合成分。

6. 昆 虫

目前已整理出的六盘山保护区昆虫有 20 目，197 科，1 004 属，1 792 种，其中全变态类昆虫 1 410 种，隶属于 8 目，127 科，768 属，分别占保护区昆虫总目数、总科数、总属数、总种数的 40％、64.47％、76.49％、78.68％。其中，古北区成分 1 037 种，东洋区成分 88 种；广布种 285 种。不完全变态昆虫有 12 目，70 科，236 属，382 种，分别占保护区昆虫总目数、总科数、总属数、总种数的 60％、35.53％、23.51％、21.32％。其中，古北区成分最多，有 219 种，占不完全变态昆虫总种数的 57.33％；古北界和东洋界混合成分次之，共 122 种；东洋界成分 41 种。

第三节　六盘山森林生态系统功能

六盘山是我国黄土高原西部保存较完整的山地森林生态系统，位于宁、甘、陕三省区交界处，是泾河、清水河、葫芦河的三河发源地，森林繁茂，溪流密布。在中国自然保护区分类系统中，六盘山属生物型自然保护区，是我国西北典型、重要的水源涵养林区。

一、物种遗传基因库

在全国三大自然特征区域和自然保护区区划与植被八大区域中，六盘山属西北干旱区域黄土高原区、暖温带落叶阔叶林区的山地森林生态系统，这决定了其森林生态系统功能的独特性和重要性。受东南暖湿气流影响，六盘山的气候、植被呈现由半湿润向半干旱、森林草原向半干旱草原过渡的特征，形成了其森林生态系统功能的过渡性。生境的多样性和自然保护区的良好自然环境，孕育了其森林生态系统丰富的物种多样性和西北地区重要的物种遗传基因库。

在六盘山植物区系分区中，本区属于泛北极植物区的中国—日本森林植物亚区、华北植物地区。本区无中国特有科，但有中国特有属 6 个，占该地区种子植物总属数的 2％，中国特有种有 300 余种，占总种数的近 50％。中国特有种中华北成分、西南成分、西北成分、华中—华东成分等均有分布。尽管中国特有植物在本区较多，但是地方特有种很少，仅有 3 种，分别是四花早熟禾、六盘山棘豆和紫穗披碱草。宁夏特有成分有细裂槭。陕甘宁特有的成分 21 种，如短柄五加、甘肃桃、卷边柳等。青甘宁特有成分 2 种，即无心菜和中华小苦荬。甘肃特有成分 3 种，即红花岩生忍冬、香荚蒾和密花早熟禾。陕甘宁特有成分有丝叶薹草、贫叶早熟禾等。华北成分为主，其次为西南成分。

六盘山是一座南北走向典型的狭窄石质山地类型，长期以来受内蒙古高原、黄土高原干旱气候和秦岭湿润气候的影响，气候的过渡特征明显。区内山体起伏较大，从海拔 1 750 m 上升到 2 920 m，包括山地、丘陵、台地、沟谷等地貌类型，增加了生境的复杂性。六盘山森林自然保护区有针叶林、阔叶林、针阔混交林、中生落叶灌丛、耐旱落叶灌丛、草甸、草原等植被生境和自然景观，独特的自然生境孕育了保护区生物资源的多样性。依赖六盘山森林群落生存、繁衍的野生动植物极为丰富，是鸟类生存、迁徙及其他野生动物的栖息繁殖地，其中有许多是珍稀特有物种。六盘山自然保护区核心区和缓冲区内无居民生活，人为干扰极少，基本处于自然状态，为野生动物提供了丰富的食物和良好的生存、繁衍、进化空间，对物种的保存和延续具有重要作用，是重要的物种遗传基因库。

二、森林涵养水源作用

六盘山自然保护区森林涵养水源及凋落物的积累与分解是控制天然植被结构和森林生态系统功能的一个复杂、重要的因素。森林林下枯枝落叶层作为森林生态系统中重要的结构层次，不仅影响林地土壤的发育、水热状况、通气状况、营养元素的循环及林地生物种群的类型及数量，而且结构疏松，透水性和持水能力良好，能够削弱雨滴对土壤的直接击溅，吸持一部分降水，减少入渗到土壤中的水量，减少地表径流的产生，起到保持水土和涵养水源的作用。同时森林凋落物对土壤肥力、幼苗更新、杂草生长和植物生长等方面都有积极影响，可以增加土壤有机质，提高土壤含水量，降低土壤温度，增加土壤酶的种类，提高土壤酶活力及土壤微生物的多样性。

六盘山地处内蒙古高原、黄土高原和秦岭的交汇处，山间溪流众多，河网密集，是黄河的重要支流——泾河的发源地。同时，林区还有部分河流流入清水河与渭河，是黄土高原水资源最为丰富的地区，也是影响我国西部半干旱区天然降雨的重要区域。因此，六盘山的区位特点决定了其水源涵养作用的重要性和不可替代性。

三、气候调节功能

六盘山森林植被茂密，形成了乔木—灌木—草本—枯枝落叶层合理的立体结构类型，层层拦截天然降水，调节河川径流，具有重要的水源涵养作用，受内蒙古高原、黄土高原干旱气候和秦岭湿润气候的影响，小气候变化明显，是重要的生态屏障。

从气温空间分布来看，六盘山地区年平均气温为 0.79℃～6.96℃。气温的地理分布在纬度上的差异并不显著，南北仅占半个纬度，而海拔高度对气温分布的影响较为突出。该区的平均气温垂直递减率为 0.51℃ 每百米，与自由大气中 0.65℃每百米的直减率相近。以山脊线为界将山体分为东西坡，东坡的气温直减率为 0.4℃每百米，相比西坡的 0.5℃每百米较小，这是因为夏季盛行东南季风，西坡焚风效应明显，使气温直减率增大。气温地理分布主要受海拔高度的影响。

第三篇 专 论

第十章　西夏故地

章前语

西夏(1038~1227)是中国中古时期的一个王朝,是党项族首领李元昊于公元 1038 年建立的,当年曾统治着今宁夏、甘肃、陕西北部和内蒙古西部的广大地区,最后于 1227 年灭亡。西夏灭亡,城池、王陵、文书档案被毁,致使西夏及其文化消失。公元 11~13 世纪的中国历史上也因此留下了一些空白和不解之谜。

关键词

西夏疆域;西夏文明;西夏遗风

第一节　西夏简史

一、西夏的建立[①]

晋时赫连勃勃称夏王,筑统万城,公元 431 年,北魏灭其国,先改统万城为统万镇,不久即改为夏州(今陕西横山)。隋改置朔方郡于此,唐复为夏州,唐末拓跋思恭镇夏州,子孙继之,遂为西夏重要的政治、军事、经济、文化中心。

夏州是西夏政权的发祥地之一。唐僖宗时,党项部首领拓跋思恭被朝廷封为夏州节度使,因平黄巢起义有功,一度收复长安,被赐姓李,封夏国公。从此拓跋思恭及其李姓后代以夏国公成为当地的藩镇势力。这支党项羌武装也被称为定难军,其势力范围以夏州为中心,包括夏、绥(今陕西绥德)、宥(今陕西靖边东)、银(今陕西榆林东南)四州。

北宋太平兴国七年(982 年),赵匡义削藩镇的兵权,执掌夏州政权的李继

---

① 陈育宁:《宁夏通史》,银川,宁夏人民出版社,1993。

捧率领族人首领二百七十余、民户五万余帐投附宋朝,言"其诸父、昆弟多相怨,愿留京师"。宋太宗授李继捧为定难军节度使。随后,李克文、李克宪也归附宋朝,宋派官兵占领了夏、绥、宥、银四州。

李继捧的族弟名叫李继迁反对附宋,他率部奔往夏州东北的地斤泽(今内蒙古鄂尔多斯市鄂托克旗),联络党项其他部落,集合武装,抗宋自立。雍熙元年(984年),夏州尹宪和都检使曹光实率精骑夜袭地斤泽,俘获李继迁的母亲、妻子,李继迁只身逃至夏州北黄羊平,召聚番众,壮大力量,同时与野利等豪族通婚,建立反宋联盟。雍熙二年(985年)二月,李继迁诱杀曹光实,攻占银州(今陕西米脂县西北)。四月,宋派李继隆出兵讨伐,李继迁弃银州而去。雍熙三年(986年),李继迁遣使向辽请臣请婚,辽圣宗以宗室女为义成公主下嫁,授李继迁为定难军节度使,都督夏州诸军事。淳化元年(990年),辽册封李继迁为夏国王。

至道三年(997年),宋太宗赵光义死,其子赵恒继位。李继迁遣使求和,宋朝任命其为定难军节度使,夏、银、绥、宥、静(今陕西米脂东)五州之地重归李氏之手。李继迁收复五州故土之后,于咸平五年(1002年)广集党项诸部围攻灵州(今宁夏灵武),宋廷急派六万大军驰援灵州,然而援军未到,灵州已失。灵州位于夏州西侧,倚负贺兰山,带引黄河,是唐、宋时期西北边疆的著名军事重镇。灵州西面是我国古代通往西域的要道——河西走廊,当时这一地区主要散居回鹘部落,西南面则是吐蕃部落分布地区,因而灵州地理位置十分重要,成了汉、回鹘、党项和吐蕃各族势力争夺的焦点。李继迁攻占灵州后,次年即迁居于此,改灵州为西平府。

公元1003年,李继迁率军西征,攻占吐蕃占据的河西重镇西凉府(今甘肃武威),截断宋朝与西域的商道,严重影响了宋朝的国防军力建设。在与吐蕃会盟时,李继迁遭吐蕃人暗算,被劲弩射伤后逃回,死于灵州。此时,正值宋与契丹缔结"澶渊之盟"。李继迁之子李德明继位后,于景德三年(1006年)与宋签订和约,宋封李德明为定难军节度使、西平王。合约签订后,李德明在保境息民、发展和平的同时,全力向西发展,控制河西走廊,开展商业贸易,使其所辖地区出现了"有耕无战,禾黍如云"的兴旺景象,经济实力极大提高。在此基础上,李德明"大辇方舆,卤簿仪卫",作称帝的准备。他将灵州西北的怀远镇(今银川市)作为新都城的选址,认为此地"西北有贺兰之固,黄河绕其东南,西平为其障蔽,形势利便",遂在此筑城徙居,大建门阙、宫殿、宗庙、官署等,改称兴州。

天圣九年(1031年),李德明死,其子李元昊嗣立。李元昊主张按党项的传统文化和生产、生活方式,战斗为先,兵马为务,建立具有鲜明民族特色的独立政权。为此，李元昊采取了一系列措施：（1）不再接受唐、宋王朝赐给的"李"、"赵"汉姓，改王室拓跋氏姓嵬名氏，自称"兀卒"（西夏语"皇帝"二字的译音）。（2）颁布《秃发令》，强令国人三日内一律秃去额顶之发，违者处死，以突出本民族的风俗标志。（3）升兴州为兴庆府，扩建宫城，广营殿宇，准备都城。（4）新订官制，分为文、武两班，有汉名官号和番名官号。（5）规定官员和平民服饰，以分别等级贵贱。（6）创造西夏字；又设立番字和汉字二院，加速翻译汉文典籍，以资统治借鉴。（7）设置"番学"，选番、汉贵族子弟入学，培养统治阶层的后备人才。（8）自立年号，先为"开运"，继改"广运"，又改"大庆"。与此同时，李元昊在军事上取得节节胜利，先发兵攻打宋朝的府州（今陕西府谷县），接着在环州（今甘肃环县）、庆州（今甘肃庆阳）击败宋军。公元1032年，率兵攻占吐蕃大首领所辖青唐（今青海西宁）、宗哥（今西宁市东）等城。又举兵进攻回鹘部落，占领了肃州（今甘肃酒泉）、瓜州（今甘肃安西）、沙州（今甘肃敦煌）三个战略要地。

公元1038年，嵬名元昊正式称帝，年号"天授礼法延祚"，国号"大夏"，自称"兀卒"。这时夏国的疆域，东临黄河，西至玉门关（今敦煌市西小方盘城），南迄萧关，北抵大漠。除保有夏、银、绥、宥、静、灵、盐、会（今甘肃靖远）、胜（今内蒙古准格尔旗）、甘（今甘肃张掖）、凉（今甘肃武威）、瓜、沙、肃诸州外，又新升部分重要镇堡为州，如洪州（今陕西靖边县南）、定州（今宁夏平罗）、威州（今宁夏同心）、龙州（今陕西志丹县北）等。都城为兴庆府，即今银川市。

二、兴庆府的设置[①]

西夏的前身夏州政权的政治中心，先在夏州，继迁灵州，最后定都兴庆府。汪一鸣等认为西夏选择兴庆府作为国都的原因可归纳为四点[②]：第一，从军事地理形势看，西夏原来的根据地银、夏一带，东南是北宋领土，东北为强大的辽国，不但向外发展受到很大限制，而且周围靠近宋、辽边防重镇，军事上易受威胁，而其西北边广大地域，水草丰美，畜牧滋息，地饶五谷，但宋、辽势力鞭长莫及，成为回鹘、吐蕃等民族的活动范围，他们的军事力量相对较弱。李德明父子便集中力量向西开拓疆域。西夏建国的过程，也就是其势力不断向西扩展的过程。都城的西迁，正是政治军事实力向西扩展的重要标志。第二，从交通地理位置看，银川平原"北控河朔，南引庆凉，据诸

①　陈育宁：《宁夏通史》，银川，宁夏人民出版社，1993。

②　汪一鸣、钟侃：《西夏都城兴庆府初探》，载《西北史地》，1984（2）。

路上游，扼西陲要害"，其地理形势比银、夏一带优越得多。由兴庆府东渡黄河，可达银、夏州党项族的老根据地，并由此通达辽上京（今内蒙古巴林左旗南）、宋东京（今河南开封）；北去白马强镇军，可控制阳山东西向大道；西扼贺兰山信宿谷、大象谷、大白羊谷等九条山间谷道的咽喉，越过这些山间隘口可北去大漠边防地带，西北抵西夏西部重镇黑山威福军，西去凉州和河西走廊其他各地；南下直达原州（今宁夏固原），并由此西通会州、凉州等丝绸之路上的重要城市；东南则直趋环州、庆州以至关中。因此，兴庆府实处当时西北地区的交通要冲。第三，从经济环境看，兴庆府周围地区农牧业较发达，相对稳定的引黄灌溉农业可以保证城市的军需民食。除了原来的唐徕、汉延古渠等灌溉之利外，李元昊又修建了贺兰山东麓洪积冲积平原上由青铜峡至平罗的"昊王渠"，使兴庆府四郊的农牧业生产有了更大发展，成为西夏境内的粮食基地和重要牧场之一。第四，怀远镇在后汉或南北朝可能已有原始居民点，隋唐以来党项、回鹘、吐蕃等民族相继进入该地，大大促进了该地经济的发展，宋代的怀远镇已是"河外五镇"中的首镇。李继迁攻取灵州时，"尽逐居民城外"，数万百姓"徙依怀远"。李德明在西夏草创时期，下决心将国都由中心城市灵州，渡河迁至怀远，其城市原有的基础规模无疑也是一个重要因素。

怀远镇原来的城池规模很小，李德明迁都后，大兴土木，重修兴州城，经过十余年，城池宫室初具规模。李元昊继位，1033年开始在原有宫室的基础上，进一步"广宫城，营殿宇"，城内外基础设施逐步完善。

兴庆府的城市设计，直接受唐代长安与北宋东京的布局影响，城内居民估计在二十万左右。城呈长方形，周十八余里，护城河阔十丈。南北各二门，东西各一门，有光华门、南薰门等，城门上建城楼。道路呈方格形，街道较宽，有崇义等二十余街坊。皇家手工艺作坊集中于宫城宫厅。宗教活动场所有承天寺、高台寺、戒坛寺、佛祖院等。游览名胜有城西北部避暑宫、贺兰山木栅行宫、城西快活林等。

在大规模营建都城的同时，西夏还不遗余力地兴修今银川平原的水利，发展城郊农牧经济，为兴庆府的繁荣打下较稳固的基础。然后，在城西贺兰山东麓营建离宫（木栅行宫）、佛祖院、五台山寺、帝王陵园，在城东十五里处的黄河畔兴建高台寺及诸浮屠。依赖昊王渠的灌溉，城西四十余里的贺兰山麓成为林草丰美的"快活林"；城郊还兴建不少城堡要塞，如克夷门（今三关口）、北沙城（相传为西夏帝王的驸马驻地）等。所有这些都成了兴庆府的重要组成部分，是西夏统治者游猎宴乐以及与部落领袖会盟，进行政治、宗教活动的处所。

三、西夏的灭亡[①]

西夏乾祐二十四年(1193年),仁孝帝病逝,其子纯祐继位,即桓宗。此时,蒙古在漠北兴起。铁木真统领着强悍善战的蒙古军队,在连续不断的战争行动中,领地向西拓展与乃蛮部接壤。次年,进攻乃蛮,收其领地。公元1206年,铁木真在斡难河畔,被推为大汗,号成吉思汗。

成吉思汗在统一蒙古诸部的同时,开始向外扩张。天庆十二年(1205年)三月,成吉思汗消灭乃蛮部后,率军第一次侵入西夏,追击逃入西夏的克烈部首领,攻破西夏边境城堡力吉里寨,毁其墙垒。纵兵掳掠瓜、沙诸州。四月,蒙古军带着大量战利品返回漠北。这只是一次劫掠性的战争。蒙古兵退走以后,西夏修复了被破坏的诸城堡,将都城兴庆府改为中兴府。

应天元年(1206年)正月,镇夷郡王李安全废黜桓宗纯祐,自立为帝,是为襄宗。应天三年(1208年)八月,成吉思汗以西夏不肯纳贡称臣,第二次侵入西夏,四处掳掠。西夏集右厢诸路军抵抗,蒙古军见西夏兵势尚威,不敢贸然骤进。次年二月,蒙古军因粮草匮乏退兵。

应天四年(1209年)秋,成吉思汗积极做好侵金准备,为防止从侧后来的威胁,必须先征服西夏。于是第三次发兵侵入西夏。夏襄宗李安全发兵五万抵抗。蒙古击败西夏军,进攻中兴府,双方相持两个月。中兴府防守坚固,不能攻下,遂引河水灌城,居民淹死无数。后外堤决口,蒙古军营反被淹,只得撤围。成吉思汗派使者入城谈判,迫使李安全纳女请和。西夏经过这次打击,向金求援又遭拒绝,遂转而采取臣服蒙古、进攻金国的政策。

光定元年(1211年)七月,齐王遵顼废掉李安全,自立为帝,是为神宗。李遵顼继位后,依附蒙古攻打金国,双方迭起兵争。成吉思汗战略目的的第一步达到,不但获得了大量战利品,取得了经济上的补给,还可以利用西夏来夹攻金国。役属蒙古后,蒙古的征发日多,使西夏疲于奔命,于是西夏朝野上下逐渐对这种政策产生了怀疑和不满,与蒙古的关系逐渐疏远。光定七年(1217年),成吉思汗决定进兵西域,命西夏出兵随征,被西夏拒绝,遂遣一支军队攻夏。此时西夏毫无准备,蒙古军再次包围中兴府,李遵顼命儿子李德仁守城,自己逃到西凉。李德仁只好遣使请降。成吉思汗决定暂时放下西夏,专事西征,蒙古军不久退走。李遵顼返回中兴府。

由于夏金并争十余年,精锐皆尽,两国俱伤,又频为蒙古所攻,已力不能支,国内上下也怨声载道,李遵顼只好于光定十三年(1223年)十二月,让

---

① 陈育宁:《宁夏通史》,银川,宁夏人民出版社,2000。

位于次子李德旺，是为献宗。李德旺继位后，改变其父的政策，决定与金国约和。乾定二年（1225 年），夏金和议成功。李德旺见成吉思汗统兵西征未回，遣使联络漠北诸部，共抗蒙古。成吉思汗得知西夏"阴结外援，蓄异图"，即密令经略中原汉地的统军孛鲁率军攻夏。秋天，孛鲁率大军攻破银州，杀夏军数万，俘其大将军，掳掠牲口数十万。

乾定三年（1226 年），成吉思汗从西域返回蒙古，决意彻底消灭西夏。次年，成吉思汗遣使责西夏不派兵随从西征并出言不逊之罪。此时，西夏抗蒙派得势，驳回蒙使的恐吓，宣布准备迎战。成吉思汗率劲旅伐夏，攻下黑水等城，驻兵肃州之北，四处抄掠，接着进至贺兰山。另一路攻取沙、肃、甘诸州，直逼西凉府。攻克西凉府后，进至河曲，取应理（今宁夏中卫）等县。这时李德旺忧惧而死，其侄南平王睍继位，是为末帝。十一月，成吉思汗率军进攻灵州，两军发生激战，夏军被歼。1227 年春，成吉思汗留一部继续攻打中兴府，自己率师渡河，占领积石州，进入金国境内，攻克临洮府、西宁、德顺等州。六月，继续向南进兵，至秦州清水（今甘肃清水县），七月病死。鉴于中兴府已被围半年，粮尽援绝。末帝李睍献城投降，被杀，西夏灭亡。

第二节　西夏疆域

西夏在全盛时期，疆域十分广大。《宋史·夏国传》说"夏之境土，方二万余里"。而一般史籍记载其疆界为"东临黄河，西至玉门关，南接萧关，北抵大漠"[①]。与今天的行政区划对照，其范围是东至陕西榆林地区的黄河之滨，西至甘肃省敦煌市西北的小方盘古城，南抵宁夏海原县高崖乡草场古城，包括内蒙古的西部及河套地区、宁夏的中部和北部、陕西北部、甘肃的河西走廊。

以上只是 1081 年到南宋初年的西夏疆域。自建都立国至灭亡，西夏与宋、辽、金相持近 190 年，其疆域和边界也因战争的胜负而经常变化。比较大的变化有三次：西夏定都立国初期；元丰四年（1081 年）宋朝五路西征之后；金占领陕西五路之后。

一、西夏立国初的边界

1038 年，李元昊定都立国后，曾数次发动对宋的战争，并取得了三川口（今陕西安塞县西河口乡）、好水川（今宁夏西吉县单家集南好水河口）、定川

---

① 《宋史·夏国传》，北京，中华书局，1997。

(今宁夏固原市原州区中河乡大营村)三大战役的胜利。1044 年，李元昊向宋请和，宋原则同意李元昊提出的"蕃汉所居，划中为界"，即按双方实际控制线划界(图 10-1)。此后约 40 年，边界大体稳定。

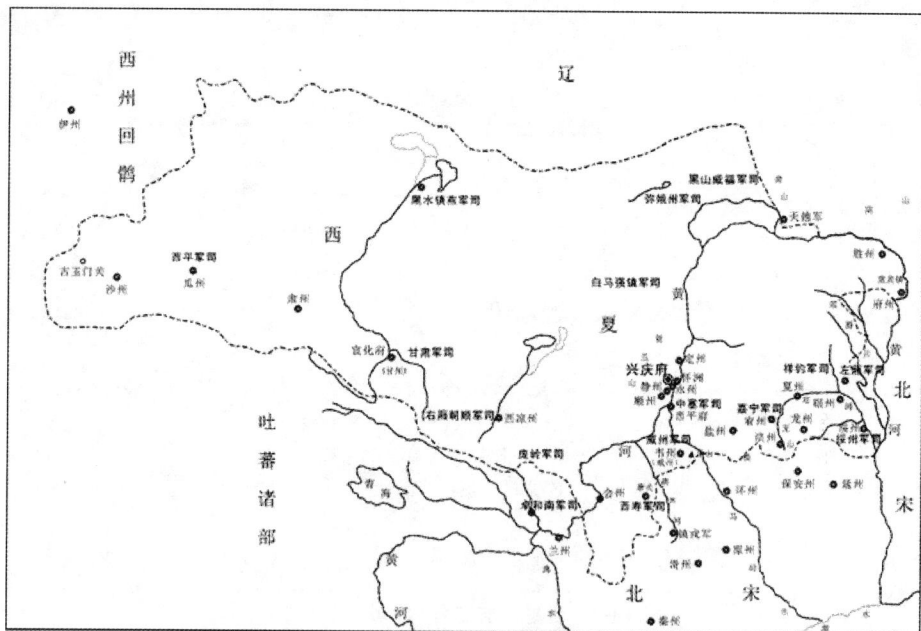

图 10-1 西夏天授礼法延祚元年(1038 年)疆域①

二、元丰四年宋朝五路西征之后的宋夏边界

元丰四年，宋发动了"元丰五路西征"战役，加上次年的永乐城之战，宋朝以战死 60 余万人的巨大代价换取了绥州、银州的葭州 6 寨和兰州、西安州。1099 年，宋再取会州，12 月宋夏再次罢兵讲和，此后双方边界又相对稳定了较长时期。

三、西夏后期与金的边界

1126 年 3 月，夏军由金肃、河清军(内蒙古鄂尔多斯市)北渡黄河，攻取金国的天德军、云内州、武州。4 月又攻占府州西面的震威城。这样，今河套地区都被西夏占领。9 月，西夏又取西安州(宁夏海原县西安镇)。次年，又攻取了金的定边军(陕西铁边镇)。大德二年(1136 年)再取西宁州、乐州。越年，金正式将积石、乐、廓三州划给西夏。正隆元年(1156 年)，金承认既成事实，

---

① 吴峰云、杨秀山：《探寻西夏文明》，银川，宁夏人民出版社，2006。

并与西夏正式划界。此时金已取代北宋进入陕西五路与西夏为邻，西夏版图有所扩大（图 10-2）。

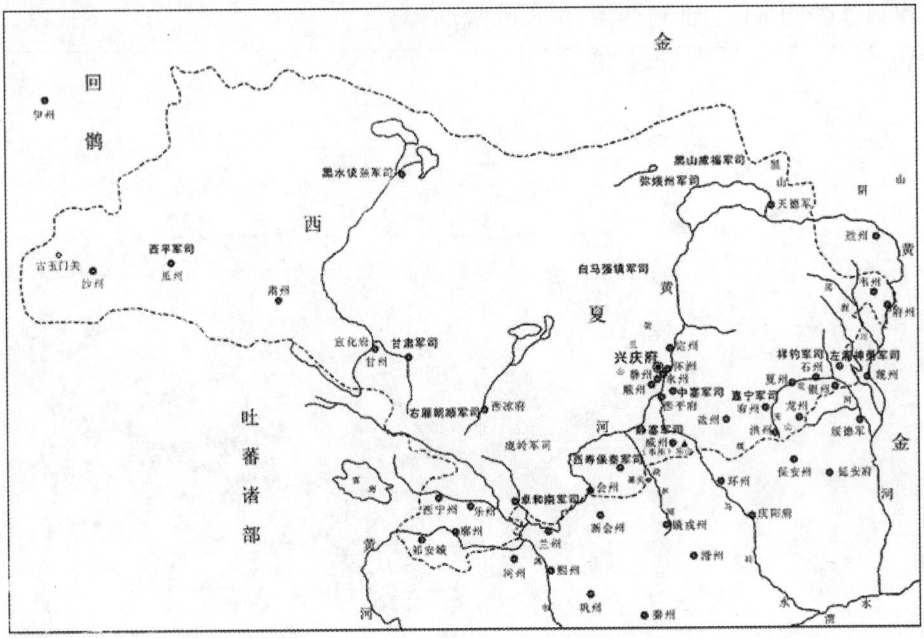

图 10-2　西夏人庆三年（1146 年）疆域①

第三节　西夏文明

　　西夏文明是中国文明史的一部分，以党项族为主体由多民族共同创建的西夏文明充满活力又神秘莫测。

　　西夏建国后，党项羌人从一个不知稼穑、服裘褐披毡衣、织牛羊毛为屋，无法令、无文字、候草木以记岁时的游牧民族，通过效法唐宋，汲取汉族先进文化与生产技术以及其他少数民族文化精华，创制了神秘的西夏文字，创造了特色鲜明、辉煌灿烂的西夏文明。

一、西夏文字与印刷术

　　民族文字一般是在一个民族发展的历史长河中逐渐形成、成熟的，但西夏文字却是一种官造文字，由官方在短时期内创制并推广使用。它是西夏文化的重要标志之一。

---

① 吴峰云、杨秀山：《探寻西夏文明》，银川，宁夏人民出版社，2006。

党项族本无文字，他们从青藏高原边缘迁入内地后，由于与汉族的交往越来越密切，汉字逐渐成为其交流的主要文字。西夏历代首领和君主都通晓汉语、识汉字。李元昊称帝后，令大臣野利仁荣主持创制西夏国文，将创制的 6 000 余字编纂成书，分 12 卷，称为"国书"。

西夏文字依照汉字创制，是一种词符文字，在形体上与汉字十分相像，呈方块状，但无一字与汉字相同。其骨架与汉字类似，但又具有自己鲜明的特点，主要表现在：文字笔画比汉字繁复；斜笔丰富，无竖钩；会意合成字较多，间意合成字较少；象形、指事字极少；构字时普遍省形、省声；类似拼音构字法的反切上下字合成法是西夏文字构成的一大特点；互换合成字别具一格。

西夏文字创制后，李元昊下令尊为"国字"，建蕃学，由野利仁荣主持，教授西夏文，培养官吏。又在国家机构中设立"蕃字院"和"汉字院"，掌管西夏同宋、辽、吐蕃、回鹘等往来公文中的西夏文本。西夏的官吏一般能"通蕃汉字"，有的还用西夏文著书立说、翻译汉藏文佛经、典籍。

西夏文字成为西夏文化的重要载体，在当时得到了广泛的应用。从现在残存的文献及文物中可以看出，西夏文的推广应用非常普遍，有官私应用文书，有法律、历史、文学、医学著作，有译自汉文的典籍，有佛经、碑文，有契约，以及在钱币、印章、符牌、铜镜和日用器物上刻制和书写的文字。

图 10-3 西夏陵六号陵西夏文残碑

印刷业是西夏建国以后才建立起来的一项新兴手工业。西夏的印刷工匠不仅已掌握了雕版印刷的技术，而且还学会了活字印刷。到目前为止，已发现十多种用活字印刷的西夏文献。宁夏贺兰县拜寺沟方塔出土西夏文佛经《吉祥遍至口和本续》，共计449页，10万多字(图10-4)。该经页面文字墨色浓淡不均，栏线转角不衔接，字形大小不一，在同一页上的文字出现了不同的笔画风格，有些页面缺少版心，有些页面上出现缺字、倒字现象，还有些页面的行距间印出了夹板的痕迹。经专家鉴定，证明是现存最早的木活字版印本实物。这一发现将木活字发明和使用的时间从元代提到宋代。中国有关考古专家经过深入研究，确认其为译自藏文的藏传佛教密典，是西夏文佛经中的海内外孤本，具有重要的文物和文献价值，也是中国科技史、印刷史和图书史上的重大发现。

图10-4 《吉祥遍至口和本续》片段

二、西夏服饰与饮食

长期居住在青海高原地区的党项人，原来过着游牧生活，穿着白色牛羊皮制作的衣服。遗留下来的汉文、西夏文字典——《番汉合时掌中珠》所列的西夏人日常用品中就有不少是皮毛制品。西夏人制作的驼毛毡子质量上乘，甚至远销到其他地区。

西夏人在穿皮毛制品的同时，受汉族和西北其他一些民族服饰文化的影响，逐渐学会了种棉花、养蚕缫丝、纺线织布、裁剪缝制衣衫。但受传统皮毛服饰的影响，一直崇尚白色。西夏文献记载，西夏的衣服多种多样。男人有帽子、斗篷、围裙、袄、汗衫、腰带、袍子、窄裤等；女人则有棉袍、背心、裙裤、靴鞋等，头上还带有步摇。西夏下层贫民，大多数穿交领或圆领窄袖衫，下摆折起来束入腰带，有的还袒露右肩。下身着裤，一般将裤腿装入靴筒。

缝襕是西夏服饰中一种颇具特色的式样，虽看似古代汉族人穿的长袍，但采用了套头式的设计，有圆领、交领、翻领等多种领口的形式，窄袖束腰，衣长过膝，下摆盖至脚面。这种式样的服饰，西夏人男女老少均可穿，只是在颜色和绣花上男女老少各有不同。

西夏人的食物比较杂，既有中国北方的麦、豆类等，也有南方的白米、炒米等。总的来说，西夏人的食物以粥、饼为主，饼的种类较多，类似现在西北地区民间的食品。西夏一些牧民仍保持着吃奶酪和肉的习惯。另外，西夏人生活中还有两项重要的饮品就是酒和茶，久居高寒地区，饮酒可驱寒，素食乳酪肉类，喝茶去腻。受饮食习惯的影响，酒在西夏销量很大，品种很多。从目前文献和有关资料中能见到的酒类品种主要有大麦酒、小麦酒、粟酒、米酒、小曲酒、芦酒、马奶酒、普康酒（现在的葡萄酒）等。

三、西夏的宗教与经济

佛教在西夏的传播与统治者的大力提倡有很大关系。西夏立国后，把佛教作为国教广泛推行，规定每个"孟朔日"（每季度第一个月的第一天），上自皇帝，下至平民百姓都必须礼佛，用政令的形式确定了佛教在西夏国的地位。

在西夏建国之前，李元昊就大兴土木，建起佛舍利塔，后又修建了规模宏大的高台寺（现中卫市内），贮藏宋朝所赐的大藏经，此后广建佛寺。

西夏时期佛经的翻译和印刷也发展很快，不仅拥有来自宋朝、辽、吐蕃、回鹘的整套汉文大藏经、藏文佛经，还组织高僧进行大规模的翻译活动，著名的西夏文大藏经就是这一时期完成的。

榆林窟和敦煌莫高窟都有西夏时期改建或建凿的洞窟，宁夏固原须弥山的佛教石窟中也有西夏年号的题记。西夏还设有僧众功德司、出家功德司、护法功德司等机构，专管宗教事务。这些都充分反映了西夏尊崇佛教的盛况。

西夏的社会经济主要依赖于农业、畜牧业和手工业。兴庆府和平西府一带，靠近黄河，从秦汉以来就开凿了秦渠、汉延渠、唐徕渠等引黄灌溉的人工渠道。西夏又延贺兰山东麓开凿了一条地势位置较高的新渠，后人称为"昊王渠"。历代水渠的开凿，使兴灵平原逐渐成为"岁无旱涝之虞"的农牧业发展基地。

畜牧业是党项人的传统产业，他们积累了丰富的生产经验。西夏有大面积的天然牧场，如兴庆府以北的定州（今宁夏平罗县姚伏镇），"善水草、易畜牧"。西夏的畜牧品种主要有马、羊、骆驼等。西夏墓葬中出土的幼羊、幼狗等完整骨架和铜牛、石马等随葬品，都反映了畜牧业在西夏的经济生活中占据着十分重要的位置。西夏的畜牧业分为官营和私营两种经营方式，由官府经营的畜牧业规模较大，畜养的牲畜也较多。西夏还专门设立了"群牧司"作为畜牧业的最高管理机构。

第四节　西夏遗风

西夏近二百年的历史，在我国西北大地上留下了不少遗迹遗风，在其政治、经济、文化核心地带的宁夏尤为众多。西夏王陵、承天寺塔、拜寺口双塔、一百零八塔、昊王渠、灵武古瓷窑……都是西夏留下的故迹，宁夏的一些地名也出自西夏或与西夏有关。

一、西夏王陵

西夏王陵有"东方金字塔"之称，位于银川市以西的贺兰山东麓。方圆约 50 km² 的地带，依次坐落着 9 座帝王陵和 200 多座陪葬墓。每个皇陵总面积约 6×10^4 m²，陵邑位于陵区北部，四周筑有夯土城墙，广场、道路、院落、水井和房屋等遗迹都清晰可见，布局十分规范整齐。分前、中、后三个部分，中部和后部的正中各有一座规模宏大的殿堂，其他建筑多集中在前部和中部，并组成一座座封闭式庭院。

西夏王陵仿河南省巩县的宋陵建造，每一座陵园都是一个完整的建筑群体，陵园四角筑有角台，高大的阙台雄踞神道两侧。园内曾有鹊台、碑亭、神墙、角楼、月城、内城、陵台石像等，形成气势壮观的地面宫殿。陵园于公元 1227 年被毁。现幸存的神墙、鹊台、角楼、八角形陵台依旧矗立，在夕阳下，道不尽西夏的沧桑与辛酸。

二、西夏佛塔

西夏人笃信佛教，广建佛寺、修佛塔，如比丘尼寺（戒坛院）、承天寺、高台寺、五台山寺等。随着时间的推移，大多数寺庙或毁于战火，或毁于天灾。但不少西夏古塔却依然屹立在苍茫的大地，向世人诉说那渐行渐远的西夏往事。

目前宁夏回族自治区内，据记载始修于西夏的佛塔有：承天寺塔（西塔）、拜寺口双塔、宏佛塔（贺兰县潘昶乡）、康济寺塔（同心县韦州镇）、一百零八塔等。在这些西夏佛塔中，尤以一百零八塔最为著名，它是我国古塔建筑中唯一总体布局为三角形的大型塔群，坐落于宁夏青铜峡市南 20 余千米处黄河西岸的峡口山东坡上，由一百零八座覆钵塔组成。塔群依山势自上而下，按一、三、三、五、五、七、九、十一、十三、十五、十七、十九的奇数排成十二行，总计一百零八座，形成总体呈三角形的巨大塔群，因塔数而得名。一百零八是佛家所惯用数字。在我国的古塔建筑中，如此众多的塔体组合成群，不仅在宁夏，即使在全国也是罕见的。

三、瓷窑遗迹

西夏原本不生产瓷器，瓷器依靠与宋朝交换的方式来获得，随着与汉族人民的交往，逐渐学会了制瓷技术。毅宗时期，西夏开始兴建瓷窑，生产自己的瓷器，发展制瓷业。西夏的制瓷中心位于"塞上江南"的银川平原，核心在现灵武磁窑堡—古窑子一带。西夏瓷器作为西夏文化的重要组成部分，受磁州窑影响，又结合自身的文化习俗创建发展出了粗犷质朴、敦厚朴实，极具民族特色的瓷器，并在中国陶瓷百花园中占有一席之地。

最能体现西夏瓷器特点的是西夏剔刻覆釉法和剔化妆土法的剔刻磁。前者是在釉上面刻花，后者是在化妆土上刻花。这两种工艺，都源于唐代的"开光"工艺，构图层次分明，剔刻手法娴熟，刀法简练古朴，白釉剔刻完整，线条非常流畅。最终产生的艺术效果，黑白色彩对比分明，极具艺术感染力。

四、地名寻踪

在宁夏回族自治区的地名里，可以找到很多地名与西夏有关。"宁夏"就是元人取"西夏之地安宁"之意；丽子园与西夏皇家园林有关；高台寺与西夏皇家寺院遗址有关；西夏区、兴庆区则直接来自于其国名和都城名；吴王渠则与李元昊主持大修水利工程有关。诸如此类的地名，不胜枚举。在当代的商品经济大潮中，宁夏的许多公司的命名或其商标创意也取意了西夏，如吴都酒业、西夏啤酒、西夏王葡萄酒等。

第十一章 回族文化

章前语

　　回族人民在我国主要生活在宁夏回族自治区。早在一千多年前，回族的先民就出现并定居在今宁夏地区附近，他们凭借着黄河这一得天独厚的水利资源，辛勤劳作、繁衍生息，把这个三面环沙的冲积平原建成了适宜人类居住的"塞上江南"。在长期的生活实践中，他们与其他民族在生产技术、科学文化、商业贸易、饮食文化上不断交流融汇，汲取了其他民族的精华，创造了独具魅力的回族文化。

关键词

　　回族之乡；回族文化；回族民俗；民间艺术

第一节 中国回族之乡

　　宁夏回族自治区成立于 1958 年，是中国五个少数民族自治区之一。2010年，"区内"回族人口约 217.38×10^4 人，占全区人口的 34.5%，堪称中国的回族之乡。

　　宁夏回族历史源远流长，最早可上溯至唐末。早在唐代，今宁夏地区就曾留下了沿"丝绸之路"活动的穆斯林的踪迹。到北宋、西夏时期，东来的穆斯林客人也多数从玉门、酒泉经西夏属地而至中原。元初，一批批信仰伊斯兰教的中亚各族人民以及阿拉伯人、波斯人不断地来到中国，并且主要以驻军屯牧的形式，编成"探马赤军"驻扎在当时行政区划归属陕西行中书省管辖的重要的屯垦区——今宁夏一带。据《元史》记载，至元十年（1273 年），元世祖下令"探马赤军，随地入社，与编民等"。按照规定，他们"上马则备战斗，下马则屯聚牧养"。同时，这些人也以工匠、商人、学者、掌教、官吏等不同身份留住在今宁夏地区。"探马赤军"解体后，这些人便定居下来逐步形成以农为主的民族共同体。

明朝初年，这批人中的一部分被明政府迁徙到灵州（今宁夏灵武一带）、固原各州县，形成了许多回族聚居点。清朝乾隆年间今宁夏地区回族人口剧增，使该地区成为中国回族最大的聚居地之一，"宁夏至平凉千余里，尽系回庄"。

多种来源的回族人使用的语言也多种多样，来自中亚的使用突厥语族的各种语言，来自西亚的使用波斯语和阿拉伯语，来自中国境内的则使用汉语或其他语言。随着回族人与汉族的杂居，经济生活与汉族联系密切，事实上汉语已成为回族群众的共同语言。共同语言的形成是一个族体内部联结与发展的重要因素，更为突出的是回族的民族意识的形成，这种民族意识是回民的民族特征中最重要的因素，也是回族形成的标志。从此，回族人成为了中华民族的重要组成部分。

第二节　回族文化

独具魅力的回族语言、口味独特的清真饮食、蓝绿色调的伊斯兰宗教建筑……这个智慧的民族在对中国传统文化认同与接纳中形成了深厚的底蕴。

一、回族语言

经过长期的发展，回族现在基本上使用汉语语言文字。但回族在本民族内部交际时，特别是在举行有关宗教仪式、经堂教育时，仍保持着本民族的一些语言表达方式和习惯，形成了经堂语和小儿锦。

从明中叶以后，有些回族学者立志经堂教育，招收学生，讲授经典。回族的经堂教育，采用的是统一的阿拉伯文和波斯文教材，授课时用汉语讲解，这样多种语言的融合就逐渐形成了具有民族特色的大量的专门语汇，俗称"经堂语"。由于经堂教育的兴起，广大回族群众听阿訇用经堂语讲"瓦尔兹"，就这样代代相传，至今仍保留着这些具有特色的语汇。

经堂语归纳起来主要有三个方面：第一类是大量使用阿拉伯语音译借词，如"其他布"（经典）、伊玛尼、哈拉目等。第二类是回族民间大量使用波斯语词汇，如乃麻孜、沙目等。第三类是回族人民使用的一些特殊词汇，如口唤、无巴里、口到、打算、搭救、使不得等。

为了尽快掌握汉语，刚开始回族群众运用自己早已熟悉的阿拉伯字母把汉字的音、义一个个拼出来，加快汉语的熟练程度。尤其明中叶以后，经堂教育兴起，教师在教授课程时，使用汉语和经堂语。回族学员用阿拉伯字母把所讲的内容都记下来，或直接在教材上做注释。这样，在长期的经堂教育中，回族习惯把原教材称为"本经"，把加注拼写的阿拉伯字母叫"消经"，也叫"小经"。经过几百年的流传演变，回族群众把这种"小经"最后称为"小儿锦"。

二、回族饮食

盖碗茶是宁夏回族茶文化的一大特色。回族盖碗茶，也叫刮碗子茶、"三炮台"。刮碗子茶用的茶具，俗称"三件套"，它由茶碗、碗盖和碗托或盘组成，造型美观，轻巧玲珑。茶碗盛茶，碗盖保香，碗托防烫。沏茶与配料也有讲究，有所谓"八味茶"、"十味茶"等。通常说的"八味茶"（也叫"八宝茶"），配料有茶叶、白糖（或冰糖）、红枣、核桃仁、桂圆肉、芝麻、葡萄干、苹果片等。喝茶时，一手提托，一手握盖儿，并用盖儿顺碗口由里向外刮几下，这样一则可拨去浮在茶汤表面的泡沫，二则可使茶味与添加食物相融。一般上了年纪的人饮茶有瘾，故有"宁可一日无盐油，不可一日无茶饭"之说。

宁夏回族人民在长期的生活实践和民族发展过程中创造了独具特色的清真饮食文化。清真菜谱是宁夏回族饮食文化的重要内容，自治区首府银川的饭店餐馆 80％以上是清真的。在这里人们可以品尝到不腻不膻的清真食品，像手抓羊肉、清炖羊肉、清蒸羊肉、羊肉焖肚饭、灵武白水鸡等都是富有地方特色的美味佳肴。油饼（油香）、烫面油香、酥油饼、麻花、馓子、水煎包、摊饼、羊杂碎、芦花摊饼、油茶、拌汤、"米和面"、糖糕等都是宁夏回族的传统食品，配料、制作都很讲究。

三、回族服饰

回族的衣着一直保持着本民族的特点，呈现出多姿多彩的风貌。回族服饰的主要标志在头部。男子喜爱戴用白布制作的圆帽或分"瓣"的圆帽。圆帽颜色有白、灰、蓝、绿、黑五色，分春、夏、秋、冬不同季节来戴。一般春夏秋季戴白色帽最多，冬季戴黑色或灰色。回族妇女常戴盖头，旨在盖住头发、耳朵、脖颈。盖头的颜色也有讲究，老年妇女戴白色的，显得洁白大方；中年妇女戴黑色的，显得庄重高雅；未婚女子戴绿色的，显得清新秀丽。回族男子喜爱穿白色衬衫、坎肩、白高筒布袜、白布大裆宽松裤等。坎肩是回族服饰的一个重要组成部分，表现了回族简朴、大方的民族特点。回族男女都爱穿坎肩，特别是回族男子喜欢在雪白的衬衫上套一件适体的对襟青坎肩，黑白对比鲜明，干净而文雅。

四、建筑文化

建筑是一切艺术中最能持久的一种艺术，宗教建筑也是建筑艺术的重要代表。宁夏回族聚居区已经初步形成了以具有伊斯兰风格的清真寺、道堂、拱北、民居为代表的民族文化景观。宁夏现有清真寺 3 000 余座，既是穆斯林礼拜的地方，又兼有文化教育中心的功用。著名的清真寺有永宁纳家户清真寺、银川中大寺、同心清真大寺等。

永宁纳家户清真寺始建于明嘉靖三年(1524 年)，是宁夏历史悠久、规模较大的清真寺之一。纳家户清真大寺位于早在明清时期就闻名遐迩的回族纳家户街心，是一座传统的汉式建筑。坐西朝东，呈长方形，由门楼、礼拜大殿、厢房、沐浴室组成，占地三十多亩。此处被国家确定为"中国民俗文化村"，既有中国古典建筑的风格，又突出了伊斯兰装饰艺术。纳家户村及清真寺是研究宁夏回族起源的重要线索之一。

宁夏伊斯兰建筑集中反映了伊斯兰文化与中国传统文化相结合的过程，并具有鲜明的地方文化特色和民族个性。

第三节　民俗礼仪

宁夏回族群众生活习俗等方面受伊斯兰教的影响较大，形成了独特的民俗传统。

一、节庆民俗

宁夏回族同全国回族一样，每年有三大节日，即开斋节、古尔邦节、圣纪节。

开斋节是阿拉伯语的意译，宁夏南部山区回族则称为"小尔德"。每年伊斯兰历 9 月是穆斯林的斋戒之月。封斋一个月期间，白天不进饮食，一月结束，望见新月，斋戒完成，次日即为开斋节。开斋节清晨起床，人们沐浴净身，换上洁净的衣服，开始在家中炸油香、馓子。上午到清真寺参加会礼，礼拜后还得向老弱病残和贫苦之人布施。然后请阿訇为已故亲人走坟，纪念亡人。走坟后，走亲访友，相互祝贺，邀请亲戚乡邻到家，进行款待。回族群众对开斋节特别重视，庆祝场面十分隆重。

古尔邦节是阿拉伯语音译，含有"牺牲"、"献身"的意思，故亦称"宰牲节"、"献牲节"，一般在开斋节过后七十天举行。节日这一天，回族群众沐浴洁身后，穿上节日的盛装，到清真寺去参加会礼。之后走坟，回家举行宰牲仪式，宰牲的牛、驼、羊肉除了自己食用外，还要分送亲友和贫孤之人。

穆罕默德的生辰和忌日都在伊斯兰历 3 月 12 日，这一天被称为"圣纪节"。这一天，回族群众沐浴净身后，炸油香、馓子，然后到清真寺听阿訇讲经、赞圣。之后，人们在清真寺内聚餐。圣纪节是回族群众每年一次规模浩大的庆典。

二、生活礼仪

宁夏回族群众很讲究礼节，晚辈见了长辈要道"色俩目"问安，长辈也礼貌地向晚辈回"色俩目"问好。家中来客按辈分、年龄入座，长者在前，晚辈在后，并不得在客人面前走动。客人入座后，马上沏茶、备饭，即使家里比较困难，也想方设法招待好客人。把饭菜做好端上桌子以后，主人要先说一声"请口到"，接着一再谦让，为客人夹菜，照顾客人吃好饭。众人同桌聚餐时，大家洗手以后，谦让年长的入座上席，要等他动筷子以后，其他人再动。

三、婚　俗

宁夏回族的婚俗别具特色，因居住在山川、城乡的不同，婚姻习俗也不尽一致。一般在农村，男女青年情投意合，愿结良缘，女方家人首先要到男方"看家道"，即看男方的条件和为人等情况，如各方面都满意，随即通过媒人回话。男方得到佳音后，很快与媒人一道带上见面礼到女方家说"色俩目"，女方家长愉快接受"色俩目"，表明正式同意两家联姻。此后，男方家便择吉日订婚。女方家也相应给未来的"女婿娃"准备好衣、帽、鞋等礼物。到了结婚这天，双方家里格外热闹。结婚仪式也很特别，当天早晨首先请刚做完"晨礼"的阿訇和满拉到家里过"尔麦里"，表示对安拉的感恩。然后由阿訇为新郎新娘念"尼卡哈"（证婚词），并问新郎新娘是否愿结为夫妻。回答愿意后，由阿訇当众宣布："从现在起，你们俩正式结为夫妻"，并且告诫一对新人要互敬互爱，白头到老。仪式结束后一般是热闹的"耍新郎"。

第四节　民间艺术

宁夏回族的民间艺术，极具民族特色，蕴含着久远而又深厚的回族文化，具有强烈的民族特色和生命力。

一、回族民间故事

回族民间故事包括神话、传说、故事、笑话。回族通过世代相传的习俗，将回族宗教、历史、政治、经济和日常生活中的人和事，艺术地表达出来。目前已搜集整理发表的回族民间故事有一千多个。讲故事的人一般是回族中见多识广、头脑清楚、记忆力强的回族老人。他们在心情舒畅、劳动闲暇时，与晚辈们坐在一起，通过讲故事活动，在传承民族文化的同时又丰富了人们的精神生活。

二、回族的花儿与口弦

回族人民喜欢唱高亢、婉转、动听的民间高腔山歌——"花儿"。宁夏花儿曲调高亢悠扬，歌词淳朴清新，有着鲜明的地方特色和浓郁的民族风格。花儿形式灵活，曲调优美，不用乐器伴奏，即兴演唱，想唱什么就唱什么，内容非常广泛。回族"花儿"的题材包括天文、地理、山川、草木、人物、民俗等，内容极为丰富，主要有劳动"花儿"、农事"花儿"、时政"花儿"、仪式"花儿"、生活"花儿"、爱情"花儿"等。唱花儿，已成为回族男女老少生活、劳动、娱乐中不可缺少的组成部分。

口弦是宁夏回族妇女喜爱的一种民间小型弹拨乐器，又叫"口儿"，俗称"口琴子"或"口衔子"。有竹制和铁制两种，竹制的扯线弹奏。铁制的以手拨勾簧，中间的勾簧里外颤动，用口腔作共鸣箱并利用口腔变化，调节声音的变化，形成音阶。姑娘们用这种简单小巧的乐器，传情达意、弹唱歌谣，丰富文化生活。口弦演奏的曲调悦耳动听。它的曲调比较固定，有"廊檐滴水"、"珍珠倒卷帘"、"骆驼铃"、"五哥放羊"、"脚户歌"等口弦令。口弦的装饰也很讲究，上面挂着五彩缤纷的丝穗和珠子，有些回族年轻妇女将它拴在纽扣或领口中间当装饰。这既是爱美的表示，又是有音乐才能的标志。

三、回族武术

宁夏回族人民学拳练武的人比较普遍。他们的武术既有向汉族武林高手学得的，也有本民族独创的，有些具有自己的特点，自成体系。宁夏回族的武术体现了该民族的强健与骁勇。

清末民初时期，西吉出现了威振纲、陈保富两位驰名西北的拳师。人们说："威振纲的链枷棍神仙难躲，陈保富的鬼头刀万夫莫当。"流传于吴忠、灵武一带民间的有张家枪、何家棍、马家软功。另外，六合拳、梅花棍、母子棍、三尺鞭、花剑、十路弹腿等也广为流传。拔腰、摔跤、木球、方棋等文体活动在农村盛行。

第十二章　宁夏生态移民开发

章前语

宁夏自古就是一个移民地区，宁夏的发展就是一部移民开发史。地处宁夏南部山区的西海固地区历史上就有"苦甲天下"之称，是中国最贫困的地区之一，人地矛盾突出。1983 年，宁夏回族自治区政府确立了"以川济山，山川共济"的移民政策，由此开启了改革开放以来具有宁夏地方特色，对我国西北地区产生巨大影响的扶贫移民开发模式——吊庄移民。经过 30 多年的艰辛探索和实践，从最初的吊庄移民，到后来真正意义上的生态移民，从数量扩张型的开荒种地的生存移民，到效益提高型的城镇化的生态移民，宁夏生态移民为协调人地关系，促进区域经济发展和社会进步都做出了贡献。

关键词

吊庄移民；生态移民；可持续发展；移民开发模式

第一节　宁夏生态移民与可持续发展

宁夏南部山区包括固原市的西吉县、隆德县、泾源县、彭阳县、原州区和中卫市的海原县及吴忠市的盐池、同心县共 8 个国家贫困县，涉及 162 个乡（镇）、1 637 个行政村，总面积 $3.04×10^4$ km²，占自治区总面积的 58.8％。2012 年总人口达 $214.55×10^4$ 人，其中回族人口 $117.54×10^4$ 人，分别占自治区总人口和回族人口的 33.2％和 51.1％。

按照宁夏扶贫标准，全区仍有贫困人口 $105×10^4$ 人，占全区农业人口的 29.7％。通过扶贫开发和农村低保两项制度衔接识别，由扶贫部门建档立卡的重点扶持贫困人口还有 $65×10^4$ 人。宁夏贫困人口大多生活在宁夏南部山区，包括六盘山阴湿地区、水土流失严重的黄土丘陵沟壑区和中部干旱风沙区。这里生存条件严酷、资源匮乏、交通闭塞、生产力水平低下，人口远远超出了资源的承载能力，农民的一半以上收入都来源于第一产业，使本身不具备优势的种植业一直处于主导地位。长期的人口压力和经济贫困，以落后的生产方式对资源进行掠夺式开发，过垦、过牧、过樵等都导致生态进一步恶化，自然灾害频繁，农业生产效益低下，以致一方水土养活不了一方人。

一、生态移民的基本内涵

2001年，为加快贫困地区脱贫致富的进程，中央提出"在西部地区，对一部分生活在自然条件严酷、资源贫乏、生态环境恶化地区的贫困人口实施易地扶贫搬迁"的举措，宁夏称之为"生态移民工程"。通过改善迁入地的生产条件，不仅可以帮助他们脱贫致富，还可以缓解迁出地的人口压力，为改善和恢复生态环境创造条件，使扶贫开发和生态环境建设有效结合，有利于整个地区的可持续发展。

从导致人口迁移的因素来看，生态移民主要是由于迁出区的人口规模远远超过了区域生态环境容量和承载能力，因生态环境因素所致。从移民的目的来看，生态移民是通过将生活在恶劣环境条件下的居民搬迁到生存条件更好的地区，一则减轻人类对原本脆弱的生态环境的继续破坏，使生态系统得以恢复和重建；二则通过易地开发，逐步改善贫困人口的生存状态；三是减小自然保护区的人口压力，使自然景观、自然生态和生物多样性得到有效保护。

二、生态移民的理论基础

生态移民的理论基础主要有人口迁移规律与推力—拉力理论、区域可持续发展与人—地协调理论、区域科学理论。

(一)人口迁移规律与推力—拉力理论

人口迁移现象是一个复杂的社会现象，它对社会、经济文化发展等方面都有综合影响。伊沃里特·李的人口迁移理论认为，人类的迁移活动受出发地因素、目的地因素、中介障碍因素及迁移者自身因素的影响[①]迁移者客观上要比较所在社区与目的地社区的差异程度而做出决策，主观上要从自身条件出发预测迁移到目的地后能取得较好的收入和生活水平的可能性。

"推力—拉力"理论认为，人口迁移受迁出地消极因素和迁入地积极因素的影响。迁出地居民大量迁出是由于该地存在着"推力"，即存在着迫使居民迁出的社会、经济和自然压力。迁入地有较多的人口迁入，是因为该地存在着"拉力"，即存在着吸引其他地区人口迁移的社会、经济和自然引力。宁夏

---

① 陈忠祥：《宁夏吊庄移民的理论分析》，载《干旱区地理》，1998，21(4)。

生态移民正是在迁出地的推力和迁入地的拉力的共同作用下，选择了符合人口迁移规律的一种有组织的、大规模的人口迁移模式。

单从移民角度来看，宁夏生态移民正是鉴于迁出地——南部山区落后的社会经济状况和恶劣的自然生态压力的推力以及迁入地——北部黄灌区的经济实力和较优越的自然区位条件的引力而实施的。客观上，迁出社区和迁入社区之间存在着极大的自然、经济及环境条件的反差，必然会激发移民的迁移动力，形成较高的迁移态势。主观上，世代受穷的现实早已积聚为主要的动力，早期迁入灌区的移民的脱贫致富也起到了示范作用，加上政府的组织、帮助和经济资助以及对移民心理因素消解所采取的政策，把大量的中介障碍因素变为促进因素，构筑了生态移民成功的前提。

(二)区域可持续发展与人—地协调理论

可持续发展理论认为，区域的可持续发展建立在区域内部不同要素之间（资源、环境、人口与发展）以及不同区域之间的协调发展上。结合人—地协调理论来观察分析宁夏生态移民问题可以看出，实施生态移民一方面减轻了南部山区对环境、资源的压力，促使超载地区有条件实施资源重新配置、调整产业结构、重建生态系统，为发展和实现人口、资源、环境与社会经济发展的协调奠定了基础；另一方面使宁夏北部人口增加，给原来的荒原开发带来了生机，有利于资源环境的有效利用和新的绿洲生态经济系统的形成。

(三)区域科学理论

区域科学理论即劳动地域分工和经济空间结构优化理论。劳动地域分工理论认为合理的劳动地域分工是区域经济发展的内在要求，它有利于地区间的相互支援与协作，充分利用各地的自然条件和劳动力资源，从而提高劳动效率。经济空间结构优化理论则认为随着经济的发展和科学技术的进步，经济要素在空间上的配置将趋于优化，向更能获得效益的部门和地区聚集，以形成产业优势和地区经济优势。宁夏生态移民客观上是劳动地域分工和经济空间结构进一步优化的内在要求。

宁夏北部灌区灌溉农业历史悠久，基础雄厚，有以煤炭为基础的电力、冶金及重化工业支柱产业，有辽阔的荒地资源和黄河水资源，更有便利的交通和较为密集的城镇作依托。无论从发展经济的条件分析，还是从优势效应、乘数效应和空间互济效应分析，都应把北部作为重点开发地区。北部优先开发，一是提高科技含量；二是增加劳动要素投入（尤其是劳动力投入）。从经济富庶的老灌区寻找移民有较大的制约，而从南部实施生态移民则是可行的。这样既顺应了扶贫的需要，也顺应了区域开发的需要。生态移民是实现山区贫困人口和剩余劳动力向北部新灌区横向转移的良好途径。它既使山区的超载人口与灌区待开发土地实现了有机结合，又推动了川区劳动力向第二、第三产业的纵向转移，从而逐渐形成比较优化的劳动地域分工。

三、生态移民与可持续发展

生态移民工程的实施，缓和了生态脆弱区的生态环境压力，改变了当地贫困人口的生存环境，所产生的生态效益、经济效益和社会效益是不言而喻的。当然，生态移民工程是一项综合性的社会工程，移民搬迁也改变了传统的生活、生产方式，随之也会引发一系列的新问题，如移民的社会保障问题、安置区的生态环境污染、水资源的短缺和生产生活转型难度大等问题。因此，在保障生态环境良性发展，追求经济快速发展的同时，必须实现生态移民区经济、社会与人口、资源、环境的协调发展和良性循环。

第二节　宁夏生态移民开发历程

自1983年至今，宁夏移民实现了由单纯的扶贫移民向扶贫与生态修复并重的转变。以移民目标的转变为标志，宁夏移民开发由吊庄移民阶段步入了新的历程——生态移民阶段。

一、吊庄移民阶段

"吊庄"又称"拉吊庄"，是晚清、民国时期西北黄土高原地区的一种农业经营方式。黄土高原地区气候较为干旱，且降水集中，历史上长期无度垦殖，致使该地区植被稀疏，水土流失严重。面对人地关系极为不协调和一方水土无法养活一方人的窘境，当地农民迫于生存的压力，只能继续对周边的无主荒地进行开垦。周边的土地开垦完后，又到更远的地方去开荒种地。有时，开垦的地方离村庄很远，农民不得已在垦殖地挖窑洞、搭窝棚，建立临时住所以供栖身之用。农忙过后，他们就返回原来的村庄。虽然农民定居在一个村庄，但他们的农事活动要在两地之间来回奔波，一个村庄吊两个地方，故称为"吊庄"。

宁夏20世纪80年代开展的轰轰烈烈的"吊庄移民"工程借用了"吊庄"的称呼，泛指为远距离移民新建的村舍，即在新开发灌区为贫困山区的移民建立的一种新型社区。此时的移民基地虽然不再是临时的，但对移民实行的是"两头有家，来去自由"的政策，移民的根仍然在迁出地。所以，该时期的移民基地称为移民"吊庄"，是对传统吊庄模式的一种借鉴。

吊庄移民的决策依据是宁夏南部山区和北部引黄灌区自然条件和社会经

济的基本状况。宁夏南部西海固地区生态脆弱、环境恶化、人口膨胀、经济落后，文化守旧、各种矛盾交织，人地关系危机重重。北部引黄灌区由于有黄河流经，水资源相对丰富，加之阳光充足、地势平坦，经过千年发展，已成为经济发展水平较高的"塞上江南"。而引黄灌区外围，土地面积辽阔，人口密度小，有发展扬黄灌溉的有利条件。1983年，宁夏回族自治区党委、政府确立了"以川济山，山川共济"的扶贫方针，决定实施"吊庄移民"工程。同年3月，决定在川区的永宁、平罗、中宁以及当时的中卫县有开发条件的荒地上吊庄移民，批准了泾源县在永宁县芦草洼，隆德县在平罗县潮湖分别建立吊庄移民基地。5月份，又确定当时的固原县在中卫、中宁交界处的大战场建立吊庄移民基地。1986年2月，在总结吊庄开发建设初步经验的基础之上，又决定以多种形式建设吊庄，批准西吉县在中卫南山台子，彭阳县在中卫长山头，海原县在当时的陶乐县月牙湖，盐池县在灵武县狼皮子梁建立吊庄。

十年的吊庄移民建设取得明显成效之后，1994年自治区又决定实施"1236"工程，在土地资源丰富的红寺堡等地大规模移民。1996年以来，江苏、福建两省与宁夏东西合作对口帮扶建立了华西村、闽宁村等吊庄移民点。截至1998年，宁夏通过各种形式的吊庄移民共迁移人口 28.3×10^4 人，在引黄灌区边缘和扬黄灌区建立起20余处吊庄，迁移人口的脱贫率达到94%，并通过吊庄财政收入、粮食回流、科技传播、文化反哺等多种渠道对宁南山区的整体脱贫做出了重要贡献。

吊庄移民从本质上讲是为解决宁南山区贫困人口的贫困问题，由政府倡导和组织在北部引黄灌区建立新的生产、生活基地。充分利用其生产、生活的优势条件进行的人口迁移工程，是宁夏协调区域经济发展、反贫困的一项创新。吊庄建设阶段，吊庄点（区）的移民隶属关系不变，由迁出县建立临时政府统一领导开发建设和生产、生活安排。一定时期内不收原承包土地，三年内允许两头有家，可以随时返迁，来去自由。三年到期后，根据移民个人意愿脱掉一头。新社区基本建成后，经双方协商同意后，移交吊庄所在县。事实证明，这种用吊庄形式过渡的移民，政府给移民以充裕的选择时间和适应期，使之无后顾之忧，减轻了移民的心理压力，使政府的意志变成了移民的自觉行动，既调动了移民的主观能动性，提高了迁移的巩固率，又保证了吊庄移民、新灌区的开发取得综合成效。

二、生态移民阶段

2001年，原国家计委发布的《关于易地扶贫搬迁试点工程的实施意见》中指出，在西部地区开展易地扶贫搬迁试点，是在新形势下探索新世纪扶贫工作的新途径，也是促进西部地区生态环境改善的一个有益尝试。通过试点，在解决部分贫困群众脱贫和恢复改善迁出地生态环境的同时，积极探索、总结开展易地扶贫搬迁工作的主要形式、基本特点、主要方法和经验教训，为今后的推广打好基础。该《意见》将生态建设上升到与易地扶贫同等重要的位置。此后，宁夏回族自治区政府也颁布了《关于实施国家易地扶贫移民开发试点项目的意见》。这一纲领性文件的颁布，标志着宁夏移民工程由吊庄移民阶段步入了生态移民阶段。

生态移民的来源主要是六盘山水源涵养林区、重点干旱风沙治理区和水库淹没区的贫困人口。根据国家的统一安排，2003 年又扩大到地质灾害发生区。根据当时各县摸底调查，宁夏需要实施搬迁的总人口为 302 794 人，其中，六盘山水源涵养林区 167 764 人，重点干旱风沙治理区 104 490 人，地质灾害发生区 30 540 人。

2001 年，由宁夏回族自治区发展和改革委员会牵头，各市、县相关部门协调配合，依托大型水利工程，开始实施生态移民，并结合退耕还林还草项目，改善迁出地生态环境，帮助移民脱贫致富。2001 年至今，宁夏生态移民经历了三个阶段：宁夏易地扶贫搬迁移民、宁夏中部干旱带县内生态移民和宁夏中南部地区生态移民。

宁夏易地扶贫搬迁移民阶段：2001～2006 年。通过借鉴"吊庄移民"的经验，此阶段对移民实施整村搬迁、集中或插花安置。移民搬迁后，迁出地移民住房、供电供水设施全部拆除；迁出地移民土地，统一调整纳入退耕还林规划，由林业部门统一造林，统一管护，移民享受退耕还林政策；移民的户口直接转入迁入地，实行属地管理。通过改变搬迁方式和管理体制，一方面，迁出区的生态恢复用地得以成片利用；另一方面，杜绝了移民"两头有家，两头跑"的现象，使移民可以安心定居，尽快融入当地社会。截至 2006 年，在扶贫扬黄灌溉工程红寺堡灌区、固海扬水扩灌区、盐环定扬水灌区、山区库井灌区和农垦国营农场等地共建设移民安置区 21 处，累计安置移民 9.4×10^4 人。

宁夏中部干旱带县内生态移民阶段：2007～2011 年。随着生态移民工程的深入推进，宁夏回族自治区政府决定在缺乏基本生存和发展条件的中部干旱带实施县内生态移民，实施范围主要包括海原县、同心县、盐池县、原州区东部、西吉县西部、中卫市山区等自治区扶贫开发工作重点区域。围绕"水源、生态、开发、特色、转移"五个重点，按照"人随水走，水随人流"的思路，优先将居住在偏远分散、生态失衡、干旱缺水地区的贫困人口搬迁到现有扬黄工程沿线、公路沿线和城郊，积极发展优势特色农业、设施农业和旱作节水高效农业，从根本上解决中部干旱带贫困问题。截至 2010 年底，已有 16.08×10⁴ 人移民完成搬迁，开发安置移民农田 1.85×10⁴ hm²，累计投资 26 亿元。

宁夏中南部地区生态移民阶段：2011～2015 年。"十二五"期间，宁夏回族自治区政府决定再投资 105.8 亿元对中南部地区 7.88×10⁴ 户 34.6×10⁴ 人实施移民搬迁，涉及原州、西吉、隆德、泾源、彭阳、同心、盐池、海原、沙坡头 9 个县（区）的 91 个乡镇 684 个行政村 1 655 个自然村。根据迁入区条件，综合考虑城市化率、农民人均纯收入、城镇居民人均可支配收入、人均 GDP、人均地方财政收入、人均灌溉耕地面积和第二、第三产业吸纳劳动力能力七个方面的因素，计划县外安置 5.04×10⁴ 户 22.49×10⁴ 人。在考虑耕地资源、扬黄灌区和库井灌区节水改造、新增水源、降水量等因素的基础上，计划县内安置 2.84×10⁴ 户 12.11×10⁴ 人。截至 2012 年 9 月底，已累计搬迁移民 8.5×10⁴ 人，建成住房 3.8×10⁴ 套，开发调整土地 1.11×10⁴ hm²。

第三节　宁夏生态移民开发模式

生态移民从本质上讲是一种人口迁移活动，其次是一种经济活动，其目标之一是消除贫困，涉及自然、经济、政策等方面的因素。由于移民的推力、拉力条件具有显著的区域差异，移民目标具有阶段性特征，因此不同区域和不同时期的生态移民存在不同的开发模式。宁夏生态移民开发模式具有以下分类特征。

一、按移民的安置形式分类

按移民的安置形式，生态移民可分为三种模式，即县内生态移民、县外集中连片生态移民和县外插花生态移民。

（一）县内生态移民模式

该模式是指在宁南山区有条件的县组织群众就地兴修水利工程，开发灌溉地或旱耕地改水浇地，在本县范围内进行乡际移民，或旱改水后就地重新规划建设新社区，如固海扬黄新灌区，有同心县的河西、河东，海原县的兴隆、高崖、李旺，固原县的七营以及盐池县的西滩和惠安堡等乡级移民区。这种生态迁移距离短，迁出、迁入两地隶属同一县级政府，由本县统筹安排，便于组织管理。迁入区与迁出区文化、心理背景相似，便于移民心理调适、融入新社区。此外，这种移民投资少、发展快，基本上可以做到当年迁移，当年平地种植，当年就有收获，两三年内即可以解决温饱问题。

(二)县外集中连片生态移民模式

该模式是在宁夏北部引黄灌区或扬黄灌区划出大片荒地，由南部山区组织贫困户，用以工代赈办法进行开发性建设，搬迁安置贫困农民的一种移民形式，是宁夏生态移民的主要形式。这种形式的主要特点是迁出区与迁入区距离较远，一般为250~500 km。迁出县按原来的乡村名称在迁入地建设同样名称的新社区，由迁出县、乡、村分级管理。这种形式移民虽经数百千米迁出，但由于集中安置，进入新社区的人大多相互熟识，保持着原有的社会心理、文化传统、生活习惯等，易为移民所接受，特别是有利于安置宗教观念较强、且有自己独特生活习惯的回族移民。但这种移民搬迁费用较高，且在灌区内未经开垦的大片荒漠上兴建新家园，社区内各种基础建设和生活服务设施投资较高。川区相对发达的经济、文化大环境和交通、信息的便利条件以及城市辐射效应的优势，赋予县际移民更多的开发机遇，发展潜力大。截至2002年底，宁夏12处县外移民安置区共开发耕地2.12×10^4 hm²，搬迁安置群众13.6×10^4人。

(三)县外插花生态移民模式

县外插花生态移民方式实施较晚，且规模较小。除引黄灌区大量未开垦的荒地外，在迁入县尚有一些已开发但劳动力不足的地区，针对这一情况，先由迁入县划定若干村庄，再由自治区统一安排，将移民以插花的形式迁入定点村庄，这种移民方式被称为县外插花生态移民。此类移民规模较小，迁出地管理扶贫资金，迁入地有较好的基础设施；迁出地负责移民搬迁及生产生活资料，而迁入地负责提供房屋和土地。待移民基本上能够自食其力以后，再由迁出地正式移交给迁入地管理。截至2011年底，全区主要有5处县外插花移民点，共安置贫困人口1.3×10^4人。

二、按移民开发区经济开发分类

按生态移民过程中经济开发的基本形式，宁夏生态移民可分为三种主要模式，即以农业为主的综合开发(农业型)模式、以工业为主的农工并举(工业型)模式和农工商结合开发(城镇型)模式。

(一)农业型生态移民模式

此类移民区经济开发的基本特点是以农业为主。目前，此模式又可分为以种植业为基础，种、养、加和农、林、牧齐头并进型农业生态移民模式，如闽宁村、狼皮子梁等地的移民；依托资源条件，注重科技兴农，发挥经济优势型，如大战场、长山头等地的移民；坚持市场导向、调整优化种植业结构、发展"两高一优"农业型，如芦草洼等地的移民。农业型生态移民在获得农业稳定发展、农户脱贫的成功之后，面临着进一步转型的机遇，也潜存着生态环境的巨大压力。

(二)工业型生态移民模式

此类移民区是在打好农业基础的同时，依托有利的资源、环境等条件，着力发展加工业，以隆湖经济开发区为典型代表。隆湖经济开发区依靠地处银北矿区腹地，邻近石嘴山市大武口区的有利条件，走"兴工富区"之路，大力发展资源型加工业，取得了长足发展。该区域目前存在的主要问题是加工工业多为高耗能、重污染型，其发展将面临产业升级和环境治理的挑战。

(三)城镇型生态移民模式

这类移民区是指在确保农业开发模式取得显著效益的同时，依托靠近中心城市的有利条件和回族经商的传统意识，走农、工、商、旅一体化道路，着力打造中心城市的卫星城生态移民模式，以华西村为代表。华西村自建设以来，充分挖掘其地域、资源和区位优势，已成为银川西部集农业、加工业、商贸和旅游为一体的生机勃勃的卫星小城镇。目前存在的主要问题是如何提高其作为小城镇的聚集效应，形成特色，加快发展。

第四节　宁夏生态移民建设成效

面对宁夏中南部地区贫困人口规模大、贫困程度深、生存条件差、发展难度大的现状，宁夏回族自治区政府在不同时期，运用多种手段，采取灵活方式搬迁安置移民，实现了移民群众脱贫致富、生态环境有效改善的双赢局面，较好地实现了"移得出、稳得住、能致富"的战略目标，为西部贫困地区实现经济发展、脱贫致富、生态改善多赢目标探索出了一条成功之路。

一、提高了移民群众的生产生活条件

"摆脱贫困、走向富裕"是宁夏实施生态移民工程的初衷，也是移民群众不懈追求的目标。移民搬迁后，在政府的引导支持下，充分利用现居地的优良环境和丰富资源，积极提高文化素养，学习生产实用技能，拓宽增收渠道，发展高效节水农业、特色养殖业和劳务产业，使移民的收入节节攀升。据统计，2011年迁入地人均收入达13 459元，而待迁地群众人均收入仅7 023元，人均收入差异显著。

除了经济收入增加外，移民生产生活条件的改善还主要体现在安置区基础设施建设及社会服务等各方面。生态移民搬迁后，实现了"七通七有两转变"，即通电、通自来水、通柏油路、通公交车、通广播电视、通邮、通电话，有学校、有村级活动场所、有医疗服务站、有劳动就业服务中心、有超市、有文化服务广场、有环保设施，公共服务设施齐全，运行成本有效降低，服务质量明显改善，移民生活生产条件普遍提高。

二、拓宽了移民群众的致富渠道

为了保证生态移民搬得出、稳得住、能致富，政府在移民安置时把培育产业作为重中之重，通过培育现代高效农业、特色养殖业和劳务产业，积极有效地为移民拓宽增收致富渠道。搬迁前，大部分移民家庭的主要收入来源于种植业，只有少数以打工收入作为家庭的主要收入。这样收入形式比较单一，一旦遭遇自然灾害，农民收入减少的风险很大，甚至会导致温饱都难以实现。而移民搬迁后，各移民安置区因地制宜，实施产业化经营，开展节水农业、设施农业、优质特色农业试验示范，促进移民的生产方式逐步由粗放旱作农业向高效节水农业转变，由广种薄收向精耕细作转变，形成了马铃薯、压砂瓜、红枣、葡萄、高酸苹果、中药材、苗木等特色种植基地，取得了良好的经济效益。同时依托城市和重点工程，扶持移民从事建筑、交通运输、商贸和服务业，实现了移民收入来源由单一农业向第二、第三产业的转变，增加了移民的工资性收入，有效拓宽了移民的致富渠道。

三、改善了迁入、迁出地的生态环境

宁夏南部山区是泾河、葫芦河、清水河的发源地，水源涵养、水土保持、生物多样性保护等生态功能独特，生态区位十分重要。移民搬迁后，缓解了当地人口与资源的矛盾，有利于保护自然植被和陡坡地退耕还林、还草，促进了生态系统的良性循环。移民原有的土地收归国家或集体所有，迁出区近 33.3×10^4 hm^2 土地用于恢复生态，进行退耕还林、退牧还草和围栏封育，既巩固了退耕还林成果，又达到了恢复生态的目的。同时，迁出区人为破坏生态环境的行为明显减少，很大程度上减轻了生态环境压力，使原有的林地、草地得到了很好的保护，提高了水源涵养能力，遏制了水土流失，保护了生物多样性。

移民安置区的生态建设也取得了较大成效。移民迁入后按照创建优美宜居环境的要求，结合发展经济果林、庭院经济、生态循环农业，开展小流域治理、新村绿化和农田防护林带建设等工程，打造各具特色的生态园林安置区，实现了经济开发与环境保护并举。

四、有效开发了迁入区的土地资源

2001年，宁夏被国家发展和改革委员会确定为实施易地扶贫搬迁试点工程项目区之一。在扬黄灌区周边还有部分可开发利用的荒地，土地相对平整，扬程一般在100 m以下，灌溉水源基本有保证。国家投入大量资金，建设了宁夏扶贫扬黄灌溉工程、盐环定扬黄工程等大型水利工程，实施生态移民开发，实现了劳动力资源和荒地资源的有效结合，使宁夏北部昔日风沙肆虐、草原退化、土地沙化严重的荒原变成了生态良好的绿洲，把正退化的生态系统改造成为稳定、有序和效能较高的生态系统，既达到了易地扶贫移民的目的，也促进了扬黄灌区的土地资源合理开发和有效利用，实现了扶贫和开发"双赢"的目标，发挥了最大的投资效益。

五、加强民族团结

南部山区是宁夏回族聚居区，其中泾源、西吉、同心、海原的回族人口都超过了总人口的一半。由于区域相对封闭，严重制约着民族地区经济文化的发展和与外部区域的交流。宁夏移民搬迁的对象中，少数民族人口占50%以上，充分体现了党和政府对少数民族的关怀及社会主义大家庭的温暖。而搬迁也打破了原来的居住格局，来自不同地区、不同民族的移民混杂居住在同一个社区。回汉居民在共同建设移民新村、共同脱贫致富的过程中，在共同发展生产、勤劳致富中，加强了融合，增进了民族感情，促进了少数民族经济文化的发展，实现了各民族共同繁荣，维护了社会政治的稳定。

六、促进地区城市化

通过生态移民促进小城镇发展是宁夏城镇化进程的有效探索，其作用方式体现在以下五个方面。第一，被移居出来的农牧民原来生活在非常分散的区域，通过集中，在一定程度上改变了他们的生产、生活方式，使其开始向有分工和交易性质的现代生产方式和生活方式转变，为改变城乡二元经济结构迈出了坚实的一步。第二，通过生态移民的聚居，产生了聚集效应，促进了服务业的产生和发展，促使移民从农牧业向非农产业转移。第三，移民后生产要素相对集中在小城镇及周边地区，这里信息较灵通，交通运输便利，社会化服务较发达，移民能够接触到更多的市场信息，为他们进行产业转移增加了机会。第四，中国城乡分割的一个重要表现就是教育机会的不平等，而生态移民与小城镇建设相结合，不仅方便了移民子女上学，也为移民接受新的科学知识提供了方便，从而为移民就业打下了良好的基础。第五，宁夏的小城镇数量较多、分布广，具有门槛低、发展空间大和吸纳人口潜力大的优势。充分利用生态移民的机遇，可以更好地促进区域城市化的发展。

第五节 生态移民开发存在的问题与对策

生态移民不只是简单的人口迁移，移民不仅是生存空间的转移，更深层次是对传统生产、生活方式的一次重大转型。既是人与自然资源的重新整合过程，又是区域经济结构重建、社会结构局部变迁与发展的过程。尽管宁夏生态移民取得了显著成效，在帮助移民群众脱贫致富和改善生态环境方面起到了巨大的作用，但随着移民开发建设工作的不断推进，一些影响可持续发展的深层次问题逐渐凸显出来。

一、生态移民开发存在的主要问题

(一)部分政策的适应性、前瞻性不强

宁夏生态移民涉及地域广、数量大、周期长，移民迁出地的情况各异，政府在制定相关政策时可能过多关注了移民的整体性特点而忽略了其差异性的现状，导致部分移民政策本身缺乏适应性，难以满足复杂的移民工程的需要。

1. 移民县外搬迁需求强烈

多数移民不满意县内搬迁地的安置区环境，而愿意到自然条件更好、产业配套更完善、居住环境更优美的县外安置地生活。而政策中县内移民规模与县外移民规模的结构性差异，导致政府在短时期内难以全部满足移民县外搬迁的愿望。

2. 安置房分配缺乏地区差异的考虑

根据宁夏"十二五"的生态移民规划，移民安置住房是按户分配的，住房标准为54平方米每户，按一家三口人来算，人均只有18 m^2，离移民预期差距较大。并且实际中移民人口家庭不均，多数家庭存在"三代多人"及多子女的情况，搬迁后人均居住面积尚不足10 m^2，出现了家庭人口多与住房面积小的矛盾。

3. 滞留群众影响迁出区的整体改造

根据政策规定，对单人单户、60岁以上老年夫妻及2009年12月31日以后分户的新户不予搬迁安置；对于不符合搬迁条件的，长期居住在移民迁出区且没有固定工作的非农户、鳏寡孤独等特殊人群也不予搬迁安置。而目前各移民迁出村均存在上述情况，且所占比例较大，如果对于这部分群众不进

行妥善安置，将严重影响迁出后的整村改造和生态恢复工作。

(二)移入区的环境面临挑战

生态移民的输入不仅是人的输入，也是生态破坏和贫困的输入，如果不能科学规划，必将对迁入区的生态环境产生影响。从宁夏整体的区域特点来看，无论搬迁到任何地方，都是生态环境脆弱区。这种搬迁在减轻迁出区环境压力的同时，也增大了迁入区生态环境压力。

1. 水资源利用问题

宁夏三十多年的移民工程，基本以农业移民为主，安置区的选择也多为大中型水利工程周边新开发灌区。大量移民的迁入、大面积荒地的开垦和移民安置配套工程的建设，都会给迁入区的水资源利用带来很大的影响。为了保证灌溉区的用水量而加大对黄河水的提取量，以及管理不善和传统的大水漫灌等都会导致黄河水资源的减少，使原本就属于干旱区的生产、生活和生态用水更加紧张。

2. 土地开发与利用问题

宁夏移民主要迁往宁夏引黄、扬黄工程开发的灌区、国营农场以及宁夏引黄、扬黄灌区周围尚未开发利用的荒地，该地区土地平整、扬程低，灌溉水源基本有保证。但随着移民规模的增大，由于气候干燥，灌溉水资源日益紧张，新垦荒地地力差，并且新移民不熟悉灌区种植方式，缺乏科学的种植方法，使新垦区的生态环境不堪重负，甚至部分地区出现了新垦土地荒漠化的现象。另外，随着宁夏扶贫扬黄灌溉工程接近尾声，红寺堡灌区、盐环定扬黄灌区已没有安置容量，后期的生态移民只能通过新建小型灌区和调整老扬黄灌区人均占有耕地资源来增加安置容量，采取县内安置搬迁的方法，也会使安置土地调整的难度加大。

(三)新的社会问题逐渐凸显

生态移民是一项综合性的社会工程，包含许多社会因素和政治因素。由于新建安置区建设较晚，社会发育程度较低，新移民又以回族为主，他们将面临语言环境、生活方式、人际关系等方面的变化，会遇到人口发展、社会生活、文化融合等意想不到的问题。同时，移民区后续建设资金不足也严重影响移民的生产和生活安置问题。生态移民社区建设涉及移民建房、人畜饮水、土地开发、设施农业、乡村道路建设、农村供电等建设基金，而地方财政能力有限，移民配套资金缺口大，不能保障安置区各项公用设施全面、及时建成使用。另外，移民安置区乡村居民生活、生产区功能划分不科学，重地面建设、轻地下配套设施；重建设、轻管理的现象普遍存在，造成一些较老的移民区生活环境普遍较差，给移民的生产、生活带来了不稳定因素。

(四)后续产业发展空间不足

大部分新移民区的农业发展相对于老灌溉区而言，是个缺水、高耗水的地区，并不适宜大规模发展种植业。同时，各移民迁入地的土地承载力逐渐饱和，移民所获的安置土地仅能保证基本粮食需求，要真正实现致富，移民就必须从事其他产业。但迁入地一般为新建区或是城镇周边地区，当地社会经济也并不发达，普遍存在中小企业发展不足及特色经济发展薄弱的问题。并且移民一般都来自于生态环境恶劣、文化教育落后的地区，由于长期处于交通不便、信息不畅的状态下，大部分移民文化素质不高，缺乏劳动技能，也习惯了长期依赖国家救济，缺乏主动就业的意愿。另外，移民群众普遍经济困难，缺乏后续产业启动资金，既不能继续从事熟悉的生产活动，又无法开展新的生产活动和主动获取就业机会，即使政府帮助提供了相关就业机会，也很容易因为移民缺乏必要的素质和生产技能而丧失，使得移民的专业就业渠道更窄。

二、生态移民开发建设的对策

针对生态移民面临的主要问题，政府应以增加移民区农民收入为核心，以发展现代农业为重点，大力推进农业结构调整和农业发展方式的转变，发挥区域优势，采取项目带动策略，发展设施种养业，特色产业和节水农业，为生态移民区群众提供强有力的产业支撑。

(一)强化政策引导

针对相关问题加强后续政策的调研，进行科学的调整。针对普遍收入水平低、发展生产实力不强的现实，政府必须在落实好移民退耕还林、退耕还草补助以及良种、农资等补贴的基础上，整合农业和农村建设的项目资金，重点对起步阶段的设施农业、养殖暖棚建设、新品种新技术研发推广、技术培训等环节给予支持。同时加强与财政部门的协调，促使其加大对实施种养业、特色产业的贷款规模，有效解决移民发展生产后续资金不足等问题。

(二)注重配套基础设施建设

建设好生态移民农业产业，是确保移民稳定增收的基础保障。必须按照安置区的水源、耕地等自然生产条件，科学确定特色产业发展类型和规模，统一规划，确保工程质量。注重公共基础设施配套，设施农业建设要配套建设好各种水利设施建设。建立信息化服务平台，帮助移民做好产品销售。设施养殖区要注重配套建设饲草料基地，建立饲草料集中配送基地，加强动物防疫防控。对特色种植，要科学谋划种植结构，促使农业产业健康发展。

（三）推进产业化经营

移民区要加大推广企业化经营管理模式发展移民产业，改变一家一户的小农经济模式，实现"资源集中流转、企业托管经营"。一方面，发展节水农业和高效养殖业；另一方面，依靠企业减轻农户的投资风险。培育发展各种合作组织，支持农产品加工、流通等龙头企业在生态移民区建基地，大力发展适度规模经营和订单农业。促进移民地区产业发展由数量增长型向质量增长型过渡，提高产业效益，增加移民收入。

（四）加强科技培训与服务

针对移民曾长期从事广种薄收的传统旱作农业，普遍缺乏现代种养技术等实际问题，加大移民实用技术培训。政府须全面整合就业、扶贫、教育、科技、农牧等各类培训资源，搭建培训平台，集合职业院校教育、职业技能培训、岗位实训和技术人员现场传授等多种方式，注重培训内容与移民及用工单位实际需求相衔接，组织移民进行分层、分期、分班培训，建立健全咨询服务网络，确保每个移民农户掌握1~2门特色农业种养实用技术，为生态移民区农业产业发展提供强有力的科技支撑。同时，引导农民面向市场，培养移民的市场意识，发挥移民的主观能动性，向第二、第三产业发展，实现由"政府组织就业"向"自主选择就业"的观念转变。

（五）加强移民区生态环境建设

充分利用国家生态移民、西部大开发、扶贫攻坚等各项优惠政策，发展移民经济的同时，加强对移民开展旱作农业、节水农业、造林种草、新能源和环境资源利用技术的推广和普及，使移民区的生态保护和新的产业发展有机结合起来，达到生态效益、经济效益和社会效益的统一。

思考题

1. 试述宁夏的经济区位特点及其优势。

2. 简述宁夏的地质构造特征及主要地貌格局。

3. 简述宁夏的气候特征，分析宁夏气候资源开发利用潜力。

4. 试述宁夏历史时期的气候变化特征。

5. 简述宁夏水资源现状特征和开发利用状况。

6. 试述宁夏主要土壤类型及其分布特征。

7. 简述宁夏植被的水平分布特征及成因。

8. 简述分析宁夏土地资源分区的主要特征。

9. 简述宁夏草地资源类型及分布。

10. 简述宁夏林业资源特征及分布。

11. 简述宁夏矿产资源特征。

12. 试述宁夏人口分布特征及其主要影响因素。

13. 简述宁夏人口城市化进程的特点和存在的问题。

14. 宁夏包括哪些文化区？简述各文化区的背景及其主要特征。

15. 简述宁夏黄河文化、边塞文化的形成背景及特征。

16. 简述宁夏旅游资源的分布特征。

17. 谈谈你对宁夏旅游资源开发的认识。

18. 简要概括宁夏种植业发展现状及区域特征。

19. 简述宁夏畜牧业发展状况与区域特征。

20. 简述宁夏工业区域特征。

21. 简述宁夏电力工业的结构性转变特征。

22. 简述宁夏自然区划的主要原则与依据。

23. 简述宁夏综合经济区划的主要原则与依据。

24. 宁夏沿黄经济区的优势表现在哪些方面？

25. 宁夏中南部经济区的优势和不足表现在哪些方面？

26. 试述宁夏平原绿洲农业发展的有利与不利条件。

27. 宁夏中部干旱带生态环境面临哪些问题？生态修复的关键是什么？

28. 为促进宁夏中部干旱带可持续发展，你认为还应采取哪些对策？

29. 简述宁夏中部干旱带资源开发应注意的问题。

30. 简述宁南黄土丘陵区的自然地理特征。

31. 试述宁南黄土丘陵区人地关系现状与根源，协调人地关系的途径和措施有哪些？

32. 为什么说草畜产业和马铃薯产业是宁南黄土丘陵区的优势特色产业？

33. 简述贺兰山的土壤和植被分布特征。

34. 简述宁夏贺兰山国家级自然保护区的植物多样性特征及主要植被类型。

35. 简述宁夏贺兰山国家级自然保护区的动物多样性特征及主要野生动物。

36. 宁夏贺兰山国家级自然保护区的保护价值体现在哪些方面？

37. 为什么说贺兰山是重要的地理分界线和银川平原的生态屏障？

38. 简述六盘山国家级自然保护区的生物多样性特征。

39. 简述六盘山森林生态系统的主要功能。

40. 西夏文明博大精深，具体表现在哪些方面？各有什么特征？

41. 如何理解宁夏的人文优势？

42. 什么是"吊庄移民"？

43. 简述宁夏生态移民开发历程及生态移民开发模式。

44. 试述宁夏生态移民开发存在的问题。

主要参考文献

[1]陈育宁．宁夏通史[M]．银川：宁夏人民出版社，1993.

[2]陈忠祥．宁夏吊庄移民的理论分析[J]．干旱区地理，1998，21(4).

[3]陈忠祥．宁夏南部回族社区人地关系及可持续发展研究[J]．人文地理，2002，17(1).

[4]程积民，余治家，朱仁斌，等．六盘山国家级自然保护区综合科学考察报告[M]．北京：
科学出版社，2013.

[5]高正中，戴法和．宁夏植被[M]．银川：宁夏人民出版社，1988.

[6]固原县地方志办公室．民国固原县志[M]．银川：宁夏人民出版社，1992.

[7]国家地震局地质研究所，宁夏回族自治区地震局．海原活动断裂带[M]．北京：地震
出版社，1990.

[8]黄秉维．中国自然区划的初步草案[J]．地理学报，1958，24(4).

[9]霍福臣，潘行适，尤国林，等．宁夏地质概论[M]．北京：科学出版社，1989.

[10]刘南威，郭有立，张争胜．综合自然地理学[M]．北京：科学出版社，2009.

[11]刘伟，黑富礼．固原回族[M]．银川：宁夏人民出版社，2000.

[12]米文宝，李龙堂．贺兰山自然保护区的特点及保护价值[J]．宁夏大学学报(自然科学
版)，1994，15(6).

[13]米文宝，王梅兰．宁夏旅游区划与可持续发展研究[J]．宁夏大学学报(自然科学版)，
2000，21(4).

[14]米文宝主编．宁夏人文地理[M]．香港：中国社会科学研究出版社，2006.

[15]宁夏回族自治区发展和改革委员会．宁夏回族自治区主体功能区规划[R]．2013.

[16]宁夏回族自治区水利厅．宁夏回族自治区水资源公报(2012)[R]．2013.

[17]宁夏回族自治区统计局，国家统计局宁夏调查总队．宁夏统计年鉴—2013[M]．北京：中
国统计出版社，2013.

[18]宁夏煤田地质局．宁夏回族自治区煤炭资源潜力评价报告[R]．2010.

[19]史念海，曹尔琴，朱士光．黄土高原森林与草原的变迁[M]．西安：陕西人民出版社，
1985.

[20]史学正．全国 1：100 万土壤数据库，1995.

[21]宋史·夏国传[M]．北京：中华书局，1997.

[22]陶伟，郭来喜．宁夏旅游资源及其功能分区评价研究[J]．地理学与国土研究，2000，16(1).

［23］汪一鸣，王杰．这里的水利能跟都江堰媲美［J］．中国国家地理，2010，(591)．

［24］汪一鸣，钟侃．西夏都城兴庆府初探［J］．西北史地，1984(2)．

［25］汪一鸣．宁夏人地关系演化研究［M］．银川：宁夏人民出版社，2005．

［26］王小明，刘振生，李志刚，等．宁夏贺兰山国家级自然保护区综合科学考察［M］．银川：阳光出版社，2011．

［27］吴峰云，杨秀山．探寻西夏文明［M］．银川：宁夏人民出版社，2006．

［28］吴征镒，周浙昆，孙航，等．中国种子植物分布区类型及其起源与分化［M］．昆明：云南科技出版社，2006．

［29］席承藩，张俊民，丘宝剑，等．中国自然区划概要［M］．北京：科学出版社，1984．

［30］薛正昌．黄河文化与宁夏农业文明［J］．渭南师范学院学报，2004，19(4)．

［31］杨明芝，马禾青，廖玉华．宁夏地震活动与研究［M］．北京：地震出版社，2007．

［32］郑度，杨勤业，顾钟熊．黄秉维地理学术思想及其实践．见《黄秉维文集》编辑组．地理学综合研究——黄秉维文集［M］．北京：商务印书馆，2003．

［33］中国科学院中国植被图编辑委员会(张新时主编)．中华人民共和国植被图(1：1000000)［M］．北京：地质出版社，2007．

［34］周特先，李岳坤．宁夏国土资源［M］．银川：宁夏人民出版社，1988．

［35］周特先，姚茂文，王利，等．宁夏构造地貌［M］．银川：宁夏人民出版社，1994．

［36］朱善利，梁鸿飞．产业选择与农民利益——宁夏固原扶贫与可持续发展研究［M］．北京：经济科学出版社，2010．